厚德博學
經濟匡時

青年学者文库

数字时代中国互联网平台企业伦理规范构建

孔德民 著

Construction of Corporate Ethics Norms
for Chinese Internet Platforms
in the Digital Era

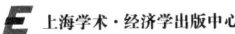

图书在版编目(CIP)数据

数字时代中国互联网平台企业伦理规范构建/孔德民著. —上海:上海财经大学出版社,2024.1
(匡时·青年学者文库)
ISBN 978-7-5642-4309-8/F·4309

Ⅰ.①数… Ⅱ.①孔… Ⅲ.①网络公司-企业伦理-研究-中国 Ⅳ.①F492.6

中国国家版本馆 CIP 数据核字(2023)第 244977 号

本书由"上海财经大学中央高校双一流引导专项资金、中央高校基本科研业务费"资助出版。

□ 策划编辑　苏丽娟
□ 责任编辑　石兴凤
□ 封面设计　张克瑶

数字时代中国互联网平台企业伦理规范构建

孔德民　著

上海财经大学出版社出版发行
(上海市中山北一路 369 号　邮编 200083)
网　　址:http://www.sufep.com
电子邮箱:webmaster@sufep.com
全国新华书店经销
上海华业装潢印刷厂有限公司印刷装订
2024 年 1 月第 1 版　2024 年 1 月第 1 次印刷

710mm×1000mm　1/16　20.75 印张(插页:2)　297 千字
定价:98.00 元

前　言

伴随互联网等新兴技术的深入普及，数字经济呈现出明显的业态扩张和良好前景，数字产业蓬勃发展、势头强劲，作为其重心的互联网平台企业得以发展壮大，新业态、新模式不断涌现，以双边或多边共创方式创造价值和提供服务，在促进经济社会发展、加快产业数字化转型、推动科技创新、带动就业创业等方面发挥了积极作用。

与此同时，数字经济的"急速快进"对原有的法律、制度、道德、秩序等也带来了很大的冲击与挑战，甚至因"滞后"而出现"失序""紊乱"的情况。中国互联网平台企业伦理失范已逐步显现，相应的挑战呈现在对人的影响、对市场的影响、对社会的影响和对世界的影响等方面，这与其中的资本逻辑与劳动逻辑、流量逻辑与用户逻辑、技术逻辑与人的逻辑三对关系的失衡脱不开关系，也与社会层面的"伦理规范缺位"、市场层面的"自我规制不足"、政府层面的"监管效能有限"紧密相关。强化数字平台治理，引起全社会关注，成为全球性趋势。政府规制层面、科研机构和行业协会层面、互联网平台企业自身层面围绕互联网平台企业伦理规范构建也在不断探索。

中国互联网平台企业伦理规范从实然到应然，首先是考察其伦理关系及规范的应然内容。随着数字经济发展的嬗变，利益相关者理论的内涵、外延、诉求、参与程度、权责等发生了明显的主体重构和边界重构。互联网平台企业与利益相关者已形成一个庞大的生态系统，其伦理规范构建必须要有相应的跃升。本书结合利益相关者理论、中国互联网平台企业实际以及不同利益相关者之间的关联性，确定了互联网平台企业伦理规范的关联者,围绕用户、平台内经营者、从业人员、股东及投资者、合作伙伴、竞争者、社会、政府、世界形成四个圈层,并逐一进行伦理关系剖析。通过背景、现实、期望的三重分析逻辑,本书系统地阐述了中国互联网平台企业伦理关系及规范的应然内容。

在对中国互联网平台企业伦理关系及规范考量的同时,劳动与资本、发展与责任、技术与安全、监管与规范、劳动者与投资者之间的关系也应成为当下互联网平台企业伦理规范需要平衡的关系和构建的向度。本书在权衡分析上述几对关系的基础上,认为互联网平台企业伦理规范可以从理论向度、实践向度、文化向度、环境向度、政策向度五大向度进行综合考量,提供宏观辨识的架构和路径。综观与利益相关者的伦理关联,共同的底层逻辑指向和最后落脚点均在于人以及对人的尊重,这与马克思主义的"人的全面发展理论"的哲学逻辑相契合。五大向度来源于马克思主义经济伦理学的立场、观点和方法,植根于中国特色社会主义伟大实践的沃土,批判地吸收了古今中外优秀的经济伦理思想。

通过前述横向与纵向、微观与宏观的分析对比发现,中国互联网平台企业与社会已形成共生伦理关系。无论是利益相关者的具象化分析还是五大向度的构建视角,都是在呼唤中国互联网平台企业伦理规范的最终生成。中国互联网平台企业伦理规范的生成样态包含生成原则和生成内容两部分。

就生成原则而言,本书基于规范伦理学等相关理论和中国互联网平台企业伦理鲜活实践,认为在互联网平台企业伦理规范构建中应贯穿主体性原则、科学性原则、普遍性原则、价值性原则和稳定性原则,以使伦理道德规范生成更加有序和合理。

就生成内容而言,本书认为"共同体"思维与精神,避免了互联网平台企业单纯从企业视角出发的局限性,从"共同""互鉴""共赢"的视角,为互联网平台企业伦理规范构建打开了更广阔的大门,迎来了新的发展阶段。本书结合企业社会责任体系发展的最新趋势,以人类命运共同体理念为指引,明确经济、技术、环境、社会"四位一体"的总体架构,作为互联网平台企业伦理规范构建的内容范畴。"四位一体"的总体架构,是基于中国特色社会主义市场经济和中国发展实践经验的凝练,对应的是经济发展的人学追问,是为实现以"资本逻辑"和"效率逻辑"为主转向以"人的逻辑"和"公平与效率兼顾"为主。

(1)经济维度上,与利益相关者构建发展共同体。本书在遵循基本逻辑和互联网平台企业实践的基础上凝练形成守正创新、公平竞争、诚信经营、互联互通、赋能融合的伦理规范,对于贯彻新发展理念、引领经济高质量发展意义重大。

(2)技术维度上,与利益相关者构建责任共同体。本书在遵循基本逻辑和互联网平台企业实践的基础上凝练形成向上向善、公开透明、安全合规的伦理规范,从伦理视角深刻理解企业社会责任,确保技术创新尽可能多地让人类受益,成为人类命运共同体构建的路标。

(3)环境维度上,与利益相关者构建生命共同体。本书在遵循基本逻辑和互联网平台企业实践的基础上凝练形成本体论、认识论、方法论基础上的伦理规范。

(4)社会维度上,与利益相关者构建价值共同体。本书在遵循基本逻辑和互联网平台企业实践的基础上聚焦个体、社会、人类三个不同层面,分别对应且遵循"以人民为中心""履行社会责任""构建人类命运共同体"的伦理指引。

相较于西方ESG(环境、社会、治理)评价体系,"四位一体"总体架构也聚焦于经济价值与社会价值的内在统一性,但更强调内在价值的均衡性。"四位一体"总体架构既具有鲜明的中国特色,又反映了客观历史规律和世界发展大势,是推动人类社会发展进步的中国智慧和中国方案,为全球治理体系的重构注入真正的平等、公平与正义等价值理念,为从"虚幻共同体"向"真实共同体"的稳步过渡创造和提供条件,具有人类价值与世界意义。

构建人类命运共同体具有共同创造人类美好未来的伟大历史意义。互联网平台企业共同体是人类命运共同体的微观实践。发展共同体、责任共同体、生命共同体、价值共同体四者建构起中国互联网平台企业伦理规范的根基，是人类命运共同体理念之下的细化与落地，也充分反映了主客观世界对中国互联网平台企业发展理念和发展模式的价值要求。

任何伦理规范都不可能自我推动、自我执行，必须借助于治理体系中的一系列相互衔接、相互配合的机制设计才能落地实施。本书基于互联网平台企业内部，围绕主体机制、整合机制、生成机制、涵育机制、监督机制，探讨伦理规范在互联网平台企业全过程运转中的实现路径与机制保障问题，以推动中国互联网平台企业伦理规范从应然到必然。

编　者

2023 年 10 月

目　录

第一章　绪论/001
　　第一节　选题背景及意义/001
　　第二节　研究综述/017
　　第三节　概念界定/045
　　第四节　研究思路及方法/066
　　第五节　创新及不足/069

第二章　中国互联网平台企业伦理失范的表征及归因/073
　　第一节　中国互联网平台企业伦理失范的表征审视/073
　　第二节　中国互联网平台企业伦理失范的原因剖析/100
　　第三节　小结/103

第三章　中外互联网平台企业伦理规范构建的实然分析/105
　　第一节　中国互联网平台企业伦理规范构建现状/105
　　第二节　国外互联网平台企业伦理规范构建借鉴/116
　　第三节　小结/137

第四章　中国互联网平台企业伦理关系及规范的应然内容/144
　　第一节　互联网平台企业与第一圈层的伦理关系/152
　　第二节　互联网平台企业与第二圈层的伦理关系/163

第三节 互联网平台企业与第三圈层的伦理关系/174

第四节 互联网平台企业与第四圈层的伦理关系/183

第五节 小结/187

第五章 中国互联网平台企业伦理规范的构建向度/192

第一节 理论向度/193

第二节 实践向度/197

第三节 文化向度/204

第四节 环境向度/212

第五节 政策向度/216

第六节 小结/222

第六章 中国互联网平台企业伦理规范的生成样态/225

第一节 伦理规范的原则构建/227

第二节 伦理规范的内容构建/234

第三节 小结/286

第七章 中国互联网平台企业伦理规范的实现机制/288

第一节 伦理规范实现的主体机制/289

第二节 伦理规范实现的整合机制/293

第三节 伦理规范实现的生成机制/297

第四节 伦理规范实现的涵育机制/299

第五节 伦理规范实现的监督机制/304

第六节 小结/307

第八章　结语/308
　　第一节　研究结论/308
　　第二节　研究展望/309

参考文献/312

第一章 绪 论

鉴于技术先行和伦理滞后,数字世界中的"伦理缺场"与道德困境已成为严峻的现实问题。中国特色社会主义市场经济环境下的互联网平台企业,作为现代性的一个表征存在,相较于传统行业,催生了很多新的需求、交往、交换的内容和形式,有力地推动了生产力的发展。但互联网平台企业的逐利性逐渐突破传统企业伦理体系调适的空间,导致垄断、隐私侵犯、数字劳工、算法黑箱等现象频出,显示出数字技术对市场规则深刻的挑战,对现代商业形式深刻的二律背反,暴露出我国在市场伦理规范构建、伦理约束等方面的不足。互联网平台企业的伦理自觉以及伦理规范的系统构建其重要性不言而喻。

第一节 选题背景及意义

一、时代背景

(一)信息技术、数字技术与互联网平台企业

2023年,世界互联网发展步入第52个年头,也是中国正式接入互联网的第29年。自互联网诞生以来,以互联网为基础的新一代信息技术以摧枯拉朽之势在全球范围掀起了一场影响人类文明形态的深刻变革,不仅给人们的道德意识、情感理念、价值导向、思维方式、行为选择等带来冲击与影响,而且加速了劳动力、资本、数据、企业家精神等要素的流动和共享,推动社会生产力急速提升并发生质的变革,对社会经济组织形式产生巨大而深刻的变化。

互联网是当今时代最具发展活力的领域。根据梅特卡夫定律[1]，网络效应会带来一种相互交叉式的、全方位的影响，这种影响针对的是企业对用户、用户对企业、用户对用户等，这种网络效应带来的价值远远超过了线性企业所带来的增长水平。互联网平台企业凭借着极高的利润和极低的扩张成本，有很强的内在驱动力去扩张更多的产业和行业，获取更多的用户和资源，不断扩张自己的经营版图。

互联网平台企业的崛起可谓是信息时代的一种世界性现象。20世纪末，随着世界经济进入动能转换时期，我国经济原有的粗放式增长模式和传统产业增长动力逐渐降速，市场主体急需找到一个新的突破口，而以互联网为代表的信息技术、数字技术的出现恰逢其时。受益于信息技术渗透、再造和全流程支持，信息技术产业带动相关产业大发展，首先是在消费领域被大规模商业应用，门户网站、在线视频、在线音乐、外卖点餐、网络购物、交通出行等主要商业模式产生，基于此类业务的互联网平台企业井喷式产生和增长。网络外部性使得互联网平台企业两端用户数量不断增加、数据资源进一步集聚，一些互联网平台企业已成为人民生活中必备的数字基础设施，进一步强化了锁定效应。

中国互联网络信息中心（CNNIC）发布的《中国互联网络发展状况统计报告》显示，我国互联网的用户规模从无到有、从少到多。2000—2022年，我国的网民规模实现了从0.225亿到10.51亿的进阶，互联网普及率达74.4%；手机网民规模达10.29亿，渗透率从2006年的12.41%增长到2021年的99.7%。目前，我国的总网民数、手机网民数以及手机网民的渗透率早已经成为世界第一。[2] 国家互联网信息办公室发布的《数字中国发展报告（2021年）》显示，我国已建成全球规模最大、技术领先的网络基础设施。截至2021年底，我国已建成142.5万个5G基站，总量占全

---

[1] 曾丽婷. 基于梅特卡夫模型的互联网初创企业价值评估[J]. 财会通讯，2019(23)：58—62.
[2] 《中国互联网络发展状况统计报告》，中共中央网络安全和信息化委员会办公室 中华人民共和国国家互联网信息办公室网站，http://www.cac.gov.cn/sjfw/hysj/A091601index_1.htm.

球 60% 以上,5G 用户数达到 3.55 亿户。①

《携手构建网络空间命运共同体》白皮书显示,截至 2022 年 6 月,中国累计建成开通 5G 基站 185.4 万个,5G 移动电话用户数达 4.55 亿,建成全球规模最大 5G 网络,成为 5G 标准和技术的全球引领者之一;独立组网率先实现规模商用,积极开展 5G 技术创新及开发建设的国际合作,为全球 5G 应用普及作出重要贡献。骨干网、城域网和 LTE 网络完成互联网协议第六版(IPv6)升级改造,主要互联网网站和应用 IPv6 支持度显著提升。截至 2022 年 7 月,中国 IPv6 活跃用户数达 6.97 亿。②

近年来,下一代互联网、工业互联网、物联网、5G、大数据、云计算、人工智能、区块链技术等新技术新应用不断出现,技术融合发展与产业互联网迎来全新发展格局,信息技术、数字技术已经广泛应用于人类生产生活的方方面面,数字生态得以构建,数字经济活力激发,有力促进了数字经济各类要素在生产、分配、交换、消费各环节的高效流转,推动了数字经济产业链、供应链、创新链优化升级和融合贯通,基于此互联网平台企业得以不断发展壮大。

(二)数字经济与互联网平台企业

随着新一轮科技革命和产业变革的深入,互联网平台企业快速崛起。2016 年 8 月,全球市值最高的五家公司第一次全部变为互联网平台型巨头,其排名从高到低依次为:Alphabet、Apple、Microsoft、Amazon 和 Facebook。这标志着全球进入了平台经济时代。③ 截至 2021 年 1 月 1 日,全球市值排名前 10 名的公司里,有 7 家是平台型巨头。④ 全球范围内新冠疫情的暴发加速了线下活动向线上转移,进一步推动了互联网平台企

---

① 《数字中国发展报告(2021 年)》,中共中央网络安全和信息化委员会办公室 中华人民共和国国家互联网信息办公室网站,http://www.cac.gov.cn/2022-08/02/c_1661066515613920.htm.

② 《携手构建网络空间命运共同体》,中国政府网,http://www.gov.cn/xinwen/2022-11/07/content_5725117.htm.

③ 方军,程明霞,徐思彦. 平台时代[M]. 北京:机械工业出版社,2018.

④ 《World Top 10 000 Companies List and World Banks as on January 7th, 2022 from Value. Today》, value. today, https://www.value.today/.

业的发展。这些互联网平台企业以全新的组织方式,在推动产业升级、优化资源配置、贯通经济循环发展中起到越发重要的作用。

数字经济已成为中国经济发展的主要推动力之一。近年来,我国数字经济取得的发展成就举世瞩目,总体规模连续多年位居世界第二,数字技术和数字产业不断再上新台阶,有力拉动了经济社会发展。信息技术、数字技术对经济的引领带动作用愈加明显,所创造的产品和服务以及商业模式为各行各业提档升级、转型升级,实现高质量发展提供了强大动能,信息化、数字化已经内化为市场主体生产经营过程中不可或缺的内在要素,国民经济正在由"工业化和信息化融合"升级为"数字经济和实体经济融合"。[①] 与此同时,数量庞大的中国网民和便捷低价的互联网接入服务为数字经济的繁荣发展奠定了坚实的基础。当前,我国互联网行业也在进行着变革,抓住数字化发展机遇,对新技术、新产品、新业态、新模式等进行推动转变,不断推动产业应用生态,不断进行高质量发展。

基于数据尤其是庞大数据对资源的优化配置,互联网平台企业协同推进技术、模式、业态和制度创新,为经济社会数字化发展带来强劲动力。2013年以来,互联网平台企业的高速发展以及随之带动的电商、移动支付和物流的发展,对于促进全国统一市场形成、总体通胀波动性降低、市场销量提升起到积极作用。

互联网平台企业已成为引领数字经济的核心动能。正如2021年3月15日中央财经委员会第九次会议强调:"平台经济有利于提高全社会资源配置效率,推动技术和产业变革朝着信息化、数字化、智能化方向加速演进,有助于贯通国民经济循环各环节,也有利于提高国家治理的智能化、全域化、个性化、精细化水平。"中国互联网协会发布的《中国互联网平台企业综合实力指数(2021)》指出,我国互联网产业稳步发展,以互联网为基础的新一代信息技术已经成为引领创新和驱动发展的动力源,为稳经济、惠民生、增活力、促发展发挥重要作用。互联网平台企业综合实力

---

① 关于数字经济发展情况的报告,国家发展和改革委员会网站,https://www.ndrc.gov.cn/fzggw/wld/hlf/lddt/202211/t20221116_1341446_ext.html。

逐年增强,营业收入规模再创新高,研发投入持续加码,盈利能力不断加强,互联网与实体经济的融合不断深化。[1]

数字经济成为驱动我国经济发展的关键力量。从增速上看,2012—2021年,我国数字经济平均增速为15.9%;从占比上看,2012—2021年,数字经济占GDP的比重由20.9%提升至39.8%,年均提升约2.1个百分点。[2] 目前,互联网产业处于快速发展过程中,已发展到推动组织和社会转型以及自我持续性创新和发展阶段,新技术、新模式、新业态持续涌现。国内移动互联网成熟,以BAT为代表的互联网平台企业加快推进全球化发展。

(三)数字社会与互联网平台企业

互联网平台企业既是新一代信息技术开发和应用的重要载体,又是人们融入数字社会生活的必要支撑,打造数字社会必然离不开互联网平台企业的深度"赋能"。在信息技术革命的推动下,互联网重塑了生产力、生产关系、生产方式,重构了社会关系、生活方式。在世界多极化、经济全球化的历史大趋势之下,信息技术和数字技术对人类文明的传承、进步也将发挥更大的促进作用。移动互联网、大数据、人工智能、物联网等技术的逐步成熟和应用场景的扩展已经将我们带进了一个全新的数字社会。智慧教室、智慧图书馆、互联网医院、无人银行……从居家生活、学习工作、购物消费、社会交往、旅游休闲、交通出行等各类场景,到政务、教育、医疗、体育、养老、就业、旅游等重点领域,数字服务不断迭代升级,数字产品不断涌现新形态,数字社会建设取得跨越式进展。

数字技术的发展带来社会进步的同时,社会道德、商业伦理与法律进化完善的速度远追赶不上信息与网络技术发展的速度,越来越难以应付日新月异的互联网平台企业不断涌现出来的各种难题。目前,互联网平

---

[1] 中国互联网协会.中国互联网企业综合实力指数(2021)正式发布[J].互联网天地,2021(12):2—7.

[2] 《〈全球数字经济白皮书(2022年)〉发布》,2022年7月,北青网,https://t.ynet.cn/baijia/33137389.html.

台企业的主导力量主要是资本。资本的内在扩张和谋利本性决定了追求超额利润和市场垄断，并积极介入到数字技术、数字经济、数字生活中。其中要引起警惕的表征之一即数字化成瘾，其更具迷惑性和欺骗性，一定程度上成为人们自缚的工具，也正在侵占并改造着我们的生活。

个体尽情享受着技术发展带来的诸多便利，但也面临着被数字奴役的巨大威胁。人们被快速更新的产品或服务裹挟着，进入了"数字化生存"状态，却常常忘记了"人的本质""自己内心真正的需要是什么"。正如《世界互联网发展报告 2019》指出的，互联网是一把"双刃剑"，在给人类社会带来发展机遇的同时，也给政治、经济、文化、社会、国防安全及公民在网络空间的合法权益带来了一系列风险及挑战。[①] 关于对个体的道德生活和当代的道德争议造成影响的相关案例比比皆是：从隐私和表达自由到维基解密，从数字鸿沟到反乌托邦的"监控社会"，从人工伴侣到无人机、网络战争。全球化的数字化网络正在把富裕的国家（地区）、区域、人群、行业等连接起来，基于这些不断拓展数字化生产和营销，却对那些没有什么消费能力和经济价值的"数字穷人"以算法偏见和消费歧视，日益增加他们的福利减损。

互联网平台企业为数字社会建设提供重要信息技术支撑的同时，也成为其中最具影响和威力的主体。从商业伦理上，企业的影响力越大，就越应该履行与其影响力相匹配的责任义务。哪怕互联网平台企业提供的软件属于免费使用，仍应遵循最基本的商业伦理，自觉承担保护公民个人隐私的社会责任，为每位用户筑起一道减少网络安全事故的"防火墙"。我国互联网平台企业善于模仿、学习和应用所有竞争"硬规则"，比如，技术、产品、管理方式等方面，对看不见的"软约束"，如伦理精神、行为边界、利益攸关方，对人与自然的敬畏，却相对欠缺，甚至以一种实用主义态度，斥之为无用，或宋襄公式的"迂腐"。道德缺失最终必然给企业带来难以想象的恶果，比如，蚂蚁集团暂缓上市事件、百度"魏则西事件"、滴滴安全

---

① 中国网络空间研究院.世界互联网发展报告 2019[M].北京：电子工业出版社，2019：6—7.

事件、外卖平台黑作坊事件等；手机用户反应强烈的 App"强制索权、捆绑授权、过度索权、超范围收集"的问题。同时，网暴事件频发，网络谣言滋生，信息市场混乱，互联网的规则与文明秩序需要在网民群体扩大的同时和在问题不断凸显的今天，逐步达成共识，形成规范以及一套扬惩体系、预防机制。

二、理论意义

中国经济尤其是数字经济发展取得了巨大成功，为互联网平台企业伦理创新提供了沃土。相较于蓬勃发展的互联网平台企业和数字经济，相较于国家对数字经济和互联网领域系统推进的反垄断和防止资本无序扩张举措，关于互联网平台企业和数字经济相关伦理的研究明显薄弱。

(一)利于企业伦理研究的丰富与发展

企业伦理作为一种价值观念，是与利益相关者相处中所体现的行为准则、规范。总体来说，企业伦理现象一般涵盖企业伦理的理念、企业伦理的行为、企业伦理的意识、企业伦理的文化、企业伦理的制度、企业伦理的选择、企业伦理的评价、企业价值的误区等。企业伦理规律是企业在生产、经营、管理过程中自然产生的较为稳定的伦理关系，是企业处理内外关系所应遵循的道德原则。按照范畴，企业伦理问题可分为外部和内部：外部主要包括客户道德、社会福利、社会道德等；内部主要包括同事关系伦理、商业伦理、工作关系伦理、薪酬伦理等。企业伦理的内容按不同主体可分为企业与员工之间的伦理标准、企业与股东及投资者之间的伦理标准、企业与消费者或用户之间的道德标准、企业与竞争者之间的道德标准、企业与供应商或合作伙伴之间的道德标准、管理者与员工之间的道德标准、员工之间的道德标准、企业与社会之间的道德标准、企业与生态环境之间的道德标准。

企业伦理是应用伦理学或职业伦理学的具体应用和研究分支，用于检验企业在市场环境中的伦理规范、道德准则或者价值观念。它适用于企业管理的各个方面以及相应的企业家和组织管理方面。自 20 世纪 70

年代人类步入消费社会以来,责任成为关涉整体的具有道德实践内涵的核心概念,企业社会责任成为人们持续关注的热点问题,企业伦理学也就应运而生,并迅速发展为应用伦理学的一个专业领域。在研究主体和关注群体方面,企业伦理研究大多集中于学业、业界且多以案例为主,套用西方的话语体系、逻辑体系和研究方法,而互联网平台企业伦理研究则为全社会所聚焦,涵盖法律、政策、生态、文化等诸多方面。利益相关者理论分析法是目前商业伦理决策分析的主流方法。互联网平台企业及数字经济是21世纪经济发展中日益浮现的一种主导模式。开展相关理论研究,具有重大且迫切的现实意义。互联网平台企业伦理属于企业伦理的一个研究方向,尤其是在数字经济异军突起的今天。随着越来越多的企业利用互联网技术和数字技术来驱动组织商业模式创新和商业生态系统重构,互联网平台企业伦理已成为当前企业伦理的热点和难点。

与传统企业相比,互联网平台企业连接了供需双方的双边市场甚至多边市场,既是市场环境中基于其生态系统创造的主体,也是生态系统内连接平台双边、多边用户的价值链接与传导主体,实现了传统企业未曾实现的巨大的网络效应,并且进一步衍生出同边网络效应与跨边网络效应。与之对应,伦理现象和伦理内容也发生明显变化,互联网平台企业伦理的内涵、外延也随之发生明显变化。"伦理如何内化为互联网平台企业治理的基石"成为时代之问。问题导向呼唤互联网平台企业伦理规范的构建。相较传统企业社会责任的超越性与特殊性,对于厘清互联网平台企业社会责任治理的前置性底层理论逻辑,包括独特的利益相关方主体结构、社会责任管理与实践情境、社会责任内容维度;对于互联网平台企业数字技术治理理念以及治理模式、治理机制与治理工具选择,包括负责任创新理论在伦理规范中的内化等;对于实践主体、实践范式、治理范式的实现机制;对于互联网平台企业主体责任的治理机制从公共治理范式方面的突破等具有价值和意义。改革开放之后,在借鉴西方企业伦理理论和实践的基础上,我国企业伦理自发、自觉,与市场经济日益契合,不断展现出个性化,尤其以互联网平台企业家精神个性特质较为突出。

(二)利于伦理学与经济学等相关学科交叉融合研究的丰富与发展

伦理和经济互相渗透、互相作用、互为一体。在当代社会中,从事经济活动的最为重要的主体是企业,企业伦理问题是经济伦理问题的核心部分。经济伦理为经济发展和社会进步提供内生动力。经济伦理学本身就是一门交叉学科,以经济学和伦理学为主干学科,同时结合政治学、信息学、法学、科技哲学、管理学、社会学等诸多学科,形成的一个科学的学科体系。这种结合是从经济现象出发看待问题、寻找道德问题,而不是把经济学和伦理学进行的一种加法,不是用道德哲学的问题去牵扯的解释经济出现的问题。伦理学与经济学的交融,是改革开放以来中国经济蝶变的"重要密码"。中外各国经济发展历史一再证明,没有经济支撑的伦理学,繁荣便无法持续;没有伦理学考量和关怀的经济,健康发展便无以为继。

企业伦理学是伦理应用中的一个分支,其理论起源于经济学的发展和应用伦理学的发展。作为经济伦理问题的微观部分,企业伦理主要聚焦于企业主体以及其相关经济管理活动、行为、规范或制度。企业伦理道德是经济伦理的核心部分,经济伦理是企业伦理道德的主要伦理土壤。

在市场经济下,企业都是经济活动最重要的主体,企业伦理是经济伦理研究的主要内容,企业与社会、政府、竞争对手、消费者、员工等的关系构成了经济活动最基本的伦理关系。互联网平台企业伦理规范是当前经济伦理研究的重要内容,也是商业伦理规则的重要构成。企业行为的经济性决定了企业伦理学具有鲜明的实践性,不是重理论轻实践的学科,不依赖理论演绎和推导来得出普遍原则和结论。价值导向呼唤互联网平台企业伦理的理论创新。互联网平台企业伦理研究旨在回应时代的诉求和理论的短板。首先,从经济伦理到企业伦理,从企业伦理到中国互联网平台企业伦理再到伦理规范,逻辑体系链条不断延伸,其内容体系也在不断丰富。

伦理规范、伦理思想无论对于狭义还是广义的经济伦理学都是研究重点。互联网平台企业伦理规范更是企业伦理和中国互联网平台企业伦理研究的重中之重。面对急速变革和发展的互联网时代所不断提出的新问题、新课题，企业伦理研究"上不去"（抽象思辨平台不高，叙事逻辑不成体系）和"下不来"（实际应用的普适程度不高，具体到相关行业的研究较少）的尴尬格局与"学术窘境"仍然困扰着广大企业伦理研究者。互联网平台企业伦理规范没有形成自有格局，更难以作出及时有力的反应，甚至常常显示出某种理论尴尬和窘迫，比如，"996"工作制是否正确的工作伦理。该方面的研究有助于丰富企业管理理论，尤其是管理与伦理之间的辩证关系所引发的思考与探索；有助于纠偏研究的"混沌""碎片"状态，推进基础研究共识形成，为互联网平台企业研究开辟新领域；有助于拓展企业伦理的研究视角，聚焦互联网平台企业伦理，为互联网平台企业行为的伦理管理提供理论支撑。

互联网平台企业伦理规范研究对于交叉学科融合具有重要的学术价值。对互联网、数据、算法、机器、人工智能、信息等技术要素的伦理阐释，形成了互联网伦理、数据伦理、算法伦理、机器伦理、人工智能伦理、信息伦理，进而构成理解互联网平台企业伦理规范原则构建的重要性的微观视角。比如，数据伦理准则（真实、尊重他人、行善原则、公正、尊重法律和公众利益）等不断研究与发展，成为互联网平台企业伦理规范构建的土壤与养分。科技伦理对企业在商业价值（产品研发/品牌沟通/法律合规）、社会价值（行业影响/深度研究/人才培养）、管理价值（企业文化/风控体系/内部培训）等方面意义凸显。这些视角都属于应用伦理学的研究范畴，是应用伦理学研究中越来越突出的重要组成部分。与此同时，数字经济、数字技术、数字劳动、数字资本等相关研究发展迅速，这些对于构建互联网平台企业伦理规范起到重要的基础先导作用。但目前基于上述各种伦理规范的内容要素大多是主观推断，研究结论的深度与广度均显不足，聚焦到互联网平台企业的伦理规范有待融会贯通。

此外，互联网平台企业连接多边主体，在提升经济效率的同时，也存在个体和社会深度嵌入问题，因此，需不断加强学科间的交叉融合力度和学术理论研究,推进经济伦理学、管理伦理学等发展,用高水平的理论成果引导符合伦理的技术研发和应用。

(三)利于中国特色社会主义理论的丰富与发展

习近平总书记在哲学社会科学工作座谈会上指出,"要按照立足中国、借鉴国外,挖掘历史、把握当代,关怀人类、面向未来的思路,着力构建中国特色哲学社会科学,在指导思想、学科体系、学术体系、话语体系等方面充分体现中国特色、中国风格、中国气派"[①],为构建中国特色经济学理论体系指明了方向。

1. 有助于中国特色社会主义经济理论的创新与发展

中国特色社会主义政治经济学是中国经济学的核心。基于数字经济发展的鲜活实践,围绕发展的意义、为什么人发展、怎么来发展、由谁享有发展成果、构建国内国际双循环相互促进的新发展格局等问题,有助于新时代中国特色社会主义经济伦理的创新与发展,实现坚持以人民为中心的根本立场与坚持推动高质量发展的鲜明主题相统一,"回答中国之问、世界之问、人民之问、时代之问,彰显中国之路、中国之治、中国之理"[②],为推进构建人类命运共同体作贡献。数字经济发展对主流经济学带来了一系列理论变革,不仅在理性选择学说、资源配置机制、产业组织理论、宏观调控理论、产权理论、计量经济学方法等方面起到积极推进作用,而且给以中国特色社会主义政治经济学为基础的中国特色社会主义经济理论带来机遇和挑战,站在马克思主义的立场上,推进数字劳动、数字资本、数字人权等数字经济时代更多的新热点、新趋势纳入政治经济学的研究范畴,作出理论诠释,提供理论指导;从生产力与生产关系的视角,深入考察数字经济时代的竞争与反垄断行为问题,推动传统理论的继承与发展,提出更加符合发展生产力、增进人民福祉的方案。

企业伦理学研究和互联网平台企业伦理问题是理论使命,更是现实

---

① 习近平.在哲学社会科学工作座谈会上的讲话[N].人民日报,2016-05-19(1).
② 习近平.习近平在中国人民大学考察时强调坚持党的领导传承红色基因扎根中国大地,走出一条建设中国特色世界一流大学新路[N].人民日报,2022-04-26(1).

吁求。中国特色社会主义经济理论是科学性和人民性的统一,面向中国特色社会主义实际问题意识与以人民为中心的研究导向相一致。在这一理论指导下,以中国正在进行的伟大变革为对象,而对中国现实、选择问题导向的研究方法实现理论创新,不断推进马克思主义中国化、时代化。互联网平台企业要真正成为资源有效配置的基础力量,成为促进中华民族伟大复兴的经济主体和全球化过程中的佼佼者,就必须充分认识数据作为生产要素的划时代影响,积极构建与伦理规范融合、与道德观念相通的发展路径,以合乎伦理道德的方式进行管理,以缩小数字鸿沟,增进人类整体福利,保障社会公平发展企业。而立足于这一伟大实践的伦理学研究也将以全新的思路、方法、工具、手段和话语,为人们的社会生活提供伦理学规范与引领,为世界公共伦理和企业伦理研究贡献中国智慧。

2. 有助于马克思主义伦理思想的中国化生成

以互联网平台企业为主体的数字经济伦理挑战亟须理论指导,运用马克思主义伦理思想的基本原理、立场、观点和方法推动中国互联网平台企业伦理规范建设势在必行。新时代,中国伦理学不仅不能回避或忽视马克思主义的伦理思想范式,而且必须认真梳理其思想脉络和发展历程,深入探讨这种人类特有的社会意识形态现象的核心问题、基础概念、具体方法与历史意义。在此基础上,将马克思主义的"普遍性"与中国国情的"具体性"相结合,反思和提炼马克思主义伦理思想的中国化内涵,寻求其内在一致性。马克思主义伦理思想范式必然会在所至之处,同接纳它的文明传统发生某种结构性的融合,形成具有特定历史意义的个案。而这不仅是那些接受它的人们的自觉选择,也是马克思主义伦理思想范式自身的内在诉求。互联网平台企业伦理规范研究是当代中国伦理学构建的重要组成部分。

以马克思主义为指导,在理解和吸收当代中国马克思主义哲学研究的丰富成果和中国特色社会主义实践经验的基础上,发展中国化的马克思主义伦理思想、探寻中国式的"马克思主义伦理思想"的研究路径,不仅有利于经典马克思主义在中国的创造性发展,而且能够辩证看待马克思主义伦理学与西方伦理学的内在逻辑关联,更能够确立马克思主义伦理学与当代中国马克思主义哲学的理论渊源以及马克思主义伦理学与当代中国现实的关系。

3. 有助于马克思主义理论与中华优秀传统文化相结合

马克思主义伦理思想与中国文化传统的伦理性质有契合之处。中华优秀传统文化的核心精神在于其伦理性,讲仁爱、重民本、守诚信、崇正义、尚和合、求大同等特质塑造着商业文化的价值取向、事业追求、职业态度、行为规范、得失标准。互联网平台企业伦理规范构建可以从璀璨的中华优秀文化中创造性地汲取人文精神、道德观念、历史经验、历史智慧的精华。马克思主义理论强调从唯物史观和历史的现实的人出发,运用系统的动态发展观研究问题,从现实的人的生存即人在社会生活中的存在状态出发,以全部历史的现实基础来看待人类社会的道德现象,这对于互联网平台企业伦理规范研究也极具启发意义。互联网平台企业伦理规范构建要坚定文化自信,不能脱离中华民族道德文化的历史根脉与价值传承,不能脱离芸芸众生的日常生活世界,不是被动接受而是充分汲取中华民族道德文化传统的智慧基因和现代价值。互联网平台企业伦理规范的构建,有助于马克思主义理论与中华优秀传统文化的深度融合,运用马克思主义方法论激活中华优秀传统文化,也通过中华优秀传统文化的"注入",不断推进马克思主义中国化时代化。

三、实用价值

互联网在给人类社会赋能赋权的同时也带来了诸多伦理问题与挑战。互联网伦理问题涉及国家安全、经济伦理、民主政治参与、信息自由、商业模式、用户权利等方面。伦理规范不应是被动选择,而应成为中国互联网平台企业主动选择的战略手段。对于互联网平台企业而言,伦理规范意味着进一步规范发展运作,筑牢发展基石;对于社会而言,伦理规范意味着推动互联网平台企业社会责任的跃迁;对于人类而言,伦理规范意味着进一步推进人类命运共同体的构建。

(一)企业层面：对于互联网平台企业和数字经济健康持续发展具有重要引导意义

互联网平台企业已成为信息流动的重要开关。互联网平台企业伦理问题正如互联网本身的繁杂性一样，意味着可以进一步发挥平台经济潜力价值，赋能经济高质量发展，这也就要求互联网平台企业积极协同各方利益主体，加强伦理规范构建，共建共治共享网络空间。

1. 伦理规范是互联网平台企业自我规制的重要手段和合规指引

随着我国数字经济发展和互联网平台企业的涌现，特别是一批新兴超大型互联网平台企业的快速崛起，许多新情况和新难题在治理领域集中暴露。企业是经济实体和伦理实体的统一体。伦理规范是互联网平台企业解决道德失范与伦理构建的重要基础。在数字治理进程中，各种治理议题都离不开互联网平台企业的主体责任。当前频发的信用欺诈、竞价排名、网络垄断等伦理失范问题，呼唤互联网平台企业以正确的价值观指引企业，以良好的伦理规范企业，通过制定互联网伦理规范，约束自身的网络行为。

数字经济时代，除政府监管之外，互联网平台企业的自我规制与合规不容忽视。互联网平台企业存在商业模式、数字技术迭代快，垄断与伦理失范的隐蔽性强，应用推广深、边界扩张快、规模效应强等特征，对于政府监管提出了严峻挑战。规制俘获、规制不足、规制过度、规制成本过高等都意味着政府规制失灵。互联网平台企业的主动参与，无疑有助于提高互联网的治理效能，因此，应重新审视自我规制在互联网平台企业规制体系中的作用和地位，确立互联网平台企业自我规制的主体地位，发挥互联网平台企业自我规制的独特优势和特有作用。作为创建者和管理者，互联网平台企业对于平台的现有问题、数字技术发展及最新动态最为了解，自愿制定相关伦理规范并主动按照相关规范进行自我约束、自我监督是提升互联网规制整体质量的不二选择。

2. 伦理规范是互联网平台企业重要的道德资本和稀缺资源

在社会主义市场经济中，资本除受政策和规约的引导和限制，道德也可以以其独特的力量引导资本实现理性发展,防范资本的无序扩张和非理性状态。在数字经济发展中,道德资本一样可以有效促进社会生产关系的理性存在和生产过程的协同优化。伦理规范正是道德资本的一种外显形式,对互联网平台企业的发展、壮大起到重要推动作用。

近年来,随着资本、劳动力、技术、土地和数据等生产要素向数字经济领域集聚,互联网平台企业快速崛起、迅速扩张,与此同时,伦理缺失等新的治理难题也随之出现。这就要求互联网平台企业加速自身社会属性的觉醒,积极构建其商业价值和社会价值共通共融路径,通过伦理规范构建,补齐互联网平台企业最后一块短板,促进数字经济公平竞争,激发数字经济发展活力,优化数字经济发展生态,破解数字发展伦理"顽疾"。合乎伦理规范的行为可凸显强大的竞争"自信",并被证明能够积极作用于服务与产品创新,获得更好的投资回报,这是互联网平台企业决策的必要考量。

3. 伦理规范是互联网平台企业家精神涵育的重要载体

企业家是经济活动和商业活动的主体,是构建新发展格局的重要力量。相比其他企业,互联网平台企业作为数字经济时代的重要引领者和经济社会发展新动能的重要培育者,其社会责任应包括企业本身的责任及其用户企业的责任。责任方更多,涉及的利益相关者更广;影响力更大,互联网平台企业家的责任与作用也就更加突出。

面对世界百年未有之大变局,中国互联网平台企业家通过伦理规范的涵育,勇敢地投身创业大潮,在数字经济领域取得了斐然的成绩。与此同时,要深刻地认识到:企业家是企业经营运行的灵魂,是经济伦理的最关键体现者,其自身的伦理道德素质直接影响企业。伦理规范的构建有利于企业内部统一思想、凝聚共识,尤其是把企业家精神内化于企业管理的全方位。伦理规范的构建与企业家精神的培育应同向而行、同频共振、殊途同归。

(二)社会层面:对于促进个体、社会乃至全人类发展具有重要积极意义

一方面,互联网平台企业伦理规范对于促进个体发展具有积极意义。

实现人的自由而全面的发展,既是中国式现代化的终极目标,也是共产主义社会的根本特征。人的自由而全面的发展指的是全体的发展、整体的发展、协调的发展,社会发展不再以牺牲某些个体的发展为代价。随着数字时代的到来,互联网已经成为生活和生产中的"标配",在经济社会发展的各个方面,让人们深刻地感受到其发展带来的巨大改变。互联网平台企业是当今科技创新的重要主体,也是全主体、全要素、全业务、全渠道间数字化转型的重要推进主体,还是落实伦理先行和增进人类福祉的关键。企业发展过程中,在处理人与人、人与社会、人与自然等关系时会遇到各种矛盾、问题、隐患、风险,法律、法规可以在外部起到规制作用但具有延迟性,伦理可以在内部起到规制作用,应该被引起重视。互联网平台企业不仅解放和发展了生产力,与此同时,对个体也带来了很多冲击和影响。资本以更为隐蔽甚至文明的形式将信息技术和数字技术的规训功能嵌入社会关系,潜移默化地对大众实施规训,将资本塑造的权力关系不间断地渗透在引导、塑造和控制主体中,进而使个体服从于这种权力意志,最终结果是个体的权利没有得到尊重甚至被愚弄、操纵。互联网平台企业的受众群体不单纯面向消费者,而是面向广大用户,甚至全人类。对人的尊重,包括对人的尊严的尊重,也意味着尊重人背后的数据,尊重人的自主性,保护人的隐私。

另一方面,互联网平台企业伦理规范对于促进社会发展具有重要价值。随着经济社会的急剧变革,出现了以数字科技为主的第四次科技革命,与此同时产生了新兴人权,企业所具有的社会责任与社会人所具有的社会、经济、文化等都会产生内在联系。各国达成共识,要对人权实行基本保障。基于这一保障,企业的社会属性责任已从应然性转变为实然性。企业履行社会责任,是保障公民的经济、社会、文化等权利的内在需要。这种保障性从一方面说只有得到有效保障,企业才能可持续发展,更好地履行社会责任。在经济活动中企业要自主性地发挥功能作用,除了单纯依靠政府,也要"自治",如要加强创新、维持社会公益等。互联网在极大改善人民群众生活的同时,也伴生了资本无序扩张、贫富分化、数字鸿沟、系统性风险、算法歧视等诸多新型社会问题,在一定程度上影响了社会公平正义与稳定和谐。因此,构建数字经济公平竞争治理体系、提升数字经济竞争治理效能,有助于从源头上根除系统性风险、数字鸿沟等割裂社会的问题,切实维护广大人民群众的合法权益和社会公共利益,同时还有助于引导数字经济更好地服务国计民生,赋能经济社会数字化转型,让数字经济发展红利更好地惠及广大人民,从而为打造更加安定、更加和谐、更加稳定的数字社会提供强有力的保障。

此外,互联网平台企业伦理规范对于构建人类命运共同体具有重要推动作用。当前,百年变局和世纪疫情交织叠加、逆全球化思潮抬头、世界经济复苏乏力、局部冲突频发,世界进入新的动荡变革期。构建人类命运共同体,不仅需要国家公共部门的行动,还需要更多的企业尤其是互联网平台企业参与。鉴于全世界国家和地区之间政治体制、文化习俗、宗教信仰等差异很大,加之互联网伦理问题的复杂性和涉及利益主体众多,各个国家体制、文化存在较大差异,全球共识性的、有约束力的伦理规则若能达成,则可以实现有力的突破。

第二节 研究综述

一、国外研究综述

互联网平台企业的崛起与技术进步息息相关,因此基于技术伦理的研究成为互联网企业伦理研究的基础。1972年,德国哲学家汉斯·萨克塞(Hans Sachsse)出版了《技术与责任》一书,第一个将马克斯·韦伯引入伦理学的责任概念与技术相联系,运用伦理观念来审视技术。1981年,拉斐尔·卡普罗(Rafael Capurro)以信息技术的发展作为时代背景,明确将与信息和通信技术(以下简称"ICT")相关的伦理问题作为研究对象；之后，在论文《信息科学的道德问题》中，提出"信息科学伦理学"概念。[1] B. 弗里德曼（B. Friedman）、P. H. 卡恩（P. H. Kahn）、A. 博尔尼（A. Borning）（2013）针对 ICT 同样提出了十二条伦理价值，分别是："人类福祉、财产权、隐私、无偏见、普遍可用性、信任、自主性、知情同意、可解释性、同一性、平衡和环境可持续性。"[2]信息伦理和科技伦理对伦理原则以及规范的阐述，形成了较为系统的学术积累。

就像每一次商业、社会或技术创新一样，互联网企业的兴起也存在潜在的危害。面对互联网时代对社会工作实践产生的深刻影响，卡普兰（Caplan）、威廉姆斯（Williams）、李（Lee）（2009）发现，孤独（抑郁）的程度越严重，个体就越有可能陷入数字媒介来减轻情感上的痛苦，进而导致滥用和成瘾。[3] 弗雷德里克 G. 瑞玛（Frederic G. Reamer，2013）剖析了电子社会服务造成的各种复杂的伦理问题。[4] 特蕾莎·鲍尔（Theresa Bauer，2014）认为社交网站越来越受欢迎，并引发了新的道德问题，包括欺骗、社交培训、网络欺凌和监控等风险。作者采用定性案例研究方法，探讨了三个著名的提供商 Google、Facebook 和 Twitter 在多大程度上履行其职责。[5] 约瑟夫·米格加·基扎（Joseph Migga Kizza，2016）在《计算伦理》一书中探讨了计算机环境如何影响道德和社会隐私、公民自由、安全和匿

---

[1] Capurro R. Ethics in scientific and technical-information and communication[J]. *Nachrichten fur Dokumentation*, 1981, 32(1): 9—12.

[2] B. Friedman, P. H. Kahn, A. Borning, A. Huldtgren. Value sensitive design and information systems[C]. Doorn N, Schuurbiers D, van de Poel I, Gorman ME (eds) early engagement and new technologies: opening up the laboratory, Springer series: philosophy of engineering and technology. Dordrecht: Springer, 2013(16): 55—59.

[3] S. E. Caplan, D. Williams and N. Lee. Problematic Internet Use and Psychosocial Wellbeing among MMO Players[J]. *Computers in Human Behavior*, 2009, 25(6): 1312—1319.

[4] Frederic G. Reamer. Social Work in a Digital Age: Ethical and Risk Management Challenges[J]. *Social Work*, 2013, 58(2): 163—172.

[5] Theresa Bauer. The Responsibilities of Social Networking Companies: Applying Political CSR Theory to Google, Facebook and Twitter[J]. *Critical Studies on Corporate Responsibility Governance & Sustainability*, 2014(7).

名等问题,以及工作场所中的骚扰和歧视问题。[1] 阿罗基亚斯瓦米·B(Arogyaswamy B,2020)运用功利主义方法评估高科技公司的道德,并指出高科技公司会引发数据泄露、数字成瘾、影响工作任务和就业、数据寡头等问题。[2] 赫登·C.J(Herden C.J)、阿利乌·E(Alliu E)、卡基奇·A(Cakici A)(2021)对509名美国受访者进行了民意调查。结果显示,数字化会带来诸如数据安全、数据所有权和隐私权、破坏劳动力市场、排斥社会中某些群体(如那些低数字能力的人)等问题。[3] 凯莱布 N.格里芬(Caleb N. Griffin,2021)在《康奈尔法律评论》第107期发表的《具有系统重要性的平台》(Systematically Important Platforms)文章中深刻揭示了当前互联网平台导致人们过于沉迷其中的现象,文章指出:"大型科技公司就像以前的烟草巨头一样,建立在人们成瘾的基础之上。世界上规模最大的一些数字平台虽然通常'免费'供人使用,但却尽可能多地消耗用户的时间和注意力。如果这些平台不是很容易让人上瘾,那么当前引起公众意识的许多问题就不那么重要了。社会不能忽视大型科技公司引起的重大公共问题的一个关键原因是——大型科技公司故意让数以亿计的人们上瘾。除了睡眠时间,美国人平均40%以上的时间花在网上,而美国青少年的这一数字接近60%。"此外,数字鸿沟问题也引起美国各界的关注,并作为国家的重要经济问题和人权问题提出。

在所有的伦理挑战中,互联网平台企业尤其是大型平台企业存在的不公平竞争以及垄断问题无疑是研究的焦点问题,比如,涉及企业家精神、危害创新、损害隐私、破坏自由和多样化媒体的活力等。尼古拉·尼葛洛庞帝(Nicholas Negroponte,1996)宣告的那种令人陶醉的愿景比进

---

[1] J. M. Kizza, Ethics in Computing[M]. Switzerland: Springer International Publishing, 2016.

[2] Arogyaswamy B.. Big tech and societal sustainability: an ethical framework[J]. *AI & Society*, 2020(4): 829—840.

[3] Herden C. J., Alliu E., Cakici A., et al.. "Corporate digital responsibility": New corporate responsibilities in the digital age[J]. *Sustainability Management Forum*, 2021(2): 13—29.

入精品店、"小作坊产业"和消费者自主权,后来被事实证明是太离谱了。① 道格拉斯·梅拉米德(Douglas Melamed,1999)认为,网络效应形成了天然的进入壁垒,限制了各方的竞争,从而弱化了其他进入者的竞争能力,降低了经济效率。② 罗伯特·E. 利坦(Robert E. Litan,2001)认为,互联网领域中已经获得垄断优势的竞争者会更加愿意利用技术优势阻止新进入者,并利用互联网的特征实现垄断,损害消费者利益。③ 詹姆斯·库兰(James Curran)、娜塔莉·芬顿(Natalie Fenton)、德斯·弗里德曼(Des Freedman)(2012)认为互联网并没有创造一个对大公司和小企业一视同仁的"平坦的游乐场"。

信息伦理和科技伦理有力推进了传统企业的流程再造。随着信息技术的不断深入,数据逐渐成为互联网平台企业的核心生产要素,包括数据共享、数据收集、隐私设计等在内的数据伦理近年来成为学界研究的热点。城田真琴(2016)研究发现,数据中间商存在过度收集信息的情况,但Amazon、Facebook等企业的用户可以控制自己所看到的推荐商品及广告信息。互联网企业逐渐朝着允许消费者自身掌握个人数据的方向发展。④ 这也是尊重人的主体性以及数据共享规范的企业实践。丹麦数据伦理倡导者格里·哈塞尔巴赫(Gry Hasselbalch)认为:"在当今的大数据时代,有道德的企业不仅遵守数据保护的相关法律,还需要密切了解客户在数据管理过程中保持诚信、透明等。这些企业只处理必要的数据,培育拥有隐私保护意识的企业文化及组织结构。一些企业用'隐私设计'的理念开发产品与服务。"安·卡沃基安(Ann Cavoukian,2010)提出隐私设计的理念根植于互联网技术发展中衍生的价值导向设计理论和代码之法之

---

① [英]詹姆斯·柯兰,[英]娜塔莉·芬顿,[英]德斯·弗里德曼. 互联网的误读[M]. 何道宽,译. 北京:中国人民大学出版社,2014:50—52.

② Panel, D. M. . Does Regulation Promote Efficiency in Network Industries? Network Industries and Antitrust[J]. Harvard Journal of Law & Public Policy,1999,23(1):147—157.

③ Litan, R. E. Antitrust and the New Economy[J]. University of Pittsburgh Law Review,2001,62(3):429—434.

④ [日]城田真琴. 数据中间商[M]. 邓一多,译. 北京:北京联合出版公司,2016:190.

中，一方面强调将法律价值嵌入网络系统内部，另一方面则主张以代码的形式实现这一目的。针对终端用户相较于 Facebook、Google、Microsoft、Twitter 和 Uber 等互联网企业的弱势地位，杰克·M. 巴尔金（Jack M. Balkin,2016）认为应该利用信义义务[①]原则保护用户，实现用户与收集、分析和出售个人信息的数据公司之间"一碗水端平"。[②] 但也有学者予以批判，认为用户和主流网络平台供应商之间存在明显附带的、构建的权力不平衡，并探讨立法者是否可以在"信息信义义务"理论下或以其他可行的方式规范互联网公司对用户信息不合理的滥用，务求进一步以法律形式保障用户的隐私权。[③]

大数据作为一种技术性手段，在技术的合理性与管理者的脆弱性之间存在着巨大的牵扯力。F. 卢西亚诺（F. Luciano）和 T. 莫瑞奥萨瑞（T. Mariarosaria）(2019)组织专题探讨什么是大数据伦理，大数据伦理主要涵盖三个领域：数据伦理、算法伦理和实践伦理。[④]

理查德·T. 德·乔治（Richard T. De George,2005）以西伯利科技有限公司为例，讲述了以互联网企业为代表的企业在员工隐私和监视（包括身体监视、邮件监视、网络监视）方面存在的问题，提出雇员档案五项规则，以保护雇员在计算机广泛应用后依然拥有的各种隐私权。[⑤]阿里·埃斯拉·瓦尔德曼（Ari Ezra Waldman,2015）将信息隐私研究从个人权利转向信息披露产生的社会关系，将隐私置于信任背景予以探讨。他认为隐私法的目的是保护信任关系，而不是保护个人权利束，提出了新的"隐

[①] 援引自范世乾的观点：信义义务是一项在英美法系国家广泛使用的规则。该规则适用的范围在近百年来一直处于扩张状态，要求受信人为了委托人的最大利益行事，是一种利他性的义务。

[②] Jack M. Balkin. Information Fiduciaries and the First Amendment[J]. UC Davis Law Review,2016(49):1183—1234.

[③] Lina M. Khan,David E. Pozen. A Skeptical View of Information Fiduciaries[J]. Harvard Law Review,2019(133):502—507.

[④] Oxford Internet Institute. What is data ethics？[EB/OL]. [2019-03-10]. https://www.oii.ox.ac.uk/news/releases/what-is-data-ethics/.

[⑤] [美]理查德·T. 德·乔治. 信息技术与企业伦理[M]. 李布,译. 北京：北京大学出版社,2005:88—110.

私即信任"的理论。①

算法的偏差可能来自算法逻辑设计的失当。算法共谋(algorithmic collusion)作为数字经济时代的新兴概念,由扎拉奇(Ezrachi)和斯塔克(Stucke)在2015年首次提出。他们认为算法可以在没有人为干预的情况下通过协议或者协调价格行为对市场竞争进行限制或者以更为微妙的手段来抑制竞争行为,从而形成了算法共谋的行为,并提出了信使(messenger)、中心辐射(hub and spoke)、可预测代理(the predictable agent)和数字监视(digital Eye)四种共谋场景。② 2015年4月6日,美国司法部指控大卫·托普金斯(David Topkins)串通商家企业共同使用定价算法,合谋操纵Amazon商场的广告海报价格。③ 施赖姆·V(Shrirame V,2020)等研究消费者的情绪反馈与销售排行之间的关系,证明了算法可以影响消费者的消费决策。④ 梅赫拉(Mehra,2020)认为大规模的数据收集、算法处理和自动定价以及"机器人销售"将促进各企业之间的"算法竞争",而"算法竞争"则会推动算法共谋以及对消费者越来越普遍的价格歧视,从而损害消费者福利以及破坏市场机制。彼得·保罗·维尔贝克(Peter Paul Verbeek,2016)提出在算法设计中融入绿色、伦理、守法、自由、尊严、关爱等"善"的因素,使算法符合善的要求。本质上,价值嵌入改变从外部进行技术评估的传统路线,转而从内部进行价值赋予。⑤ 祖博夫·S(Zuboff S,2019)认为算法规制系统赋予资本家"了解和塑造人们

---

① Waldman A. E. Privacy as trust: sharing personal information in a networked world[J]. *University of Miami Law Review*, 2015, 69(3): 559—630.

② Ezrachi A, Stucke M E. Artificial intelligence & collusion: when computers inhibit competition[J]. *Social Science Electronic Publishing*, 2017(5): 1775—1809.

③ Lee E, Pohl H. 3. E-commerce and competition law: how does competition assessment change with e-commerce? [M]. Singapore: ISEAS Publishing, 2019: 33—50.

④ Shrirame V, Sabade J, Soneta H, et al. Consumer behavior analytics using machine learning algorithms[EB/OL]. (2021-11-15)[2020-09-16]. https://ieeexplore-ieee-org.washington.80599.net/abstract/document/9198562.

⑤ [荷]彼得·保罗·维贝克. 将技术道德化: 理解与设计物的道德[M]. 闫宏秀, 杨庆峰, 译. 上海: 上海交通大学出版社, 2016.

行为"的权力,"其终极目标在于直接操纵人"。①

人工智能是互联网平台企业深耕的领域之一,其伦理影响也非常深远,因此也是学界研究的热点领域。由于智能技术滥用引发的诸如"信息茧房""假新闻泛滥""偏见""歧视""暴力""著作权"和"隐私权"被侵犯等的伦理失范问题正在引起各界的关注和探讨。温德尔·瓦拉赫和科林·艾伦(Wendell Wallach,Colin Allen,2009)提出审视人工智能伦理发展的两个面向——"自上而下"与"自下而上",对建立人工智能伦理语境下的价值规范做出可行性分析。②布赖森(Bryson,2016)提出了人工智能自动系统中伦理系统设计标准:(1)普遍原则设计;(2)价值观设计;(3)安全性能设计;(4)慈善设计;(5)隐私与人权设计;(6)军事人道主义设计;(7)经济与法律设计。③凯斯·CJN、威瑟·S、米特尔施泰特·B(Cath CJN,Wachter S,Mittelstadt B,2018)主张成立"跨国、独立、多利益相关的人工智能和数据道德委员会""人工智能不仅仅是一个公用事业,一旦成熟就需要被监管;它更是一种强大的力量,正在重塑我们的生活、我们的互动和我们的环境。这是我们的栖息地向信息圈深刻转变的一部分。"④

元宇宙是未来互联网发展的一个方向,形成正确的伦理和道德认知对元宇宙的发展来说至关重要。斯宾塞·E. H(Spence E. H,2008)认为,元宇宙会产生管理员、玩家或化身参与虚拟世界行为的道德规范问题,尤其当虚拟世界与现实世界出现道德规则冲突时,应遵循普遍一致性原则这一道德最高原则。⑤ 法尔查克·B(Falchuk B,2018)认为元宇宙不仅引发了隐私问题,在虚拟世界消费者、企业及政府机构的众多数据还

---

① Zuboff S. The Age of Surveillance Capitalism[M]. London:Profile Books,2019.

② [美]温德尔·瓦拉赫,科林·艾伦. 道德机器[M]. 王小红,主译. 北京:北京大学出版社,2017.

③ Bryson J,Winfield A FT. Standardizing ethical design for artificial intelligence and autonomous systems[J]. Computer,2017,50(5):116-119.

④ Cath CJN,Wachter S,Mittelstadt B,et al.. Artificial Intelligence and the"Good Society":The US,EU,and UK Approach [J]. Science and Engineering Ethics ,2018,24(2):505.

⑤ Spence E. H. Meta ethics for the metaverse:the ethics of virtual worlds[J]. Frontiers in Artificial Intelligence and Applications ,2008,175(1):3-12.

会被捕捉与跟踪,尤其消费者的位置、年龄、购物偏好、社会关系等都成为实体领域偏好的高敏感信息。[①] 自从 2021 年 7 月 Facebook 母公司更名为"Meta",随后 Microsoft、Apple、腾讯、字节跳动等相继宣布进军元宇宙,元宇宙研究在全球范围的热度明显上升。元宇宙想象延续了西方在新教伦理驱动下不断开拓新疆域的资本主义精神。元宇宙为用户提供更加实时、高度自主沉浸和多元化的体验,其最终目标是建立一个互通互联的沉浸式世界,从而为人类互动和文化创建一个平行的环境。[②] 人们可以在另一个数字世界中通过自己的虚体自然地交流和生活[③],并获得身临其境的体验。

时代变革之下,基于企业社会责任的研究一直在延续与引申。伦理规范来源于利益相关者不同观念的有机集合。艾琳·波拉克(Irene Pollach,2011)在研究企业社会责任披露的基础上,通过探讨大型 IT 企业是否以及如何将网络隐私作为企业社会责任,对现有文献有所贡献。调查结果显示,只有一小部分公司有全面的隐私保护计划,尽管其中超过一半的公司表达了解决在线隐私问题的道德或关系动机。[④] 近年来,企业数字责任在业界和学界被广泛讨论,从 CSR(企业社会责任)到 ESG(环境社会和公司治理)关于企业数字责任的融入不断加深。迈克尔·韦德(Michael Wade,2020)提出企业数字责任具体指一系列帮助企业以一种对社会、经济、技术和环境负责的方式使用数据和数字技术的行为。[⑤]

杰克·戈德史密斯、吴修铭(Jack Goldsmith、Tim Wu,2006)建议国家和地方政府利用其既有权力,来规范互联网的物理基础架构,重申对网

---

① Falchuk B.,Loeb S.,Neff R.. The social metaverse: battle for privacy[J]. *IEEE Technology and Society Magazine*,2018,37(2):52—61.
② John Dionisio,William Burns III and Richard Gilbert. 3D Virtual Worlds and the Metaverse: Current Status and Future Possibilities [J]. *ACM Computing Surveys*,2013,3(45):28.
③ Mathias Kofoed-Ottesen. On the Possible Phenomeno-logical Autonomy of Virtual Realities[J]. *Indo-Pacific Journal of Phenomenology*,2020,2(20):5—6.
④ Pollach,I.. Online Privacy as a Corporate Responsibility:An Empirical Study[J]. *Business Ethics*,2011(1).
⑤ https://sloanreview.mit.edu/article/corporate-responsibility-in-the-digital-era/.

络的管辖权力。[①] 围绕如何对待信息产业中的大型企业问题,吴修铭(Tim Wu,2010)认为真正适合信息产业的体制是分离原则,将信息产业所有主要的职能部门和工作层面分离开来。[②] 罗伯特·J.多曼斯基(Robert J. Domanski,2015)从互联网的发展历史和技术架构出发,提出四层概念模型,并建立公共政策框架。有学者基于创新是提高社会福利的原始推动力,认为"监管会破坏社会福利"。[③] 马丁·摩尔、达米安·坦比尼(Martin Moore,Damian Tambini,2018)着力从经济学中的福利分析和竞争监管机制角度来阐释数字平台市场的多边性及其多边性平台市场的其他经济特征。[④]马丁·洛奇、安德里奇·曼尼肯(Martin Lodge,Andrea Mennicken,2019)在研究中指出,公共服务领域中的伦理、法律、监管正当性问题已从现实世界向虚拟世界扩张,催生了新的自我道德约束、司法管辖权边界和行业纪律问题。[⑤]马丁·克里纳(Martin J. Creaner,2015)以全球化的视野聚焦全球互联网经济发展,其中涵盖传统电信运营商的业务创新和转型战略。他还与数十位技术跨界融合方面领先的企业高管对话,揭示互联网时代企业的合作模式与商业新机遇,其中包括利益相关方、数据隐私保护、人力资源管理等方面。[⑥]

近年来,国外学界出现了大量聚焦于资本、人权、劳动、科技等数字资本主义批判的文献,数字资本主义已成为当代资本主义研究的热点议题。互联网平台企业的成长需要风险投资与金融资本市场的支持,美国互联网平台企业的勃兴也得益于此。从社会学出发,皮埃尔·布尔迪厄(Pierre Bourdieu,1984)提出资本是一种可以积累与转化的内在能力及具

[①] Jack Goldsmith,Tim Wu. Who Controls the Internet? Illusions of a Borderless World[M]. New York:Oxford University Press,2006.
[②] [美]吴修铭. 总开关:信息帝国的兴衰变迁[M]. 顾佳,译. 北京:中信出版社,2011.
[③] Ford C. Innovation and the State[M]. Cambridge :Cambridge University Press,2017.
[④] [英]马丁·摩尔,达米安·坦比尼. 失控的互联网企业[M]. 魏瑞莉,倪金丹,译. 杭州:浙江大学出版社,2020:270.
[⑤] 彭诚信. 驯服算法[C]. 上海:上海人民出版社,2020:217.
[⑥] [爱]马丁·克里纳. 跨界与融合——互联网时代企业合作模式与商业新机遇[M]. 赵晓图,徐俊杰,译. 北京:人民邮电出版社,2015.

有社会价值的稀缺资源。数字资本也包含这两个特征,应被视为资本。①数字人权也成为一种被探究的议题,其最终保护的对象是人而不是人在数字空间中产生的数字和信息,其本质上是人的权利。巴切莱特·M(Bachelet M,2019)认为,数字人权不是人类新增的某项权利,而是人类原本就有的人权由于数字空间缺乏治理而形成了黑洞,数据的滥用冲击了联合国倡导的人权在现实空间与数字空间相一致的原则。②

二、国内研究综述

近年来,随着中国数字经济的蓬勃发展,国内学者对数字经济和互联网平台企业的相关研究不断深入,研究范畴和内涵不断拓展,对数据、算法等技术要素的伦理阐释,对伦理与道德、秩序与制度的统筹思考,对企业社会责任的重新审视与明晰等,为互联网平台企业伦理规范构建起到积极作用。

目前,国内学术界围绕互联网企业的反垄断与公平竞争已有初步成果。互联网经济规制有利于形成更有效率的市场环境和公平有序的市场秩序。在互联网经济的多元化规制体系构建中,市场主体自我规制不可或缺。叶明(2019)认为,谦抑的规制措施是互联网行业垄断行为反垄断法规制的理想选择,即反垄断法的介入以必要为前提,凡是可以通过行业监管解决的,就不必引入反垄断法规制,防止行政执法过多干预,造成互联网行业不必要的损害,同时积极发挥行业监管优势,加强互联网行业自律,尽可能适用经营者承诺制度。③ 江小涓、黄颖轩(2021)针对平台"大而管不了"问题,提出行政监管与法治监管需要与时俱进,适应数字时代特点,重点推进合规监管、分类监管、技术监管、均衡监管、价值导向监管

---

① Bourdieu P. . Distinction: A Social Critique of the Judgement of Taste[M]. London: Routledge & Kegan Paul, 1984.

② Bachelet M. Human rights in the digital age-Can they make a difference? [EB/OL]. (2019-10-17)[2022-02-18]. https://www.ohchr.org/EN/NewsEvents/Pages/DisplayNews.aspx? News ID=25158.

③ 叶明. 互联网经济对反垄断法的挑战及对策[M]. 北京:法律出版社,2019:168—171.

和敏捷监管等,促进多种秩序力量共同发力,维护市场有序运转、多方主体利益均衡和社会效益最大化。① 围绕大型互联网平台加强反垄断审查合规监管,胡凌(2022)从三个维度展开分析,其中包括资本进入相关市场的合秩序性问题,例如,进入金融、媒体、民生等领域。② 围绕互联网企业的治理体系与治理责任,王勇、张玮艺、伍凌智(2022)认为平台企业应在"避风港原则"的基础上进一步遵循"开放中立"的治理原则,即平台企业需要对各类平台用户保持开放与中立。对于不同类型的平台企业,遵循"开放中立"原则需结合不同平台的业态和活动内容进行调整,形成特定和具体的治理原则:超大型平台需遵循接入开放和竞争中立原则;创新生态类平台需遵循兼容开放原则;交易类平台需遵循交易中立原则;金融服务类平台需遵循风险中性原则;信息与社交类平台需遵循算法中立原则。政府在制定完善平台治理的相关政策时,需考虑平台企业遵循"开放中立"原则的情况。③

近年来,互联网企业成为经济增长的重要引擎,经济增长也必然有其内生的伦理要求。杨春德、徐骏、苏银珊(2012)以腾讯公司为例,认为产品线横向扩张迎合了用户需求的互补性,增加了消费者效用,有利于增加整个社会福利。④ 余达淮、金姿妏(2021)将数字经济视阈下平台企业所面对的诸多伦理困境置于"资本与道德"这一根本问题上,识别资本逻辑的强大话语力量,将资本逻辑的消解与经济伦理的构建相结合,从而将公善性原则与社会福祉的实现愿景真正纳入数字经济的现实运作中,构建包容、普惠、可持续的数字经济伦理原则。⑤ 与经济增长对应的互联网企业与社会福利的研究也不断出现。

---

① 江小涓,黄颖轩.数字时代的市场秩序、市场监管与平台治理[J].经济研究,2021(12):20—40.
② 胡凌.数字平台反垄断的行为逻辑与认知维度[J].思想战线,2022,48(1):129—137.
③ 王勇,张玮艺,伍凌智.论平台企业"开放中立"的治理原则[J].改革,2022(4):55—67.
④ 徐骏,苏银珊.互联网行业反垄断面临的新难题[J].财经问题研究,2012(9):32—39.
⑤ 余达淮,金姿妏.数字经济视阈下平台企业经济伦理探索[J].河南社会科学,2021(2):11—17.

对于互联网平台企业而言,企业伦理规范与商业模式创新同样重要,不可偏废。部分学者遵循互联网企业的价值观,鲜活案例开展伦理规范研究。张强(2018)认为企业价值观的问题不是科学问题,因此不要用"求真"的态度去追求,但是要用"求善"和"求美"的态度去塑造。他以中国企业500强的价值体系为聚焦,其中不乏华为、百度等互联网企业。① 丛航青(2019)认为道德合规应该是合规建设的一个重要内容。鉴于国内企业界对合规建设大多停留在"法律合规""政策合规""监管合规"的认识上,企业行为规范方面的制度建设不够明确,他梳理总结出部分国外知名企业的行为规范,其中包括 Apple、Intel、Oracle 等互联网企业。他从这些企业行为规范中统计出 10 大高频词:安全、环境、责任、合作、诚实(诚信)、尊重、公平(公正)、健康、公开、保密。② 赖风(2021)提出通过规制机制优化、规制策略优化、规制责任强化,实现互联网平台自我规制与政府规制的互补、互嵌和互动,以更小的成本实现更高的规制效益。③ 曹刚(2021)认为,平台应确立的道德共识包括:崇善、普惠、不作恶。④ 赵鹏(2021)认为应当正视平台经济的自我逻辑,以"平台公正"为原则基础来建立规制框架,要求平台差异化的服务供给必须基于公正理由,平台治理须遵循正当程序,平台服务需要符合公共伦理规范。⑤

互联网平台企业的伦理规范是企业文化的基础,围绕互联网企业文化角度的研究近年也不断出现,尤其是大型互联网企业已经形成较为系统的企业文化。张继辰、王乾龙(2015)聚焦阿里巴巴的企业文化,解读阐释了阿里巴巴被阿里人称为"六脉神剑"的六大价值观(客户第一、团队合作、拥抱变化、诚信、激情、敬业)和四项基本原则(唯一不变的是变化,永

---

① 张强. 企业价值观体系的构建[M]. 北京:社会科学文献出版社,2018.
② 丛航青. 世界 500 强企业伦理宣言精选[M]. 北京:清华大学出版社,2019.
③ 赖风. 互联网平台的自我规制及其再规制[J]. 南京邮电大学学报(社会科学版),2021(2):83—92.
④ 曹刚."饭圈文化"的道德批判[J]. 中国文艺评论,2021(10):12—19.
⑤ 赵鹏. 平台公正:互联网平台法律规制的基本原则[J]. 人民论坛·学术前沿,2021(21):75—84.

不把赚钱作为第一目的,永不谋求暴利,客户第一、员工第二、股东第三)。① 张继辰(2015)聚焦腾讯的企业文化,解读阐释了"一切以用户价值为依归"的"腾讯之道",概括出腾讯眼中的企业社会责任。② 陈广、赵海涛(2012)梳理概括了华为的六大核心价值观:艰苦奋斗、自我批判、以客户为中心、尊重人才、"烧不死的凤凰"、重视研发,其中多次提及任正非所提出的为客户服务是华为存在的唯一理由。③ 一些学者根据互联网企业文化的特点,在进行个案研究的基础上,探索互联网企业伦理规范的共性。

电子商务是互联网企业深耕的领域之一,电子商务与跨境电商相应的伦理规范研究也是学界热点。王露璐、汪洁(2014)从伦理角度探寻电子商务道德失范的原因,提出规范与约束电子商务行为的五项伦理原则:互利无害、公正平等、知情同意、安全高效、诚实信用。④ 伴随跨境电商业务的发展,围绕其中的研究也逐渐增加。孙琪(2020)认为,跨境电商发展面临的困境中,一个重要方面是信用保障体系欠缺。特别在支付安全问题方面,虚拟性、全球性是跨境电商的一个显著特点,如果网上跨境支付流程存在安全隐患,那么交易的安全性就得不到保障;再加以文化的、宗教信仰的、法律的以及监管体制等诸因素的地域差异性,会导致买方和卖方之间存在严重的信息不对称,跨境维权也会变得更加困难。⑤

互联网平台企业社会责任实践的发展过程也是互联网企业伦理规范践行与完善的过程。为了推动互联网企业承担更多的社会责任,互联网企业应树立正确的价值观,积极加强监管,营造良好的市场竞争环境,制定社会责任标准,开展第三方评估。⑥ 赵红丹、孙文愿、徐晶(2018)采用案例研究法,以事件系统理论(EST)为基础,从强度属性、时间属性和空间属性三个方面分析"魏则西事件"爆发的后续演进特点,分别从监督机

---

① 张继辰,王乾龙. 阿里巴巴的企业文化[M]. 深圳:海天出版社,2015:41—76.
② 张继辰. 腾讯的企业文化[M]. 深圳:海天出版社,2015:3,69—70.
③ 陈广,赵海涛. 华为的企业文化[M]. 深圳:海天出版社,2012:67—92.
④ 王露璐,汪洁. 经济伦理学[M]. 北京:人民出版社,2014:361—381.
⑤ 孙琪. 我国跨境电商发展现状与前景分析[J]. 商业经济研究,2020(1):113—115.
⑥ 徐金海. 如何增强互联网企业的社会责任?[EB/OL],2018-08-28.

制、事件强度属性、时间属性和空间属性四个方面提出建议,为减少和应对互联网企业伪社会责任提供参考。① 彭本红、葛娇娇(2021)根据布尔代数算法逻辑分析发现,员工道德水平低下、内部活动控制力较弱、平台责任评价标准不明晰、外部监督不足是导致平台社会责任缺失的关键影响因素。为此,平台企业应提高员工道德认同水平,完善企业内部管理控制制度,明确多方主体责任评价标准,健全外部监督网络。②

劳动和资本是贯穿经济伦理整个体系的一条主线。以互联网平台劳动的出现为重点,"数字"和"劳动"变得广泛且不可分割,数字劳动研究呈现出欣欣向荣的景象。数字劳动的研究内容和研究对象包括:基于互联网企业劳动伦理的研究方面,徐大建(2008)力求从经济活动和经济制度的内在需要来推出伦理规范。他从企业伦理学的理论基础、企业管理中的伦理问题、企业的伦理建设对企业伦理进行阐述,其中对于"员工的基本权利和职业生活质量"的论述,对于当前"996"现象严重的互联网企业伦理极具启发。③ 方莉(2020)认为,数字资本主义剥削的实现是通过数字劳动的剥削实现载体即广告商以及中间商、数字劳动剥削的实现主体即数字雇佣劳动和数字用户的无偿劳动以及垄断的数字资本展开的。在数字资本主义运行机制下,劳动的贫瘠、贫乏和不稳定日益加深,资本与财富的不均衡加剧使数字资本主义国内矛盾上升到一个新的高度。④ 王蔚(2021)提出数字资本主义劳动过程具备三个显著特征:生产界限模糊、进行数据控制以及存在全方位监视。由于劳动过程的新变化,从事数字劳动的数字劳工的整体境遇实际上未由于工作场地变得灵活而更好,反而更糟。高教育水平的劳动者甚至在一定程度上接近二级劳动力市场的

---

① 赵红丹,孙文愿,徐晶.互联网企业伪社会责任事件的演进及治理——基于事件系统理论的案例分析[J].企业经济,2018(10):95-102.
② 彭本红,葛娇娇.基于QCA方法的平台企业社会责任缺失的影响因素分析[J].软科学,2022,36(1):69-76.
③ 徐大建.企业伦理学[M].北京:北京大学出版社,2008:176-196.
④ 方莉.数字劳动与数字资本主义剥削的发生、实现及其批判[J].国外社会科学,2020(4):74-82.

境况,情绪劳动以及情绪剥削问题开始凸显。① 文军、刘雨婷(2021)认为,平台资本空间中的数字劳动是新就业形态的具体表征之一,表现为:灵活的时空安排与严苛的多重控制、情感的货币化与制式化的情感、低门槛与去劳动技能化、泛雇佣关系化与去劳动关系化。新就业形态的涌现也裹挟着诸多不确定性,主要体现为劳动者职业身份与发展的不确定性、数字治理和劳动保护的不确定性、数字劳动研究范式与方法论的不确定性。② 张志安、刘黎明(2021)采用个案研究法和建构性话语分析法,以"996工作制""美团外卖骑手"和新型灵活用工实践为例,考察互联网平台企业如何建构新型劳动关系的合法性话语。研究发现,互联网平台企业以制度和资源为两大核心诉求,根据情境和议题、风险的不同会采取三种应对策略:抗拒与回避,实现组织内劳动的去剥削化;默从与妥协,达成组织对经营环境的适应和协商;控制与再造,以"零工"和"灵活劳动"话语试图对平台劳动价值重构。③ 陈微波(2021)提出利益相关者理论兼顾了平台商业模式的创新与平台从业者的保护,有助于更好地协调平台经济发展初期错综复杂的利益关系。④

信息技术的蓬勃发展催生了互联网与资本、金融联盟以追求最大化价值增殖的最新资本形态。王曙光(2013)从经济学、社会学和哲学等交叉学科的角度,提出互联网金融的十大哲学,即开放、共享、合作、整合、信任、共同体、云、普惠、解构、创新。⑤ 杨先顺、李德团(2019)提出互联网资本成为"业内"资本,在输入、调适、输出三个方面产生了伦理的联结。齐昊、李钟瑾(2021)认为金融化使平台经济偏离了正常的发展轨道。平台

---

① 王蔚.数字资本主义劳动过程及其情绪剥削[J].经济学家,2021(2):15—22.
② 文军,刘雨婷.新就业形态的不确定性:平台资本空间中的数字劳动及其反思[J].浙江工商大学学报,2021(6):92—106.
③ 张志安,刘黎明.互联网平台数字劳动的合法性话语建构研究[J].新闻与写作,2021(7):71—79.
④ 陈微波.互联网平台用工关系治理的理论建构:三种理论视角的比较与反思[J].社会科学,2021(10):80—86.
⑤ 王曙光.互联网金融的哲学[J].中共中央党校学报,2013(6):53—59.

企业为提升金融估值而过度扩张,形成估值驱动型积累模式,加深了金融资本投机逻辑与实体经济健康发展之间的矛盾,深刻反映出当代资本主义生产关系对生产力发展的阻碍。[①]

面对数字化浪潮对国际伦理规范的冲击所引发的全球性伦理难题,不少学者从数字命运共同体的高度提出对现有国际伦理观念和伦理规则进行重塑。罗理章(2022)提出构建数字命运共同体,应体现开放融通、互利共赢的共同伦理信条,体现权利平等、机会平等、规则平等的国际关系伦理,体现科技创新与绿色发展融合的技术伦理观念,体现对构建人类命运共同体的伦理价值目标的追求。[②]

正如阿里研究院(2015)所提出的,从网络的视角看企业,它所面对的实际上是三张"网":消费者在不断表达个性化需求的同时,在不断相互地连接成一个动态的需求网。[③] 互联网企业需要重新认识网络信息安全和个人信息保护的重要性。李娟、迟舒文(2018)提出建立起与时俱进的信息伦理原则:人本无害原则、权责与知情对等原则、公正与共享原则。[④] 张乐(2021)认为,资本野蛮扩张、技术和算法滥用、网络空间扭曲等数字生态恶化问题的产生一定程度上与互联网企业的失职失当失察密切相关。在数字化发展的强监管时代,互联网企业需要认清形势,积极参与到良好的数字生态营造进程中来,切实履职尽责,从根本上遏制"资本贪欲",不断增加"技术温度",为建设数字文明贡献力量。[⑤]李鲤、余威健(2022)提出在"透明前置""透明进化""透明问责"的逻辑链条下构建风险防范的透明度伦理规约体系。[⑥]

隐私是人的尊严的核心,尊重个人隐私就是人的尊严和价值的根本

---

① 齐昊,李钟瑾.平台经济金融化的政治经济学分析[J].经济学家,2021(10):14—22.
② 罗理章.构建数字命运共同体的伦理蕴含[J].人民论坛,2022(4):58—61.
③ 阿里研究院.互联网+从 IT 到 DT[M].北京:机械工业出版社,2015:56—57.
④ 李娟,迟舒文.智能时代的信息伦理研究[J].情报科学,2018(11):61—65.
⑤ 张乐.数字生态向善中的企业责任与行动路径[J].人民论坛,2021(36):72—75.
⑥ 李鲤,余威健.平台"自我治理":算法内容审核的技术逻辑及其伦理规约[J].当代传播,2022(3):80—84.

体现。宋建欣(2021)认为要达到对个人隐私的持续保护,就必须发挥伦理道德的规范作用,建立并坚持尊重原则、知情同意原则、平衡点原则、社会矫正原则。[①] 张硕(2022)则认为"知情同意规则"深陷传统财产规则的桎梏,过分强调个人对信息的控制,而忽视了信息的流通与利用,建议引入优位利益豁免规则,赋予信息控制者在经过利益识别、认定信息处理所保护之利益优于信息主体利益后,在知情同意规则之外对个人信息处理行为的合法性基础进行补充,平衡对信息主体的过度保护。[②]

隐私保护是当今时代最重要的问题之一,很多学者将隐私权视为基本人权。朱晓武、黄绍进(2020)对于大数据时代个人信息保护与价值实现,以市场主导、多方共赢、构成合理为构建原则,提出了数据权益资产化平台的商业模式设计。[③] 吕耀怀、罗雅婷(2017)认为,尼森鲍姆的语境完整性原则为解决大数据时代的隐私问题提供了一种可资借鉴的思路或对策框架,可以将其置于中国特有的核心价值体系的统领之下进行运用。[④] 杨建国(2021)提出要完善制度伦理,促进法治他律与行业自律的统一;降低监控风险,促进知情同意与结果控制的统一;建构责任伦理,促进权利与义务的统一。[⑤] 宛玲(2018)提出个人数据保护官应承担隐私法律风险管控的重要职责,具有相应的隐私法律知识、信息分析知识等,问题敏感性、解决问题、善于沟通等能力,以及注重细节、适应复杂和快捷工作环境等特质。[⑥] 顾理平、范海潮(2021)提出引入逝者遗产的管理方法,将其隐私信息置于数字遗产的语境中,在妥善调和隐私攸关方权益的情况下,构

---

① 宋建欣.大数据时代人的尊严和价值——以个人隐私与信息共享之间的伦理抉择为中心[J].道德与文明,2021(6):107—114.
② 张硕.论个人信息处理中的优位利益豁免规则[J].行政法学研究,2023,138(2):95—103.
③ 朱晓武,黄绍进.数据权益资产化监管[M].北京:人民邮电出版社,2020:165—210.
④ 吕耀怀,罗雅婷.大数据时代个人信息收集与处理的隐私问题及其伦理维度[J].哲学动态,2017(2):63—68.
⑤ 杨建国.大数据时代隐私保护伦理困境的形成机理及其治理[J].江苏社会科学,2021(1):142—150.
⑥ 宛玲.国外个人数据保护官的概念、职责与能力素质[J].图书情报工作,2018(9):129—135.

建层级分明的逝者隐私共治机制或是一种理想的保护路径。① 随着隐私权、数据权、表达权、人格尊严权等权利和自由深入人心，不断有学者呼吁建构"数字人权"。赵玉林(2013)结合联合国人权理事会最新指导规范，提炼出互联网企业人权职责的基本原则：国家管辖原则、公开透明原则、人权尽责原则、补救原则。② 与此同时，有学者发出不同声音。刘志强(2021)从人权的代际划分原理、人权的道德属性、基本权利理论三方面分析，认为"数字人权"不仅不是新一代人权，甚至不宜作为人权的下位概念。③ 但他支持人在数字空间中的权利受到保护，没有否定自然人的数字权利。

对于平衡包括隐私权在内的用户权利与互联网企业发展，用户的知情同意已成为企业采集用户行为信息应遵守的一项原则，渐渐成为用户行为信息采集的合法性基础。然而，当前各类隐私政策存在法律性质不清、功能定位不明等问题，致使其在保障用户个人信息权益方面实际执行效果不尽如人意。贺小石(2021)认为隐私政策是互联网平台贯彻知情同意原则的重要工具，而保护用户信息应当是隐私政策的核心内容。借鉴欧美隐私政策规制模式，结合我国实际情况，建议明确隐私政策的合同属性，通过格式条款的规则体系规范互联网平台对个人信息的收集、利用行为；同时，为用户开辟违约救济的解决纠纷渠道，借此完善个人信息的安全保障体系，最终为数字经济产业的健康发展奠定基础。④ "知情同意规则"虽然突出信息自决理论的核心要义，但在实际运行中却存在不足。顾敏康、白银(2022)提出引入信义义务规则，赋予信用信息控制者对信用信息利用的"自由裁量权"，同时明确其严格的信义义务，对违背义务者追究信托责任，从而使"知情同意"规则能够更好地解决信用信息的利用与信

---

① 顾理平,范海潮.作为"数字遗产"的隐私:网络空间中逝者隐私保护的观念建构与理论想象[J].现代传播(中国传媒大学学报),2021,43(4):140-146.
② 赵玉林.互联网公司的网络治理职责定位问题研究[J].理论导刊,2013(10):21-25.
③ 刘志强.论"数字人权"不构成第四代人权[J].法学研究,2021(1):20-34.
④ 贺小石.大数据背景下公民信息安全保障体系构建——兼论隐私政策的规制原理及其本土化议题[J].中国特色社会主义研究,2021(6):100-109.

息隐私保护之间的利益平衡问题。① 在大数据时代,个人信息使用与保护面临着诸多困境。为促进信息社会的可持续发展,吴泓(2018)提出构建一个在"信赖"理念指引下的信义义务制度。②

人工智能是互联网平台企业的重要耕耘领域。针对人工智能和机器人等新兴科技可能引发的伦理问题,雷瑞鹏(2020)提出科技伦理治理的六项基本原则:人的福祉、尊重人、公正、负责、透明性、公众参与。③ 陈小平(2020)围绕AI伦理体系建构提出公义创新模式,即以体现经济效益的现行商业机制和体现社会效益的现有社会机制为主要原型素材,经过科学提炼和系统性整合,实现评价体系、创新要素组合机制、社会参与模式、风险预研与应对体系、职业道德和管理体系六项改良升级。④ 梁正等(2020)从治理主体、治理对象和治理工具等维度出发,对人工智能应用背景下的平台治理体系进行了初步构建,在此基础上提出了"敏捷适应、多元共治、场景驱动、技术赋能"的治理建议。⑤

从PC时代到移动互联网时代,互联网的广度和深度指数级跃升,元宇宙时代将催生更加多元的生态体系和更加丰富的应用场景,元宇宙已成为当前研究的热点。消解元宇宙带来的伦理之困、维护良善有序的元宇宙空间秩序,有赖于元宇宙的伦理规则与自治规则。张钦昱(2022)认为需要从元宇宙内部视阈、元宇宙与现实世界的比对交互以及元宇宙间的互联互通三个层次构建外在控制规则。元宇宙的伦理规则——元宇宙成员的律己性规则:道德约束的强化;元宇宙平台的共益性规则:义利兼顾的秉持;元宇宙技术的人权附属规则:以人为本的关怀。元宇宙的自治

---

① 顾敏康,白银."大信用"背景下的信息隐私保护——以信义义务的引入为视角[J].中南大学学报(社会科学版),2022,28(1):41—57.
② 吴泓.信赖理念下的个人信息使用与保护[J].华东政法大学学报,2018,21(1):22—36.
③ 雷瑞鹏.科技伦理治理的基本原则[N].北京日报,2020-05-11(9).
④ 陈小平.人工智能伦理建设的目标、任务与路径:六个议题及其依据[J].哲学研究,2020(9).
⑤ 梁正,余振,宋琦.人工智能应用背景下的平台治理:核心议题、转型挑战与体系构建[J].经济社会体制比较,2020(3):67—75.

规则——成员的资质认定规则、产权规则、交易规则、争端处理规则。[①] 胡泳、刘纯懿(2022)认为元宇宙具有实时性、在场感、融合性、互操作性、持续性等基本特性,在技术层面将跨越当前平台时代的种种局限,但作为平台权力的延伸,平台资本主义并不会消失,而是借助元宇宙资本主义的新形态,将继续对数字治理提出新挑战。[②]

针对"数字鸿沟"、数据身份、个人隐私、大数据伦理规范等困境,田维琳(2018)提出要坚持以人为本、无害、同意和安全责任四项原则。[③] 张以哲(2021)认为马克思的历史科学为剖析大数据伦理危机产生的社会关系根源提供了方法论基础。大数据权力是大数据时代平台资本主义生产关系赋予大数据主体的经济权力,呈现了资本为了追逐利润,利用大数据,通过占有数据和滥用权力,制造社会伦理危机的内在机理。大数据权力是大数据伦理危机生成的根本动因。对大数据权力进行权力规制、伦理规约和制度规范是消解大数据权力引发的伦理危机的现实出路。[④]

算法不仅是信息技术发展的核心要素,也是人工智能的关键课题。虽然算法的自动化判断使社会运行的效率提升,但是人类对算法的决策权让渡也存在风险,比如数据标注、逻辑设计等环节使算法在进行事实判断时会产生无意识的偏差。如何规训算法使其"向善",又如何驾驭算法使能"为善",周旅军、吕鹏(2022)提出,以源头参与、多方合作的方式推进算法治理,能够降低人工智能可能带来的社会风险,创造出更多的社会价值。[⑤] 李丹(2021)认为,算法歧视会对消费者的权益造成损害,加剧了经

---

① 张钦昱.元宇宙的规则之治[J].东方法学,2022(2):4—19.
② 胡泳,刘纯懿.元宇宙转向:重思数字时代平台的价值、危机与未来[J].新闻与写作,2022(3):45—55.
③ 田维琳.大数据伦理失范问题的成因与防范研究[J].思想教育研究,2018(8):107—111.
④ 张以哲.经济权力:大数据伦理危机的社会关系根源[J].华侨大学学报(哲学社会科学版),2021(2):5—15.
⑤ 周旅军,吕鹏."向善"且"为善":人工智能时代的算法治理与社会科学的源头参与[J].求索,2022(1):135—142.

营者和消费者之间的技术鸿沟。[①] 温凤鸣、解学芳(2022)研究得出短视频推荐算法中内嵌了用户偏好、社交关系、公共议题、场景、差异化和平台优先级六大价值观念要素,反映出流量至上和商业利益优先的算法价值观。以此为依据的短视频推荐算法实践带来了隐私泄露、信息窄化和算法歧视等伦理问题,亟须短视频平台公开并优化算法、用户改变信息消费习惯和提升算法素养、行业协会和政府部门加强算法审查与监督,从而促进算法"向善",更好地造福人类。[②]

三、小结

伦理规范已成为数字经济、数字技术、数字资本、数字社会中不容回避的重要指向性内容。它不仅要构建一种道德伦理体系,更是以全新的视角重新审视和构建互联网平台企业为代表的主体在与政治、社会、经济、文化、法律等各领域间的关系。

(一)基本面研究:深度广度不断拓展

从研究基础来看,与互联网平台企业伦理规范研究相关的学科基础越发广泛,由最初的以经济学与伦理学为基础的经济伦理拓宽到法学、管理学、哲学、社会学、工学等研究视域,既包括义务责任论下的技术本体、以功利结果为目的和以美德为导向的伦理审视,又包括中国传统的义利观、诚信观之下的伦理反思。国内外学界的研究从自发走向自觉,并且呈现出伦理学、经济学、管理学等多学科交叉融合,信息伦理、科技伦理、算法伦理、大数据伦理、人工智能伦理等蓬勃发展的特点,比如,在元宇宙研究方面,囿于技术开发层面的差距。国内元宇宙相关学术研究与欧美研究前沿相比也存在差距,不仅体现在前序研究基础与相关研究支撑方面,还体现在研究深度与研究成果等方面。

---

① 李丹.算法歧视消费者:行为机制、损益界定与协同规制[J].上海财经大学学报,2021,23(2):17—33.
② 温凤鸣,解学芳.短视频推荐算法的运行逻辑与伦理隐忧——基于行动者网络理论视角[J].西南民族大学学报(人文社会科学版),2022,43(2):160—169.

从研究范畴来看，与互联网平台企业伦理规范研究相关的范畴也在增加，远非单纯的传统企业伦理或者互联网伦理的结合，这与互联网平台企业的个性特征也有很大关系。网络内容治理问题、网络空间数字化生存问题、数据权和数据主权问题、隐私权和自主权问题、数据共享和数据滥用问题、网络安全和信息安全问题、网络知识产权问题、大数据价值开发伦理规范问题，以及人工智能的道德哲学、道德算法、设计伦理和社会伦理问题等已成为政界、业界、学界和公众高度关注的公共话题。

从研究范式来看，欧美发达国家相对国内创新程度更高一些，其伦理规范构建与相应的法律、文化、宗教信仰等贴合紧密。数据共享规范、数据收集规范、隐私设计原则、算法设计原则等不断推出，差异化算法、差异隐私权、被遗忘权、数据保护官、道德委员会、数据到期权、社交图片所有权等制度与做法层出不穷，对一些伦理问题的理解更为深刻。目前，欧美发达国家学界在研究方法上多采用定性与定量相结合的方法，比如，算法伦理中的情绪反馈与销售排行中运用了计量经济学和数理模型等分析工具；欧美"守门人"或"覆盖平台"制度也是采用类似方法。现代企业起源于西方。社会学家马克斯·韦伯指出，现代企业组织的基石是以明文规则、正式契约、职位层级为基础的。在信息和科技领域，美欧属于先行者和引领者，因此企业伦理、商业伦理、科技伦理等相关的研究积累也较为丰富、系统。比如，基于伦理规范的研究，与其社会文化、价值观念等息息相关，以阿马蒂亚·森（Amartya Sen）为代表的西方学者运用伦理学去解释了人类经济行为的产生及其在此过程中产生的一系列问题，继而在社会道德领域用经济学阐述了经济、伦理等多种交叉关系。西方互联网平台企业伦理规范与其运行、制度、决策等贴合更为紧密一些，可操作性更强一些。在互联网平台企业伦理规范构建中，西方学界研究在推进规范伦理原则过程中有定量化的趋势，通过数据与经验化的理论对现实问题进行描述与解释，着力于解答互联网平台企业伦理的现实状态"是"什么样的。

从研究侧重点来看，欧美发达国家和中国各有侧重。对企业伦理的研究,从学科意义上起源于西方,并对中国产生了重要影响。美国互联网公司在技术创新与推动经济发展层面一直处于市场领先地位,这与现阶段的平台责任规范、体系成熟密切相关。当前,中国企业伦理研究从内容到方法甚至伦理规范、表述方式等存在一定的"西化"倾向。中国互联网平台企业模仿起步,新浪、阿里巴巴、百度、腾讯等,从效仿 Yahoo、Amazon、Google、Facebook 等模式开始。初期伦理规范构建更多的也是模仿,随发展而慢慢融入马克思主义伦理、传统文化。西方对个体权利的强调,注重从技术角度探讨对人的权利、人类福祉的影响。中国互联网平台企业更多是响应式地推进伦理规范,尤其是在发生各种伦理失范问题之后。国外互联网企业伦理的研究十分注重实用性和可操作性,注意把伦理融合到企业日常的经营管理活动之中。这主要表现在制定伦理守则,"设置企业伦理主管""设置道德委员会等专门机构""开展伦理培训和企业伦理建设"等。

(二)研究差异:国内外理念和模式分析

国内外学术界也都呼吁在立法和监管中落实伦理规范原则,但囿于历史、国情等差异,因此在理念和模式方面存在明显差异。以个人信息或个人隐私保护为例,美国认为个人信息是财产,财产权可以自由交换,因此推行的是分散式立法模式,即各个部门领域乃至地区设立各自的个人信息保护规范。在权利保护方面,美国以隐私权保护为基础。隐私权保护则是以个人自由为理论基础,"少干预,重自律",强调个人信息保护的灵活性,注重发挥互联网行业协会的作用,通过自我管理和指引,这是当前美国互联网规制的一个主要思路;尊重个人隐私保护是欧盟的传统,作为全球个人信息保护的重要参照系,欧盟对包括政府部门、各商业领域个人信息处理实施统一的信息保护和监管标准。在权利保护方面,欧盟采取人格权保护模式,将个人信息视为公民人格和人权的一部分,上升到基本权利高度,GDPR 的生效与执行成为保护个人信息、维护个人尊严与权利、捍卫欧洲传统公共价值、制约垄断平台权力、维护数据主权的重要一步。中国个人信息安全国家标准严格程度介于欧盟与美国之间。近年来，我国对个人信息的保护力度明显增强，我国数据和个人隐私保护体系日益完善，这些政策法规共同构筑起我国个人信息与数据保护的保障体系，为经济全球化下的我国政府、企业、个人等在国际相关活动中的立场和诉求提供重要的法律依据。

国内研究较多关注相关市场界定、治理机制、平台理论、商业模式、社会总福利等问题，国外更关注平台定价、平台竞争、网络生态系统、知识产权、政策监管等主题。国内倾向于平台理论视角，主要研究不完全信息、网约车、网络借贷等平台不规范经营问题；国外更关注双边市场理论、信息、绩效、中介、技术、管理等方面，二者都将平台企业社会责任治理及知识产权保护作为未来研究的重点。国内学界比较关注体系的建构，而西方学界更关心各类"元伦理"问题的产生以及网络所带来的伦理，其中包含网络行为所带来的"利与义""善与恶"等。中国互联网平台企业与西方互联网平台企业存在诸多差异，尤其是在市场环境、产业发展、互联网用户消费习惯等方面存在差异，因此如果直接拿西方的研究理论来套用，并不符合目前中国企业的实际发展，要去关注中国互联网平台企业中出现的现象和产生的问题，通过了解这些现象和现有文献，对具体的科学问题进行归纳整理。

(三)研究热点：基于三对逻辑的聚焦与分析

以 CNKI 中国知网为数据源，通过文献计量学可视化工具 CiteSpace 的关键词共现功能和文献定性分析，考察我国平台企业社会责任及其治理的研究进展和热点，具体情况如图 1—1 所示。

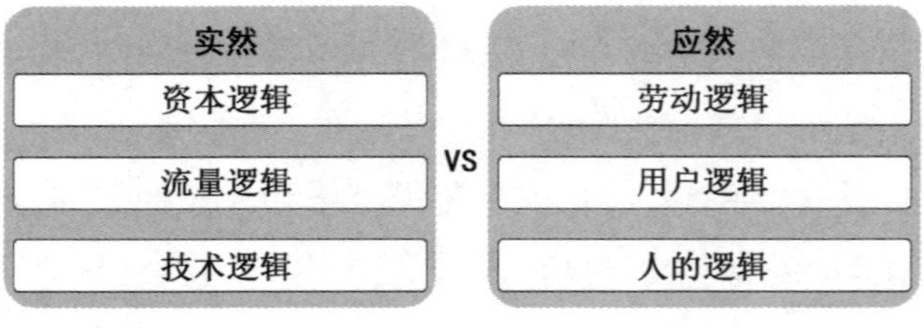

图 1—1 互联网平台企业研究中基于三对逻辑的聚焦与分析

第一,资本逻辑与劳动逻辑。市场垄断也是这些网络平台获得资金的重要途径之一,但在垄断中互联网平台企业的短时性也会显露。当选择风险投资去赚取更多资本时,如果用来运转市场,则可能会导致经济问题发生或者经济运动秩序不稳定。

在生产过程中,资本与劳动同属于生产要素,其社会经济关系密不可分,但是其矛盾亦不可调和,正如"资本—劳动"的二元对立分析框架,表征着对资本主义社会经济关系的彻底批判,是马克思主义政治经济学的核心理论之一。资本逻辑是资本具有追求利润和获取剩余价值的不竭动力。资本扩张到一定程度并暴露出逐利天性,通过扩张、渗透和转型,获取利润,实现价值增值。它可能会突破市场机制的某些重要底线,比如,公平透明原则等,甚至会形成资本集中、垄断和寡头地位。由此,资本主体较多考虑自身利益,较少考虑甚至忽略其他社会主体的利益,影响市场的公平竞争,导致社会贫富差距拉大,甚至国际霸权、国家间鸿沟。西方学术界对于包括互联网平台企业在内的企业,主要基于社会责任体系构建伦理规范,软约束居多。学术研究中互联网平台企业伦理与传统企业伦理的研究范式逐渐并轨,把合规、垄断、不公平竞争、企业社会责任(对企业伦理议题的讨论主要从社会责任角度,重点是企业实施社会责任的合理性和必要性)等研究领域在虚拟世界的表现形式纳入进来。西方企业价值观念标准化,且不断演进,如企业社会责任,还会定期发布社会责任报告,企业社会责任认证与共性融入问题(CSR—ESG 企业的社会责任也要随之升级,应履行企业的数字责任、社会责任,成为平台企业发展的底层逻辑)。资本的实质在于它是抽象劳动的积累。马克思对劳动的理解既是创建历史唯物主义学说的"基石",又是剖析资本主义社会的一把"钥匙"。国内外对于在劳动过程、劳动控制、抵制剥削和异化等数字劳工研究方面取得了一定的成果,但西方学术界对于劳动的理解更多基于劳动力要素和人力资源角度,没有看到作为人的本质力量对象化的劳动。

聚焦数字资本主义批判展开当代政治经济学批判研究。信息技术、数字技术推动社会生产由实体经济转向虚拟经济,不仅带来经济业态、劳动形态、资本形态、商业形态等方面的变化,而且加深了劳动与资本之间固有的矛盾以及带给社会的潜在风险隐患。近年来,围绕数字资本主义批判的问题、原则、方法等研究在西方学术界显化,包括"资本—劳动"对立关系新形式、劳动要素的变化发展、数据的价值中介功能等问题。我国学术界则比较倾向于回到马克思主义理论体系与经典文献,特别强调回到历史唯物主义与理论联系实际的分析框架中。

第二,流量逻辑与用户逻辑。互联网平台企业长久以来用"流量"来权衡内容生产的价值标准,娱乐化、庸俗化的内容会造成"金钱利益至上"这一不良的标准和圈内生态。在这种情况下,买"热搜"、刷"影评""饭圈"等乱象,直接显示出互联网平台企业不惜违背公共平台应该承担的社会责任而去追求暴利的营销手段。

流量的本质是用户的注意力,流量逻辑的本质是唯"流量至上"、独"流量为王",这势必对互联网平台企业的内容和服务产生巨大影响。日趋激烈的同质化平台间的竞争和互联网经济对流量的不断争夺恰恰验证了这一点。以平台为主导的中心化的流量分配与交易体系,主要追求的是效率,途径是集权式的流量管理。这种方式在追求效率的同时牺牲了权利平等,造成了平台在流量分配与交易体系中一家独大,损害了其他参与者的利益与积极性,并不利于长期可持续发展。在追求利益最大化时将自身利益与整个行业生态整体利益结合起来,由单纯的经济效率标准转向社会伦理标准,已经成为国内外学术界的共识。作为承担一定公共职能和社会基础设施的互联网平台企业,在自身经营之外,也应将就业创业、多元生活方式、公平的财富观、市场效率、对创新和生态环境的保护、可持续性发展以及用户的时间和情绪管理、人的身心健康、虚拟社会治理、技术社会后果等社会福祉纳入考量。

中国互联网平台企业目前面临着流量见顶(流量的短期主义与平台的长期主义)、市场空间压缩、增长乏力的情况,经营观念从最早的流量思维到数据思维再到向善思维(ESG)。中国互联网平台企业价值观在塑造过程中出现各种问题,比如,滴滴顺风车事件、百度竞价排名事件、腾讯

"2018腾讯没有梦想"等。在对待平台的问题上,全球性的共识正在形成,必须加强反垄断方面的监管,按用户所在社会加征税收和推动社会负外部性成本的内部化,必须接管它的部分权力,比如隐私政策,对待用户和生态其他参与者的政策,未来可能还会接管更多。

第三,技术逻辑与人的逻辑。数字社会环境下,技术逻辑与人的逻辑交织于算法,算法以及相应的伦理内涵已经成为国内外学术界关注的热点。

西方学术研究演进的路径为技术商业话语体系,对应追求的算法效果,理性经济人之下以技术本体的工具理性,包括算法黑箱、算法歧视和算法操纵等各种算法责任的缺失与异化现象。

中国学术研究演进的路径应该以人民为中心话语体系,超越用户等利益相关者的层面,基于人的权利和人类福祉的价值理性。目前针对数字经济角度的解读较多,比如,数字产业化。经济伦理、数据共享规范等与互联网平台企业伦理规范的共振还不明显。在以强调公平和整体社会价值的中国,会呈现出更为强烈的朝整体社会价值回归的趋势。这种价值观的核心包括强调整体社会价值而非片面的个体或某个方面的价值,强调效率与公平兼顾,强调社会责任感和对本职工作的热爱,强调如创业者般对社会的使命感和致力于解决社会目标的创新精神等。

(四)理论基础

近年来,企业作为经济组织的伦理问题成为研究的主要课题。研究者从利益相关者理论、社会契约理论、交易理论等方面运用了经济哲学、经济学、社会学和管理学等理论范式,从成本理论等不同角度对企业伦理管理和社会责任问题进行了研究。值得注意的是,在不同的国家和地区,经济伦理学研究呈现出不同的概念表达和关注点。例如,美国更关注企业的伦理问题,经济伦理的概念得到广泛认可,而欧洲更关注企业、社会和环境之间的关系,倾向于使用"社会责任"一词,希望以数据政策为牵引,重振欧洲数字经济的竞争优势。

西方经济伦理的核心是一种突出个人理性的功利主义。人们必须清晰地认识到新教伦理与资本主义精神的个人至上的功利主义本质,比如功利论、道义论、契约论、德性论。中国传统伦理的基本特征总体来讲可以总结为是一种人与人之间的人伦关系或人际世俗关系,用伦理意识去协调,从而获得一种社会文化的肯定,比如,以"仁、义、礼、智、信"为核心的儒家思想、老子管理哲学、合和共赢、义利思想。有些学者认为,以儒家伦理为代表的中国传统伦理道德体系缺乏理性要素,是古老中华民族走向现代化的沉重思想包袱。在现代化进程中实现民族文化的复兴,承认传统伦理思想的合理价值为中华民族伟大复兴所用,以人类命运共同体理念为核心的现代中国伦理体系正在建立完善,亟须以更审慎的态度反思中西方伦理与价值观的思想价值,不能仅仅囿于批判传统价值的缺陷,而应以不断演进的唯物史观来看待中西伦理传统,达到超越中西的"天下大同"境界,从而坚定中华民族的文化自信心与自豪感。中国传统经济伦理思想的主线是义利之辨,当前则是聚焦于效率与公平。

(五)研究展望与不足

随着社会主义市场经济的深入发展,传统的儒家伦理、社会主义伦理体系与西方伦理体系之间不断碰撞、竞争与融合。相较于西方应用伦理学领域的研究,国内相关研究起步较晚,但丰富的中国实践提供了异常丰富的思想资源和理论动力,使得在诸如经济伦理、企业伦理、网络伦理、环境伦理等领域获得了较快发展,也已成为人文社会科学领域的一个重要方面。与此同时,也应清醒地认识到,与西方学者成熟的研究范式相比,与国家和社会的期待相比,与合理解答现实经济问题的要求相比,国内应用伦理学的学理方法、理论解释力、对社会生活的反应能力,还亟待改进和提高,伦理和道德为技术护航,为互联网平台企业发展提供道义指引远不充分,人本主义"责有攸归"的道德哲学远未落实。伦理原则构建较多,具有应用性,缺乏哲学层面深层次的挖掘。

结合近年来互联网平台企业实践中出现的各种伦理缺失问题,我国互联网平台企业伦理研究无论是在理论研究还是应用研究上都取得了积极的进展,研究广度和深度不断提高,研究成果不断涌现和丰富,总体研究框架初步形成,但对大型互联网平台企业即平台的研究多,对中小型互联网平台企业以及整体的研究少;西方企业伦理研究范式和话语权依然强势,距离中国治理、中国话语、标准规范的整体研究目标任重而道远;在研究角度上,从政府和社会的角度研究促进互联网平台企业道德水平的较多,而从企业内部研究伦理形成机制的较少;在研究内容上,对我国互联网平台企业伦理规范的现状、企业伦理缺失的原因及宏观措施论述较多,对影响企业伦理规范的因素及其作用规律论述甚少。

在数字人权方面,研究比较薄弱,主要集中在数字隐私、"码"的治理、数字鸿沟等方面,针对现象进行碎片化的分析而缺乏整体性的把握,没有把人权作为数字科技的划界尺度和评价标准。国内数字人权的研究热点主要集中在数字人权、数据权利、数据主权、新兴权利、个人数据权、个人信息权、数据权属、数据保护、数据安全等方面,大体可分为"概念证立""体系定位""内容架构"以及"保障方式"四大部分。

在数据伦理方面,当前学界的研究集中于隐私保护等方面,对数据伦理观念体系的建构、数据伦理的学理内涵及通识性表达、数据伦理的规范体系及实践路径等问题探讨较少。相关研究还需要完善数据伦理结构,实现科技与人文的统一。

在人工智能伦理方面,相关研究呈明显上升趋势。但现有研究进程、认知逻辑、哲学范式与人工智能的复杂性相比,还远远不足以解释、支撑和引领。

第三节　概念界定

一、道德、伦理与伦理规范

人们常说:"没有规矩不成方圆",企业亦然。市场成为充分的市场,社会成为真正的理性社会,就必须有道德的自觉规范,伦理与法律共同构成人们的行为规范内容。

(一)道德与伦理

长期以来,伦理学界将"伦理"与"道德"视为"相近相通",并"互相替用"。但两者辞源不同、概念不同。伦理与道德的具体区别如表 1-1 所示:

表 1-1　　　　　　　　　　伦理与道德的区别[①]

序号	区别	伦理	道德
1	来源	更多地来源于理性,与现实社会生活有直接的联系	更多地来源于个体主观性,与现实社会生活的关系相对间接
2	涵盖范围	将重点缩小至准则和义务,以及与之相关的行为和观念	道德的概念更详尽,包括对多种生活和活动的评判
3	价值目标	核心是正当或合宜	核心是德性与善
4	作用机制	基于社会成员的整体关系协调而发生作用,诉诸人们的共同意识和规范认同,具有普遍约束的性质	基于个体对自身完满性的追求而发生作用,只诉诸个人的心性,具有个体性的独特性质
5	评价尺度	尺度正确与否、合理与否	尺度是好与坏、善与恶
6	约束力	普遍约束力	取决于个体内化道德的程度(个体性差异)
7	运用领域	主要存在于公共领域	主要存在于私人领域
8	认同问题	伦理强调的是人"类"的自由,是彼此的认同与通约	道德立足于个人意志,缺少绝对性,因此不存在认同问题。
9	具体界定	《马克思主义哲学大辞典》对"伦理"的界定:指一定社会的基本人际关系规范及其相应的道德原则	《现代汉语词典》中将"道德"解释为:人们的共同生活及其行为准则和规范
10	所起作用	被认为起改进作用	被认为起判断作用

---

① 高勇强.企业伦理与社会责任[M].北京:清华大学出版社,2021:10.

续表

序号	区别	伦理	道德
11	特性	伦理是指向群体生活、人际关系及其本有的条例、规律及其应有的准则,外在的社会规范、要求、秩序、制度。伦理规范具有普遍性。	道德是指向行为主体或个体的外在行为、内心观念和内在品质。道德规范具有独特性
12	涉及的内容	伦理更贴近政治学、法学之类,关注的是治世实务。伦理是一定环境下人们认识和理解的存在于人与自然、人与人、人与自身之间的应然性关系,引发的问题就是伦理问题,包括"是否应该做""应该怎样做"	道德的核心是善(或美德、德性、好等),偏重于个体生命的内在心得与体悟,更适合进行哲学玄思

综上所述,道德与伦理既有联系,又有区别。

道德相对具体、实际,伦理相对抽象、宏观。道德主要指向主体的心灵秩序,伦理主要指向外在的社会秩序。道德是人们在伦理世界中一种精神—实践的存在方式,伦理渗透了是非善恶的价值判断。

伦理是人们心目中认可的社会行为规范,是人与人相处的道德准则,是一系列指导行为的观念,是从概念的角度对道德现象的哲学思考。伦理总是表现为一定时代中一定人的伦理,并且随着人的发展而发展。

伦理与道德既存在区别,又紧密联系,内涵多有相通之处。伦理是对道德及其应该的理论分析,道德是关于应当如何规范来自伦理的应然性要求。涉及组织内部成员的行为准则既属于伦理的构成部分,又是对其个体的道德要求。伦理与道德不可分离的精神同一性、伦理规范与道德规范的辩证统一性,藉此寻找价值认同和普遍自由,建构精神世界的完整性和生活世界的合理性,进而构建精神共同体。

综上所述,伦理与道德融为一体。伦理优先的中国伦理型文化传统,在实践中,在伦理精神与道德精神的辩证互动过程中,最终表现为实体与主体的"相适应"、伦理认同与道德自由的辩证统一。

(二)伦理规范

规范,从学术层面而言主要是哲学中实践哲学研究的课题,按照通常理解,是一套有权威的因而必须被遵从的标准。从表现形式来看,规范某种意义上体现为指示,是以促成、制止、许可等方式调控人们行为的具有普适性的指示或指示系统,而且是一种标准。

伦理的抽象性决定了其必然要与规范相结合,为社会主体提供明确的行为标准或原则。近年来,我国相关行业不断推出伦理规范标准,以"伦理"为关键词,在全国标准信息公共服务平台进行了初步检索,共检索到9项标准(如表1—2所示),其中,国家标准4项,地方标准4项,行业标准1项。这些伦理标准具有如下特点:一是近年来呈明显上升趋势;二是大多为实验动物、生物医学等医学伦理标准。

表1—2　　　　　　　以伦理为主题的现有全国标准

序号	标准名称	标准类型	标准性质	实施时间
1	金融领域科技伦理指引	行业标准	强制性	2022-10-09
2	涉及人的生物医学研究伦理审查规范	地方标准	推荐性	2020-11-01
3	实验动物福利伦理审查技术规范	地方标准	推荐性	2020-10-01
4	人类生物样本保藏伦理要求	国家标准	推荐性	2020-11-01
5	实验动物 福利伦理审查指南	国家标准	推荐性	2018-09-01
6	人类生物样本保藏伦理要求	国家标准计划	推荐性	2020-11-01
7	实验动物 福利伦理工作规范	地方标准	推荐性	2016-04-10
8	涉及人的生物医学研究伦理审查规范	地方标准	推荐性	2015-07-01
9	实验动物 福利伦理审查指南	国家标准计划	推荐性	2018-09-01

资料来源:全国标准信息公共服务平台(https://std.samr.gov.cn/)。

目前,尚未形成互联网行业的全国标准,但团体标准不断涌现,如表1—3所示。

表 1—3　　　　　　　　互联网行业部分团体标准

序号	团体名称	标准编号	标准名称	公布日期
1	贵州省大数据发展促进会	T/GZBD 6-2022	基于区块链的互联网医疗健康平台建设指南	2022-11-09
2	中关村现代信息消费应用产业技术联盟	T/INFOCA 7-2022	移动短视频用户体验质量（QoE）评测方法	2022-10-28
3	天津市软件行业协会	T/TSIA 005-2019	网络安全第三方服务机构管理规范	2022-10-21
4	天津市软件行业协会	T/TSIA 004-2019	互联网软件运营安全管理规范	2022-10-21
5	广东省静态交通协会	T/GSTA 004-2022	停车数据安全管理规范	2022-10-18
6	贵州省特色食品产业促进会	T/TSSP 018-2022	灵活用工互联网平台服务规范	2022-10-14
7	中国网络社会组织联合会	T/CFIS 0004-2022	网络直播主体信用评价指标体系	2022-10-10
8	东莞市移动互联网协会	T/DGMI 008-2022	网络安全管理评估规范	2022-09-29
9	四川省通信学会	T/SCSTXXH 2-2022	工业互联网公共服务平台互联互通技术规范	2022-09-26
10	电信终端产业协会	T/TAF 077.9-2022	App收集使用个人信息最小必要评估规范 第9部分：短信	2022-09-14
11	电信终端产业协会	T/TAF 112-2022	移动应用分发平台信用评价细则	2022-09-08
12	四川省技术市场协会	T/STMA 009-2022	融媒体内容汇聚管理标准	2022-07-08

资料来源：全国标准信息公共服务平台（https://std.samr.gov.cn/）。

规范来源于现实生活中人们的需求、好恶、价值判断，是建立在维护社会秩序理念基础之上，是基于社会的集体欲望和广泛共识，可以引导和规范社会主体做什么、不做什么和怎样去做，是社会价值观的具体体现和延伸。伦理规范在规范的基础上进一步体现宣示性、自愿性和普遍性，本质上体现的是价值判断和价值共识。

道德精神与伦理精神的辩证互动,以及道德与伦理分别与规范相结合,形成道德规范与伦理规范,最终表现为宏观层面的统一、精神哲学层面的建构。与法律规范、行政规范、技术规范等其他社会规范不同,伦理规范从正当与不正当、应该与不应该、善与恶的角度对人们的行为做出明确规定、给出行为标准,是对人们的道德行为和道德关系的普遍规律的反应和概括,但并不是抽象的、永恒的,而是历史的、具体的。正如马克思所述"人们自觉地或不自觉地,归根到底总是从他们阶级地位所依据的实际关系中——从他们进行生产和交换的经济关系中获得自己的伦理观念"。①

伦理规范不仅有宏观的体系建构,还包含具体的伦理要求,集成多种技术指标、协调多种利益相关者诉求,为治理主体提供规范和指导,内化为治理主体的自律和德性。

二、互联网、互联网企业与互联网伦理

互联网企业,又称为互联网公司、互联网平台、互联网平台企业、平台企业、网络平台公司等。

在传统理论中,互联网公司被定义为:在虚拟的网络空间中运营,利用网络技术直接对消费者进行软件教育,向消费者和第三方提供中间件平台服务或提供交易机会等,以谋取经济利益。受益互联网实体包括互联网核心服务提供商、互联网内容提供商、互联网应用服务提供商、互联网数据中心提供商等。②

叶明认为,互联网企业是指以互联网为平台,为用户提供基于网络的产品或服务,并从互联网市场谋取经济利益的互联网基础服务提供商和互联网内容生产者。前者包括提供互联网接入、托管和域名服务的公司,如中国电信、中国联通和中国移动;后者主要提供网络新闻、搜索引擎、网

---

① 马克思,恩格斯. 马克思恩格斯选集:第 3 卷[M]. 北京:人民出版社,1995:434.
② Yuval Shavitt, Udi Weinsberg. Topological Trends of Internet Content Providers[J]. *Arxiv Preprint*,2012(4):13—15.

络广告和网络游戏(如视频点播、游戏下载)、网络社区(如微博、个人空间、交友服务)、网络通信(如即时通信、电子邮件、在线聊天、飞信、微信)、电子商务(如网上商店、交易平台、在线金融)、在线服务(如软件下载网站、经纪服务)。①

佟丽华认为,平台企业主要是指通过网络技术把人和商品、服务、信息、娱乐、资金以及算力等连接起来,由此使得其经营平台具有交易、社交、娱乐、资讯、融资、计算等各种功能的企业。但是,随着网络商业模式向传统市场的延伸,这样的定义和分类使得互联网公司的界定问题难以解决。原因是并非所有使用互联网进行交易的企业都是在线企业。

然而,随着在线商业模式向传统市场的扩展,这样的定义和分类很难解决互联网公司的定义问题。原因为不是所有用互联网做物的公司都是互联网公司。

中国互联网协会和工信部信息中心给出了互联网企业的官方定义,认为"互联网企业"是工信部颁发的增值电信牌照的持有者。技术、互联网信息服务(ICP)使用、互联网接入、以业务收入为主的四种业务中的一种或多种,包括传入服务业务(ISP)、互联网数据中心业务(IDC)及在线数据处理和交易处理业务,都通过互联网进行(中国互联网协会,信息化部工业和信息化中心,2016)。

本书所称互联网平台企业,根据我国《国务院反垄断委员会关于平台经济领域的反垄断指南》(国反垄发〔2021〕1号),是指通过网络信息技术,使相互依赖的双边或者多边主体在特定载体提供的规则下联系,以此共同创造价值的商业组织形态。② 2021年10月29日,国家市场监督管理总局发布《互联网平台分类分级指南(征求意见稿)》,依据平台的连接对象和主要功能,进一步将平台分为六大类:网络销售类平台、生活服务类平台、社交娱乐类平台、信息资讯类平台、金融服务类平台、计算应用类

---

① 叶明.互联网经济对反垄断法的挑战及对策[M].北京:法律出版社,2019:18.
② 《国务院反垄断委员会关于平台经济领域的反垄断指南》,中国政府网,http://www.gov.cn/xinwen/2021-02-07/content_5585758.htm?ivk_sa=1023197a。

平台；依据用户规模、业务种类以及限制能力，将平台分为超级平台、大型平台、中小平台。①

欧洲议会"未来科技研究小组"《线上经济：对经济和社会影响》报告认为，"网络平台公司是指利用信息和通信技术促进用户之间的互动，收集和使用关于这种互动的数据，同时产生和利用所谓的网络效应。"

在欧盟议会的报告中，其交叉使用了"平台"（platforms）"网络平台"（online platforms）"数字平台"（digital platforms）不同表述。尽管表述不同，但大家基本理解为所指称的对象。结合我国相关政策表述，本书研究将其称为互联网平台企业，其当然也可以称为"互联网平台""平台企业""平台型企业"或者"网络平台企业"。

平台型企业是通过搭建平台，以促成存在供需关系的群体进行交易的企业。平台企业通过提供交易的中间层（场所、媒介、空间等）以及配套服务来获得相应的回报。互联网平台经济是生产力新的组织方式，是基于互联网、云计算等新一代信息技术的新型经济形态。平台越来越成为推动虚拟空间和虚拟经济背后的力量，聚合了资源、数据、算法和基础服务，为虚拟空间的生产与服务提供技术和商业服务底层架构。

与上述一般业务涉网企业的"自律"责任特征不同，诸如淘宝、美团、滴滴等互联网平台企业具有明显的"公共"属性。互联网平台具有高技术性壁垒，汇集着海量的供求交易者，并且在平台上形成了多产业共生的商业生态。在此意义上，互联网平台企业不仅是一个简单的市场行为主体或者单一经济属性的市场参与者，更重要的是成为综合市场交易信息汇集中心和其他类型市场参与者的信用评判中心。互联网平台企业不仅作为一个微观主体"参与市场"，更主要是作为交易平台"创造市场"。

基于以上分析，除与传统企业一致的作为谋求利益的经济主体，互联网平台企业具有以下个性特征：

1. 基于信息和通信技术

---

① 《互联网平台分类分级指南（征求意见稿）》，国家市场监督管理总局网站，https://www.samr.gov.cn/hd/zjjg/202112/t20211228_338510.html。

伴随着互联网技术的发展应运而生,聚焦于互联网、移动互联网、物联网、大数据、云计算、人工智能及智能设备等数字技术,以信息和数据为驱动要素,推动实现互联网技术、数字技术等与业务的融合,重塑传统的生产、交易经济形式,是信息社会的产物。

2. 强网络效应

互联网企业以产生和利用网络效应为核心特征,通过各类要素的贯通,借助网络外部性实现配置资源的规模化、多元化,内部管理的扁平化、高效化。互联网作为信息传递的媒介,搭起了人与人、人与物、物与物、服务与服务之间的联系。当互联网企业的产品或者服务随着使用增加而变得更有价值时,就发生了网络效应。用户数量更大,可能产生的网络效应更强,就越能进一步吸引更多双边、多边参与者加入,形成正反馈,使平台网络效应递增,一旦超过临界点,就能自我强化,达到赢者通吃的垄断阶段。

3. 强平台效应

互联网企业以供需交易撮合为核心,成为互联网信息传播和交互活动发生的枢纽。Google、Apple、Facebook,以及阿里巴巴、腾讯、美团、百度、京东、字节跳动、滴滴等备受瞩目的互联网企业都是采用平台运营模式,形成一个共同创造、共同增值、共同盈利的生态圈。它们对其平台上的企业和消费者都具有强大的掌控能力。正如亚历克斯·莫塞德(Alex Moazed)与尼古拉斯·L. 约翰逊(Nicholas L. Johnson)在著作《平台垄断:主导21世纪经济的力量》中所言:"如果说软件是这一经济大变革的开启者的话,那么今天吞噬世界的则是平台。平台主导了互联网和我们的经济。"[1]平台企业各业务单元环环相扣、相互补充,不断对用户需求形成全覆盖、较完备的生态圈,进一步巩固和提高平台主营业务的市场地位。例如,阿里巴巴通过淘宝、天猫、支付宝、盒马鲜生、菜鸟裹裹等,构建了覆盖线上线下、从支付到物流的网络购物生态系统。

4. 强交互影响

---

[1] [美]亚历克斯·莫塞德,尼古拉斯·L. 约翰逊. 平台垄断:主导21世纪经济的力量[M]. 杨菲,译. 北京:机械工业出版社,2018:2.

传统企业与消费者之间是平行的，可能在某个领域对消费者有着重大影响，但无法控制其他相关企业和消费者。互联网企业不再以产品为中心，而是以客户为主导，简化了商品流通过程，也颠覆了传统经济的模式。在平台情境下，互联网企业作为一种链接双边、多边市场用户的特殊组织，对其他相关企业和消费者用户产生重大影响，由传统企业的"企业—顾客"静态式价值传递或价值创造范式转变为更加动态化与复杂多元的"消费者用户—平台型企业—生产者用户"价值创造范式。

5. 强社会影响

5G 时代下，互联网平台企业依托现代网络信息技术、发达的交通、便捷的物流网络、快速安全的信用支付渠道，链接起数量庞大的买家和卖家群体，演变为大数据平台企业。平台企业利用大数据为社会提供公共服务，促进交易，引导资源配置，为其他企业提供重资产平台，不仅作为一个微观主体"参与市场"，更主要是作为交易平台"创造市场"，具有一定的准公共物品属性。互联网平台企业的利益相关方不仅包括创始人、投资者、平台内经营者及其员工，还包括用户、广告商、供应商、竞争对手甚至政府、社会、媒体等。将互联网平台企业视为准公共物品属性也意味着，平台提供的产品和服务需要符合特定的公共伦理规范，因为互联网平台企业的商业模式对公众价值取向有引导作用。

6. 新兴经济组织、商业组织形态、新的组织方式、新型经济形态、新型资源配置方式

之所以被称为"新"，在于相较于传统企业、传统组织形态、传统商业模式存在明显差异，也难以简单适用原有经济领域的制度规则和伦理规范。互联网平台企业颠覆了传统厂商的规模经济模式，从基于网络提供服务，演变为对原有产业发展模式的变革与颠覆，厂商的财富密码从流水线变成了算法，重塑了与众多利益相关者的关系，成为一种商业模式的革新。它实现资源优化配置，促进跨界融通发展，共同创造价值，是数字经济时代新的生产力组织方式。平台经济从低到高包含四个层面：从互联网企业到互联网平台企业，再到互联网平台企业生态系统。

三、企业伦理、企业文化与企业社会责任

一般认为,企业伦理是企业在生产过程和运行中包含伦理意识、伦理活动、伦理关系等一系列的总和。同时,也有专家认为,企业伦理是指企业在一切经营管理活动中形成的各种伦理关系以及所应遵循的伦理精神、伦理原则、伦理规范和处理、平衡、协调、发展这些关系的方法。

(一)企业伦理与企业社会责任

企业社会责任与企业道德都要求企业在内容上关心伦理问题,重视伦理上的道德问题,履行一定的社会责任。但在现实中,企业道德与企业社会责任又存在明显的倾向区分。企业责任更倾向于责任的履行与问责机制,企业伦理会注重权利和责任。

企业伦理和企业社会责任是一种方法与实施、原则与目标的关系,两者之间并不是包含与被包含的并列关系。企业伦理绝非强迫企业置经济利益于不顾,而是引导企业如何更好更全面地追求经济利益,特别在追求经济利益时要注意什么内容、方向是什么。企业的存在不能以牺牲自然生态、社会利益为代价。只有能够促进社会普遍利益、人类共同福祉的企业行为才属于企业道德范畴。企业社会责任是社会对企业的道德期望。

企业伦理由企业经营中的价值观和道德标准组成,是企业社会责任行为实施的基础和原则,为企业社会责任提供道德判断依据。企业社会责任的加强反过来又提升人们的价值观和道德标准。不过,企业社会责任更多体现在企业外在可见的行为表现中,有明确的对象、具体的内容范畴和目的;而企业伦理更强调和注重对人的处理以及物质待遇背后人的思想意识和人生观的问题。

(二)企业伦理、企业文化与企业社会责任

企业文化的核心是企业价值观。追求核心价值观,被组织成员认同,其相应的导向功能、凝聚功能、激励功能、调节功能均是通过企业伦理和价值观发挥作用,而企业伦理必须考虑社会的共性价值观,要求企业与社

会大环境的关系调适。

企业文化建设应以企业道德建设为重点,在承担经济和法律责任的基础上,更加注重企业必须承担的道德责任和公益慈善责任。企业领导者在清理过程中要追求内部利益相关者、外部利益相关者等多个群体的和谐平衡,还必须具备文化管理意识,着力探索企业伦理价值观的实施路径,凝聚企业伦理的文化理念。

企业文化和企业社会责任应当相辅相成,相互促进。一方面,企业的核心文化充分考虑到社会责任。积极、主动地承担社会责任,可以给企业带来好的声誉,吸引人才,增加顾客的满意度和忠诚度,进而获得经济回报。另一方面,企业开始重视用社会责任来重塑企业文化,不再将利润最大化视作最高追求或单一追求,而是开始着眼于注重更高目标,比如,企业生产经营过程中经济、社会和环境的平衡,以此有效加强企业的凝聚力、增强企业文化的激励和约束力,为企业的长远发展、做大做强提供长久的动力和获得持续的竞争优势。伦理和道德贯穿始终,是指引企业文化建设和企业主动承担社会责任的灵魂。

企业文化管理起源于日本,成型于美国,中华文明和传统文化本身没有企业文化的概念。企业文化管理理论产生于西方市场经济条件下,与发达经济体已经完成工业化进入后工业化阶段密切相关,也是管理科学发展到一定历史阶段的产物。它强调对个体的尊重和激发,重视企业内的环境营造和人在管理中的作用,强调精神和文化的力量,重视企业员工的道德素质、诚信度、责任感和敬业精神。企业文化管理对企业生存起着延续和提升的重要作用。

以"仁、义、礼、智、信"为核心价值的儒家传统,经年累月的培育与沉淀、继承与发展,连同其人文精神和文化养分,深深地融入中华民族共同的文化心理特征,并成为中国文化的核心价值,其理性内核是中国伦理道德和企业价值观的真正文化载体,对中国企业文化管理具有深刻的当代意义。

(三)企业公民与企业社会责任

企业要承担社会责任,实质是号召企业做好事。成为一个合格的企业公民,实质是号召企业做好"人",这是好事和好"人"的渐进关系;承担社会责任是一种行为,达到一定程度,成为合格的企业公民;企业社会责任是初期阶段,而企业公民是高级阶段。企业公民是优质企业和最受尊敬企业的代名词;企业公民是企业社会责任的进一步发展和高级阶段;企业公民建设是企业可持续发展的必由之路。20世纪50年代初,美国管理学家彼得·F.德鲁克(Peter F. Drucker)在他的现代管理奠基之作《管理实践》中一层一层地推论管理者的责任,最后提到"终极责任"高度的是:"商业企业在管理过程中必须把社会利益变成企业的自身利益。"[1]

最初使用的"公司社会责任",正在转向"公司责任"。"公司公民"这个概念也已经被使用。这个术语上的变化反映了人们仍在寻求一个概念,希望它能概括表达商业—社会的关系并使辩论各方满意,但重要的是能扩展法人代表的责任,使其超越对股东的责任。

企业社会责任并没有统一的定义,是一个动态的概念,随着社会的不断发展和全球化的影响,被不断地扩充和完善。欧盟2001年将其定义为,企业自愿将社会和环境问题的关心纳入其业务运营以及与利益相关者的互动中。国际标准化组织发布的ISO26000对社会责任的定义为"组织通过透明和道德的行为对其决策和活动对社会和环境的影响承担责任;为可持续发展做出贡献,包括健康和社会福利;考虑到利益相关者的期望;遵守法律并符合国际行为规范;融入整个组织中并在其关系中得到实践"。

企业公民这个概念也由企业社会责任延伸而来,好企业"公民"化,统一了权利和义务。企业公民的概念更加强调了企业和社会互惠共赢的关系。在当今经济全球化的背景下,成为优秀的全球企业公民是社会责任运动的终极目标。

---

[1] [美]彼得·F.德鲁克.管理的实践[M].齐若兰,译.北京:机械工业出版社,2009.

企业社会责任过于强调企业的责任承担,而这些责任都是外界赋予的,企业在其中处于被动地位,呈随波逐流之行为。企业公民则强调企业将社会基本价值整合进企业的政策和日常商业实践。企业履行对社会的义务是主动的、不经意的,根植于企业的价值观和社会意识,是战略选择之行为。

四、利益相关者、企业家精神、负责任创新与敏捷治理

(一)利益相关者

1963年,美国斯坦福大学战略研究所率先提出了企业利益相关者这一概念。此后,一些学者陆续将利益相关者理论和分析方法应用到企业研究中,逐步形成了企业利益相关者共同的治理理论。1984年,罗伯特·爱德华·弗里曼(R. Edward Freeman)出版了《战略管理:利益相关者管理的分析方法》一书,明确提出了利益相关者的管理理论。该理论是指企业的经营管理者为综合平衡各个利益相关者的利益要求而进行的管理活动。对大多数西方评论人士而言,这一模式已被视为当下互联网平台企业治理最为合适的模式。

利益相关者是指影响组织理念、行为、决策及组织目标的实现,或是受到组织目标实现及其过程影响的个体和群体。根据这种解释宽泛的定义,利益相关者可以是个体,也可以是群体;利益相关者具有对组织及其管理者影响的能力。聚焦到企业视角,利益相关者可以分为内部利益相关者和外部利益相关者。内部利益相关者包括董事会、企业家、管理层、员工等;外部利益相关者包括企业股东、消费者、供应商、竞争对手、新闻媒体、政府、本地社区、工会等,其中,消费者居于非常重要的位置。

与传统的股东主导相比,越来越多的企业开始意识到利益相关者的重要性。该理论指出,公司无法独立于利益相关者而生存。公司应追求利益相关者的普遍利益。任何企业的发展都离不开各利益相关者的投入或参与,而不仅仅是特定主体的利益。利益相关者也会促进企业的发展和进步,倒逼企业努力实现效用最大化。公司的目标是公司价值最大化,

而不仅仅是股东财富最大化;公司的利益是所有利益相关者的共同利益,而不仅仅是股东的利益;企业发展的物质基础是所有利益相关者的利益投入资本(或资源),除股东投入的股权外,还包括债权人投入的债务资本、员工投入的人力资本、供应商和客户投入的市场资本、政府投入的公共环境资本(如建立公共制度、提供信息引导和维护生态环境等)及社区提供的运营环境等;企业发展的基本模式是企业与各利益相关者保持长期合作,而不仅仅是依靠股东。

现代企业发展历史表明,关注重要利益相关者的数字平台能够更好地获得必要的社会声誉和社会支持。数字平台商业模式由两个或多个面向不同利益相关者各方(通常称为用户和提供者)组成,并由互联网、区块链或人工智能等链接。利益相关者"创新关注"是驱动企业创新的重要因素。互联网平台企业越来越多地从利益相关者理论视角入手,考察当前互联网平台与其"直接利益相关者""主要的社会性利益相关者"和"核心利益相关者"的关系。这与很多互联网平台企业价值观排序即"客户第一、员工第二、股东第三"相一致。

(二)企业家精神

"企业家"这一概念不是自古就有,不能简单混同于古代"商人"的概念。1801年,法国经济学家理查德·坎蒂隆(Richard Cantillon)首次提出"企业家"这个概念,认为"企业家"是使经济资源的效率由低转高的特殊人才。从这个角度讲,"企业家精神"是企业家特殊的气质、技能和禀赋的一种结合。西方社会对企业家精神的研究已有百年之久,学术界将企业家精神定义为一种无形的但社会稀缺的生产要素和战略资源,创新意识、冒险意识、机会敏锐性和挑战意识等被视为企业家精神的内涵。"企业家精神"是企业家特殊技能(包括精神和技巧)的集合,泛指企业家群体的共性特征,是把企业家与一般管理者区别开来的人格特质。而这种人格特质,是由企业家的决策特征和内心追求所决定的。张维迎认为,要真正理解企业家精神是什么,必须理解企业家精神不是什么:第一,企业家决策不是科学决策;第二,企业家决策不是约束条件下求解;第三,企业家决策不以利润为唯一目标；第四，企业家不能完全听命于投资人；第五，企业家不是"好员工"。①

2017年9月，《中共中央国务院关于营造企业家健康成长环境 弘扬优秀企业家精神 更好发挥企业家作用的意见》出台，首次以专门文件对企业家精神提出了要求，其总括为36个字：爱国敬业、遵纪守法、艰苦奋斗、创新发展、专注品质、追求卓越、履行责任、敢于担当、服务社会。② 2020年7月，习近平总书记在企业家座谈会上的讲话中高度概括和科学总结了企业家的五点特质：爱国、创新、诚信、社会责任、国际视野。③ 这五点特质既明确了企业家应有的品质素养和根本遵循，又强调了企业家肩负的责任担当，更是当前形势下对企业家的时代要求，共同构筑起新时代下企业家精神的丰富内涵。

企业家精神是企业家群体表现出的共性品质、价值取向和精神特征，是企业发展的动力和活力，也是促进经济社会发展和综合国力提升不可或缺的要素。

企业家精神的核心是创新思维与创新行为。以创新、平等、互联为特征的互联网思维，与企业家精神有着本质上的相似性。现代服务业下企业家创新的特点包括注重商业模式创新、互联网思维、在体验中创新等新兴创新思想。20世纪末21世纪初，伴随互联网在我国的深入应用发展，我国涌现出一批互联网企业家，他们大多具有海外尤其是美国留学或工作的经历，对美国互联网发展具有较深刻的认知，并抓住了中国的消费互联网经济发展的巨大机遇，通过市场与业务创新，使中国互联网企业迅速崛起并快速做大，这为未来中国产业互联网的发展奠定了坚实的基础。

市场在资源配置中起决定性作用，企业无疑是市场的主体，企业家通过运营管理企业在配置各种生产要素，并成为把土地、劳动、资本这三个

---

① 张维迎. 重新理解企业家精神[M]. 海口：海南出版社，2022.
② 《中共中央 国务院 关于营造企业家健康成长环境 弘扬优秀企业家精神 更好发挥企业家作用的意见》，中国政府网，http://www.gov.cn/zhengce/2017-09/25/content_5227473.htm.
③ "习近平：在企业家座谈会上的讲话"，中国政府网，http://www.gov.cn/xinwen/2020-07/21/content_5528791.htm.

生产要素结合在一起进行活动的第四个生产要素。企业家精神往往可以有效连接起企业内外离散的生产要素或供需资源,为企业扩大再生产与品牌管理给予精神赋能,藉此增强市场各方对于企业发展的信心。

(三)负责任创新

"负责任创新"的提出最早可以追溯到 2003 年。德国经济学家托马斯·海斯托姆(Thomas Haystrom)首次提出了"负责任创新"的概念,即在科技创新活动中更多考量社会伦理因素对创新活动的塑造作用和创新活动的最终成果与中间产物的社会伦理意义,从而进行干预以塑造新的科技创新模式。[①] 随着实践发展,其内涵不断被延伸,学术界对于负责任创新的研究与企业界、政府机构产生共鸣,"负责任创新"逐渐成为很多国家对于未来发展的新理念,旨在将负责任的理念与研究和创新相结合。负责任创新不仅只是一种新型的管理模式,更是一种载体,将传统的"对风险的治理"转化为"对创新本身的治理"。根据欧盟"地平线 2020"计划,负责任创新指的是"在研发和创新的整个过程中,把社会各方的人员(研究人员、公民、决策者、商界、第三方组织等)结合在一起,协调各方,使其符合欧洲社会的价值观、需求和期望"。[②]

西方"负责任创新和研究"理论将责任伦理引入技术创新的学术体系之中,以伦理和责任为核心,积极评估公众参与科技和决策的作用,重视技术与价值的互动关系。它既基于现代科学知识生产方式的新要求,又与西方新社区运动的实践进步密不可分,是现代科技和文化反思的直接产物。"负责任创新"理论倡导企业的创新活动要与社会责任密切结合。企业需要遵循以"责任"为核心、以满足社会需求和道德标准为基准的伦理价值观。

"负责任创新"强调多元主体参与创新。科学家、工程师、项目管理者

---

① 李平,廖茜.对负责任创新"反思"维度的再思考[J].自然辩证法通讯,2021,43(4):69—75.

② 中国—欧盟科技合作促进办公室,中国科学技术交流中心.欧盟"地平线 2020"计划[EB/OL]. http://www.cstec.org.cn/infoDetail.html? id=4980&column=1034.

以及公众群体等多元主体,在研究和创新之初即加入进来,通过综合性的论证分析,了解研发可能带来的各种可能性,评估实施后可能带来的伦理影响,在平等对话与交流互动中实现责任共建与协商共治,推进反思整合、协商对话与监督反馈,以实现新的研究、产品和服务的设计及开发等科技创新实践与经济、社会和环境的良性互动。

近年来,负责任创新成为国内外学政商界关注的热点话题。在"新发展阶段",理论界对负责任创新的重要命题,即谁对创新负责任、创新要对谁负责任以及负什么责任应准确认识,以国家战略的首位价值主体为导向,发展新的创新理念。负责任创新是一个让公众和所有利益相关者都参与创新研究并且重视社会预期与潜在影响的过程。开展相关研究能有效缓解人们对于新兴技术发展不可控性的担忧。

负责任创新理念强调技术创新过程中共担、共创、共享,即利益相关方共担责任、共创进步、共享发展,其中尤为重要的是共担责任。这也就意味着在研发过程中社会行动者和创新者彼此负责、对人类社会负责,与此同时将创新产品和服务的可接受性、可持续性和社会需求等伦理内涵纳入创新过程整体考量。负责任创新对创新责任的内涵与外延、责任主体、价值主体、时空界限等进行了进一步丰富完善,其创新责任是所有利益相关者组成的责任共同体应该履行的"全责任"。

(四)敏捷治理

2007年,Qumer A 提出了"敏捷治理"①一词,以软件开发领域为主,强调通过业务敏捷目标、绩效和风险管理的战略协调,将敏捷理念正式与治理相结合,并将其视为一种战略机制,与企业绩效联系在一起。敏捷治理是面对新型环境变化,协调自身的所有业务组件和单元,更快速、可持续地应对变化,确保法规合规性、业务运营一致性等管理机制不断发展,

---

① Qumer A. Defining an Integrated Agile Governance for Large Agile Software Development Environments[J]. *International Conference on Agile Processes in Software Engineering and Extreme Programming Springer-Verlag*,2007(4536):157—160.

来推动组织绩效的基石。① 世界经济论坛在2018年提出敏捷治理概念，呼吁以柔韧、灵活以及适应性的监管措施应对第四次工业革命带来的治理挑战。②

敏捷治理以创新和治理协调发展为导向。近年来，敏捷治理的理念运用延伸至更多行业与领域。其中，与企业文化、企业运营管理的创新融合尤为引人瞩目，目前已逐渐发展成为企业管理者用于提升内部凝聚力与外部竞争力、稳定长期业绩的抓手，其中，快捷的感知力、灵敏的响应力和协调的平衡力与伦理规范构建息息相通。在敏捷治理模式下，企业应该主动作为，通过建立伦理委员会等形式加强内部审查，并且针对法律法规的动态调整，保持与政府乃至学界的交流沟通。企业之间需要就一些好的理念和做法达成共识，进而转化成行业共识，并就此推进行业标准的制定。

作为新型交叉领域，数字技术通过制度变革支持敏捷治理，在支持管理结构、行动模式和组织文化等制度变革层面具有广泛的应用前景。敏捷治理尝试在科技发展过程中构建一种多方、多元、共治的体系，将科技全生命周期的治理要求贯彻于科技的设计、研发、部署、应用各环节。互联网平台企业为突破单一视角的局限性，需引入政府监管部门参与，并让社会用户反馈触达其中。敏捷治理通过多方参与形成多元共识，通过充分包容促进科技共治；以动态灵活的方式，通过持续沟通和优化来化解对立，建立信任。阿里巴巴集团的科技伦理治理开放共治原则明确提出建立敏捷治理机制，并积极探索敏捷治理。

理念的产生源于实践，利益相关者、企业家精神、负责任创新、敏捷治理等理念与西方国家近代企业产生和发展的过程密切相关，均是由西方

---

① 任嵘嵘,齐佳丽,苏露阳.敏捷治理：一个新的管理变革——研究述评与展望[J].技术经济,2021,40(8):133—144.

② World Economic Forum. Agile governance reimagining policy-making in the fourth industrial revolution[EB/OL]. (2018-04-24)[2021-09-01]. https://www.weforum.org/whitepapers/agile-governance-reimagining-policy-making-in-the-fourth-industrial-revolution.

学术界率先提出，这与互联网从美国起源、欧美数字经济更为发达成熟相关。通过相关文献研究不难看出，这些理念是由资本主义的逐利本性所决定，也不可避免地受到西方拜金主义、功利主义、个人文化等传统的影响，并且从经济学角度给出的定义，将企业视为纯粹的经济组织，基于企业的研究多局限于经济学视角和功利主义视角。与此同时，虽然这些理念有些过于理想化，但同样能够为中国企业伦理提供镜鉴。比如，负责任创新包括四个维度：预测（anticipation）、反思（reflexivity）、协商（inclusion）和响应（responsiveness）。[1] 它打通了从研发到企业创新以及和公众的对话。

五、企业伦理规范与互联网平台企业伦理规范

(一)企业伦理规范

企业要做大做强，除了资本、知识、技术、人才、信息、资源等不可或缺，还必须要有好的哲学思想做指南和有良好的道德规范做支撑才行。企业伦理规范本质上也是一种关系、一种应然性的有序关系，其核心在于从应然的角度理解由必然性决定的伦常秩序，包含企业规避社会伦理与个体道德的论争纠结，妥善处理内部和外部各种关系的价值取向。

首先，伦理学主要解决两难问题。企业伦理就是企业在面临两难困境时提供的适度价值选择。理想的经济人是利己与利他的融合统一，对于营利性组织的企业而言也是如此。企业伦理规范通常不确认具体的决策，而是鼓励运用所谓的"美德"。伦理规范的含义与措辞趋向合理的概括，鼓励员工展现特定的素质，如忠诚、诚信、客观、廉洁和正直。

其次，企业伦理与一般伦理的本质不同，属于组织伦理、功利组织，要千方百计去获取市场业绩和投资收益，体现企业伦理对经济效益的内在追求和功利性，这对应于企业伦理管理的三个有助于原则：有助于提升企

---

[1] Stilgoe J, Owen R, Macnaghten P. Developing a framework for responsible innovation [J]. *Research Policy*, 2013, 42(9):1568—1580.

业绩效,有助于加强企业治理,有助于推动企业发展。从长远看,企业符合伦理和道德标准的行为与经济效益之间存在正相关关系。

再次,企业伦理规范并非人们主观臆造的产物,而是来源于企业的经营管理实践。企业伦理规范应该是与企业同时存在的,企业伦理就是企业在经营管理过程中所构成的各种关系,以及处理这些关系的道德原则和规范的总和,并凝练形成价值观。很多企业关于核心价值观的声明,没有采用"伦理规范"一词,但其实这些规定从内涵而言应属于伦理规范范畴。

从次,企业伦理规范是企业权利与责任的统一。伦理规范的外在表现就是企业所承担的社会责任。面对科技创新和科技发展的不确定性,企业必须超越狭隘的技术向度和利益局限,在经营活动中积极贯彻"科技向善""负责任创新""创新与伦理并重"等伦理理念。

最后,企业伦理规范的重点在于利益相关者管理,与其他组织伦理或个人伦理有着本质上的不同。企业伦理是企业生产经营活动应遵循的伦理规则,并不否定企业"功利性"的利润追求这一目的,并基于这一前提聚焦企业的利益相关者以及与之相关的伦理制度、伦理文化、伦理活动和伦理意识。企业伦理规范不等同于企业家的伦理。

(二)互联网平台企业伦理规范

作为一种基本的社会经济组织,企业的存在方式经历了个体企业、合伙企业再到公司(有限责任公司、股份有限公司)、平台企业的演进,其中伴随着产业组织形式的变革,其本质是以社会生产为目的的资源配置机制。当下互联网平台企业伦理规范备受关注的首要原因来源于其独特属性。由数字技术支撑的虚拟平台在连接范围、提供功能与承载的人、物和信息流量等方面都远超以往的任何实物平台。互联网平台企业的组织形式使得平台本身与平台内经营者、双边或多边用户以及合作伙伴的利益和价值深度融合,即互联网平台企业的治理理念、发展战略和相关行为不仅代表自身,某种程度上也引导整个互联网平台企业生态系统的价值取向。

基于以上分析,本书认为互联网平台企业伦理规范是互联网平台企业在治理过程中应该秉承的一种应然性的关系。这种有序的伦常秩序,源于马克思主义的人类命运共同体理念这一价值论基础，并积极回应人类对事物的主观价值期待。伦理规范不仅有宏观的体系建构，还包含具体的伦理要求；不仅具有一般企业伦理的普遍性，还包含互联网平台企业的特殊性。伦理规范的辩证把握可以为互联网平台企业妥善处理与广大利益相关者的伦理关系提供规范指导和底层逻辑。

互联网平台企业伦理规范的重要体现之一是企业社会责任。伦理规范的外在表现即企业社会责任。在数字经济时代，互联网平台企业要自觉担当起商业文明创新的责任，不囿于短期利益而放弃应有的价值取向，更加重视利益相关者的合理诉求，回归"人是发展的目的"的价值取向，让以算法为代表的数字技术更好地服务社会、造福人类。

互联网平台企业伦理规范重要的呈现载体之一是平台规则。互联网平台企业的平台规则从最初的以社群规范为代表的运营规则发展成为包含运营规则、服务条款、用户协议、隐私政策、个人信息收集清单、第三方信息共享清单等在内的一系列政策协议的总称。平台规则为平台运行机制及其生态构建奠定基础性框架，一定程度上为平台进行自我规制提供了框架指导、行为指引和基本逻辑。

第四节 研究思路及方法

一、研究思路

研究的基本思路是，立足于当代中国互联网平台企业管理鲜活的伦理实践，以中西方企业管理哲学和企业伦理学为理论基础，从企业管理学与伦理学互动互融的交叉视角来研究当代中国互联网平台企业伦理的走向及其实现问题。本书基于问题导向、需求导向、价值导向等多重考量因素，从互联网平台企业伦理失范及其构建的实然，到其伦理关系及其构建向度的应然，再到实现既有伦理规范的超越，完成互联网平台企业伦理规范的构建。最后，通过实现机制，确保伦理规范的落地和融合（详见

图1—2)。

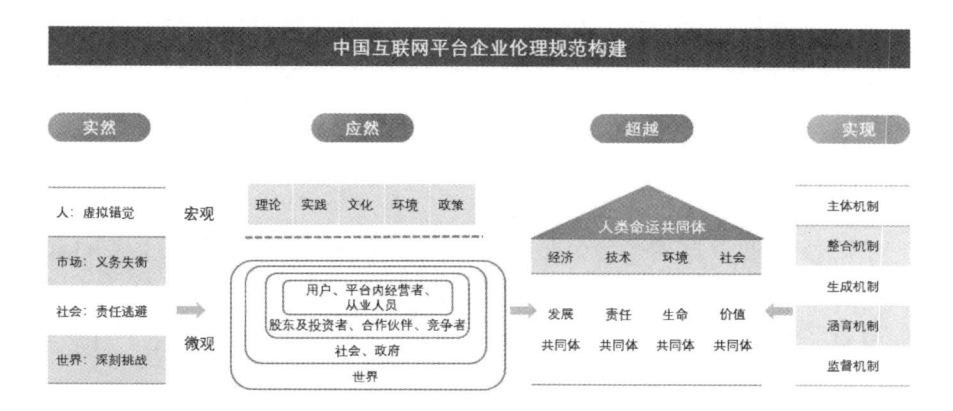

图 1—2　中国互联网平台企业伦理规范构建逻辑图

(一)中国互联网平台企业伦理规范构建要有整体性思维

伦理规范要发挥其社会功能必须诉诸实践,必须要用体系来规范和保障。对于互联网平台企业伦理规范的建构,可以从宏观和微观两个层面推进,微观层面可以从各种利益相关者的伦理关系进行剖析和展望,宏观层面可以从理论、政策、文化、生态等方面进行聚焦。

(二)中国互联网平台企业伦理规范构建要尊重劳动

马克思主义认为劳动是人的本质活动和存在方式,劳动力这一生产要素在互联网平台企业中同样不可或缺。基于互联网平台企业伦理规范的构建,要理性审视数字劳动异化带来的新问题和新挑战,正确认识和处理劳动与资本、劳动与美好生活之间的辩证关系,尊重数字劳动,尊重数字劳动者价值,切实维护新就业形态下劳动者的劳动权益保障,正确把握新时代对于开创中国特色社会主义事业、促进人的全面发展的现实意义。

(三)中国互联网平台企业伦理规范的构建需要基于中国实践与世界意义

中国互联网平台企业的发展从最初的跟随、模仿美国先行商业模式,到移动互联网阶段实现蜕变,部分领域已初具参与国际竞争的独特优势,甚至实现反向输出。与此同时,互联网平台企业伦理规范的构建也要同步推进,站在世界和人类的高度,超越西方以资本逻辑为主的治理思想,践行以人民为中心以及人类命运共同体的理念,增进全人类的福祉。

二、研究方法

显而易见,互联网平台企业作为"新生事物",必然带来相关关系的调整。要解决互联网平台企业伦理问题,就必须直面信息技术、数字技术等所带来的不确定性。伦理学对于不确定性、复杂性的关注较少。不确定性被认为是经验世界的现象,哲学总是追求确定性,追求经验世界背后的逻各斯。要想直面互联网科技的不确定性,必须在方法论上有所突破,即从关注形而上的原则走向关注实践层面的问题,以具体问题为导向,追根溯源,开展跨学科的研究。[①]

因此,本书所采取的研究方法为:

(一)理论论证的方法

马克思主义经典著作家主张从实然、必然中引出应然,从事实尤其是经济事实中引出规范,以马克思历史唯物主义为指导,力求做到生产力标准与道德标准的统一、历史与逻辑的统一,综合哲学、伦理学、企业管理学、经济学、法学、社会学、环境科学等学科知识和方法,对当代互联网平台企业伦理走向进行深入的理论分析,通过对客观规律、客观必然性的把握和对客观事实、客观实践的分析,获得"应如何"去做的指导,也就是从实然、必然中引出应然,从事实及其规律中引出规范。

(二)交叉综合研究方法

考虑到互联网平台企业伦理范畴涉及多个学科,问题的复杂性也决定了解决问题需要综合多个学科的理论和方法,以伦理学和经济学等理论揭示和分析伦理等非正式制度驱动互联网平台企业管理行为的动因和

---

① 王国豫. 德国技术伦理的理论与作用机制[M]. 北京:科学出版社,2018:IX.

目标,同时将经济学和伦理学等学科的理论和方法进行交叉和融合,体现理论运用的综合性和交叉性特点,以及整体性思维方法。

(三)文献研究法

文献研究法的应用是本书开展研究的重要基础。通过大量查阅国内外与互联网平台企业伦理规范相关的专著、论文、报告、案例等文献资料,总结归纳已有研究成果的主要观点和重要结论,并进行多重维度的分析与对比,为本书提供理论基础和理论借鉴,并从中找出数字经济、数字劳动、数字资本等彼此间的新联系、新规律,形成互联网平台企业伦理规范新观点。

第五节 创新及不足

一、创新之处

中国特色社会主义实践证明,我国社会主义市场经济展现了巨大的活力,部分领域实现了对资本主义市场经济的超越。其根本原因在于,把社会主义的价值和目的融入市场经济的运行中。本书对互联网平台企业伦理规范的构建也牢牢把握这一点,通过理论框架、逻辑框架、系统框架、价值框架实现整体建构创新,最大可能地形成具有普遍意义的结论或规律。本书立足于现阶段中国互联网平台企业发展的实际情况,在伦理规范构建中寻求新时代中国互联网平台企业伦理的时代性、民族性和创新性,在展现中国互联网平台企业伦理建设成就和特色的同时,避免互联网平台企业市场经济自身所存在的自发性、盲目性和滞后性的缺陷。

第一,理论框架:一定程度上实现利益相关者理论视角的超越和以人民为中心的理论分析建构的确定。本书通过在对传统的股东至上、利益相关者的治理模式分析基础上,结合互联网平台企业相较传统企业的独特表征,比如,体量庞大、强渗透、广覆盖等社会公共属性特征以及算法透明度不足削弱了大部分利益相关者的话语权等,提出应进一步深刻反思

"为什么要发展,为什么人发展?"这一经济伦理学根本问题,以马克思主义理论为指导,确立以人民为中心的理论指引,回归"人是发展的目的"的价值取向,并贯穿互联网平台企业伦理规范之中,实现"工具理性"与"价值理性"的统一。

第二,逻辑框架:一定程度上实现了互联网平台伦理规范从资本逻辑批判到人的逻辑建构的探索推进。马克思主义认为,人不是经济发展的手段,而是经济发展的终极目的。本书从对互联网平台企业伦理缺失的分析开始,系统总结了其对人的影响、对市场的影响、对社会的影响、对世界的影响,基于以上情况,剖析资本逻辑对互联网平台企业伦理规范的渗透影响,批判资本逻辑对人的生命本质和自由意志的"控制""剥夺"。在数字环境下,人从技术使用者一定程度上转化为资本的生产者,这导致人的自由意志被扭曲、被异化,生命的意义与可能性也被资本逻辑规定。这与"每个人的自由发展是一切人的自由发展的条件"[①]理想相悖,也与人类社会由"必然王国"走向"自由王国"背道而驰。人是从事一切经济活动的主体。本书遵循人的逻辑,摈弃资本逻辑,通过对人的聚焦与分析,推进对从事数字经济活动的人的本性和人的本质的把握,从而实现互联网平台企业伦理规范中人(个体)的维度构建。

第三,体系框架:一定程度上实现了从企业社会责任到"四位一体"(经济、技术、环境、社会)总体框架的升级建构。互联网平台企业伦理规范的构建不是脱离现实、剥离生活的抽象思辨,而应具有强烈的现实关怀。承担社会责任应是互联网平台企业内在的、自愿的、主动的责任选择。让互联网更好地造福人类,积极构筑人类存在的现实基础,不断促进认同人类价值,也是中国互联网平台企业应尽的职责,尤其是有责任、有义务在伦理规范等方面超越现有西方主导的ESG等企业社会责任体系。本书在对传统企业社会责任及利益相关者分析的基础上通过对理论向度、实践向度、文化向度、环境向度、政策向度的伦理考量,结合企业社会

---

① 马克思,恩格斯.马克思恩格斯文集:第2卷[M].北京:人民出版社,2009:53.

责任发展的最新趋势,从人类命运共同体高度总结提炼出互联网平台企业伦理规范的经济、技术、环境、社会"四位一体"的内容范畴。"四位一体"的体系框架既具有鲜明的中国特色,又反映了客观历史规律和世界发展趋势,是推动人类社会发展进步的中国智慧和中国方案。

第四,价值框架:一定程度上实现了将全人类共同价值、人类命运共同体作为高阶伦理融入中国互联网平台企业的伦理规范。支配一切的资本逻辑带来的必然是"虚幻共同体"而非"真实共同体"。资本逻辑全球横行必然导致人与人之间的区隔对立,人类整体利益受损,损害各国人民当前生存和代际生存的共同需要。人类命运共同体的构建必须打破西方中心主义的价值理念,克服资本逻辑,彰显全人类共同价值。本书认为中国互联网平台企业要勇于担当商业文明创新的责任,为全世界提供价值类公共产品。人类命运共同体的理念也是互联网平台企业伦理规范构建的最高价值准则。在"四位一体"总体架构下,经济维度上,与利益相关者构建发展共同体;技术维度上,与利益相关者构建责任共同体;环境维度上,与利益相关者构建生命共同体;社会维度上,与利益相关者构建价值共同体。这四个维度相互联系、相互贯通、相互促进,具有深刻的内在逻辑性和联系性,构成一个"四位一体"的共同体系统,立体、多维地诠释了互联网平台企业伦理规范应有的深刻内涵。

二、不足之处

第一,基于互联网平台企业伦理规范微观层面的总结、凝练与创新还不足。以 AI、元宇宙、Web3.0 等为代表的数字技术日新月异,不仅远超法律更新的速度,对道德伦理的冲击也很大。本书在实现中国互联网平台企业宏观层面"四位一体"构建下,对于微观层面的基础理念创新相对不足,更多是基于共性、抽象的共同价值观和国外的实践或理论,比如,"守门人""负责任的创新""敏捷治理""利益相关者""知情同意"等。这与我们国家蓬勃发展、位于世界前列的数字经济现实不相吻合、与满足人民的美好生活需要和实现世界人民的共同福祉存在很大差距。

第二，基于经济、技术、环境、社会"四位一体"总体架构的同时，四个维度之间的多维思考与前瞻性治理略显不足。与之前的时代相比，数字时代经济、技术、环境和社会之间的联系更加紧密，交错影响。在交叉领域、交叉维度产生新的伦理问题的同时，也会推动新的伦理共识产生，这需要敏锐性洞察和前瞻性想象，对此本书关联分析不多。面对世界未来发展的诸多不确定性，新时代中国互联网平台企业伦理规范的构建在人类命运共同体理念指导下聚焦于四个维度构建的同时，可以进一步联系起来分析、统筹考量，实现内在联系和内在逻辑的融通。

第三，研究方法上注重逻辑推理、哲学思辨等定性研究的同时，定量研究相对不足。作为一种破坏性创新，互联网平台企业发展要实现宏观与微观、长期与短期的兼顾平衡，其伦理规范的构建基础非常关键。本书基于事实和案例展开互联网平台企业伦理规范的推理、判断、分析，文献研究、案例研究方法运用较多，但对于定量研究方面不足。互联网平台企业伦理规范涉及的概念、现象和关系等已经具备一定的可测量性，通过建立模型、实证推演和结果呈现的视角整理并探讨常见的失范现象已成为国外伦理学界重要的研究趋势。不同国家(地区)、不同类型、不同体量、不同阶段的互联网平台企业所适用的伦理规范必然存在差异。面对互联网平台企业具体的伦理场景，不同伦理规范之间可能产生冲突或伦理困境，从不同原则出发进行评价时，也可能会得出不同的结论，这更需要价值优先性的考量，或者更多地将定量研究纳入，以弥补不足。

第二章 中国互联网平台企业伦理失范的表征及归因

人类历史上,重大的科技发展往往会带来经济形态的转变,也会带来生产力、生产关系及上层建筑的显著变化,与此同时,带来对社会伦理的冲击与解构。随着互联网技术的飞速发展,互联网平台企业纷纷崛起,数字经济蓬勃发展,产业规模持续快速增长,中国互联网经济已成为世界互联网经济发展既重要又典型的阵地。作为交流通信、信息、货物和服务的基础设施,互联网平台企业在经济生活中发挥着越来越重要的作用。随着人们继续把工作、商业和通信转移到互联网上,这些互联网平台企业也凭借各自的技术架构与服务条款重塑数字生活的基本方式,其带来的益处正在发生或值得期待。与此同时,不容忽视的是,侵犯隐私、泄露数据、垄断数据、数据鸿沟等问题带来的风险事件和不良影响屡有发生。

第一节 中国互联网平台企业伦理失范的表征审视

伦理是处理人与人之间的关系、人与社会之间的关系、人与自然的关系时应遵循的道理和准则。互联网平台企业伦理失范带来多层次的问题。不同国家、不同类型、不同体量的互联网平台企业因其业务范畴、关联群体和辐射影响,其伦理失范的表现也不尽相同。本书针对现阶段中国互联网平台企业整体的伦理失范问题进行梳理与总结,概括起来包括对人的影响、对市场的影响、对社会的影响和对世界的影响。

一、对人的影响:虚拟错觉

随着互联网平台企业伦理失范的出现,用户在尽享数字化生活便利的同时必然会被波及和受影响,遭受隐私泄露、数据鸿沟、网络欺诈、信息低俗与暴力等一系列伦理失范的侵害与困扰,一定程度上削弱了人的主体意识,影响了人的主体地位。具体而言,这种影响包括对人自身的影响、人与人的影响、人与技术的影响、人与环境的影响四个方面。

(一)人自身:劳动权益和身心健康受损

人的合法权益和身心健康是促进人的全面发展的必然要求,是人类社会发展的前提和基础。随着数字经济时代的深入,在互联网平台企业受益发展的同时,不同利益相关者之间权力明显失衡,伦理失范带给人的不利影响也彰显出来。

1. 劳动权益的损害

"劳动"是劳动对象化理论中的核心术语,也是马克思主义理论的重要基石。在资本主义生产关系下,资本起决定作用,劳动受资本的支配而发生异化,劳动与资本之间的矛盾愈加突出;在社会主义生产关系下,劳动与资本的关系得以重建,以劳动价值论为基础,以有利于提高劳动者的积极性与公平性作为基准。在我国现阶段,生产力发展水平还存在不平衡不充分的问题,劳动与资本的平衡发展还有待进一步推进,尤其是数字经济时代飞速发展的当下。

随着数字经济的蓬勃发展以及大众消费的提档换代,新就业形态随之不断出现,目前已成为吸纳就业的重要渠道。根据当前互联网平台企业的实际发展,数字劳动可以分为数字雇员的劳动和数字用户的劳动。

目前,数字雇员的劳动存在较为普遍的过劳情况。相对于其他类型企业,互联网平台企业近年来一度是"996""715"的"重灾区",这既与工作定义、劳动力变化和技术快速迭代的大趋势相关,又与互联网平台企业试图以最小的投入获取最大的产出,从而使企业生产效率提升、经济效益最大化的管理策略相关。部分互联网平台企业,表面看是提倡"奋斗",实质是对劳动者正当权益的漠视,把劳动者异化成无休无止的机器。数字雇员们在普遍化的加班文化下,过高的工作压力,长年累月的"过劳"加班,导致从业者整体的健康曲线呈直线下降趋势,快乐程度低于平均水平,此外,还要面对职场 PUA、年龄焦虑、组织设计、职场信任、巨婴式管理等问题。

在数字雇员中,还有一类特殊群体,即依托互联网平台企业的灵活就业人员和新就业形态劳动者。这类人员多为非标准就业、打零工、自我雇佣等形式,包括滴滴司机、外卖平台配送员、自媒体运营者、视频网站 up 主、电商主播、互联网营销师等,其特点是劳动关系的多元性、收入的不稳定性以及工作地点的漂移性。以劳动关系为例,有些是确立劳动关系的,有些是零工关系,有些则是采用劳务派遣方式,还有的采取外包方式。他们对于降低互联网平台企业运营成本、提高运转效率,进而推动平台经济健康发展起到了积极作用。数据显示,2021 年依托互联网平台的新就业形态劳动者大约是 8 400 万人,灵活就业人员已达到 2 亿多人[①],在就业规模、涵盖服务类型等方面均处于世界前列,在我国经济社会发展中发挥着不可或缺的重要作用。但不容回避的是,一些互联网平台企业在追逐利益最大化的同时刻意规避用工主体责任,千方百计地与劳动者的劳动关系间建立"一堵墙",把风险转嫁给最没有议价能力的新就业形态劳动者。互联网平台企业借助大数据、算法等技术优势单方制定修改规则、规定等,致使相当多的劳动者被"困在系统里",以及大多数新就业形态劳动者承受工作时间长、劳动强度大等问题还存在着。

与此同时,数字用户的劳动一定程度上被漠视。数字劳动是一个模糊了工作时间与娱乐时间之间界限的范畴,作为现实的人自身不断地被数字化、虚拟化,数字用户根本无法将工作时间与娱乐时间完全分隔开来,"产消合一""产用合一"等形式越发普遍。用户因购物、社交、出行、兴趣等因素,在虚拟空间中不断更新、完善个人资料,构建虚拟主体。这些数据信息源源不断地成为互联网平台企业生存发展的"要素""养分",用户在不知情的情况下成为互联网平台企业数据生产的免费劳动力。基于这一视角,数字用户进行的在线活动业已成为数字劳动的一种崭新形式,

---

① "全国总工会介绍最新职工队伍状况调查结果:新就业形态劳动者大幅增加",中国新闻网,https://baijiahao.baidu.com/s?id=1739685822713862994&wfr=spider&for=pc。

但互联网平台企业在获利的同时普遍缺乏对数字用户的"知情同意"以及给予相应的补偿。

2. 身心健康的损害

随着数字基础设施成为现代生活和共享生活方式的基础，尤其是各种数字化产品和服务的出现，使得人过度使用互联网，进而带来身心健康受损的情况比比皆是。中国互联网络信息中心《第50次中国互联网络发展状况统计报告》显示，截至2022年6月，我国网民的人均每周上网时长为29.5个小时，较2021年12月提升1个小时。[①] 人的精力是有限的，当手机占据的时间变多时，其他诸如学习、工作、休息、运动的时间必然被压缩。此消彼长之下，一些迹象已显示过度使用互联网会对身体产生伤害，比如，引起抑郁、孤僻，而虚拟空间中联系过多会使人忘记真正重要的事情。当无法上网或上网时间减少时，他们会表现出明显的网络戒断反应，如焦虑、不安等。

当下，随着移动互联网向纵深推进，智能手机已成为生活中不可或缺的存在。男女老少沉迷于电子产品的时间越来越多。《2020年全国未成年人互联网使用情况研究报告》显示，2020年我国未成年网民规模达到1.83亿，未成年人的互联网普及率为94.9%，高于全国互联网普及率。未成年人触网的低龄化趋势更为明显，超过1/3的小学生在学龄前就开始使用互联网。未成年网民工作日平均每天上网时长在2小时以上的为11.5%，节假日平均上网时长在5小时以上的为12.2%。[②] 电子设备带来新鲜好玩的体验的同时，也在无孔不入地影响着人们的健康和心智。对于青少年而言，他们正处于脑发育关键时期，长期沉溺于网络，往往会导致精神障碍和异常等心理问题和疾病，给其身心带来危害。研究显示，视神经细胞一旦受到蓝光刺激，身体就会持续兴奋，疲劳感不断累积。睡前玩

[①] 《中国互联网络发展状况统计报告》，中共中央网络安全和信息化委员会办公室 中华人民共和国国家互联网信息办公室网站，http://www.cac.gov.cn/sjfw/hysj/A091601index_1.htm。

[②] "2020年我国未成年网民规模达1.83亿"，中国政府网，http://www.gov.cn/xinwen/2021-07-20/content_5626236.htm。

手机、平板电脑等会干扰体内激素正常分泌,声、光会刺激交感神经兴奋,造成激素分泌紊乱,进而引起失眠甚至引发内分泌紊乱。

互联网平台企业为了获取流量,正越来越疯狂地试图吸引人们的注意力。各种爆炸化的信息接踵而至,使得人们的注意力很难集中在一件事情上,注意力的广度增加了,深度、稳定性和持续性却在减少,这也破坏了无形价值中的许多要素,如同理心、耐心、包容度、公民性、理性等。我们有限的同理心不断地被平台企业利用,甚至到了过犹不及的地步,很多人会在信息的轰炸之后,选择关闭自己的感官,变得麻木,形成"同情疲劳"。智能手机里的各种应用程序带来的短暂肤浅的愉悦感,会让人们逐渐失去集中注意力所必需的耐心,进而流失真正关爱人、自然和社会事物的基本能力。信息的爆炸式流通,特别是社交媒体上带有情绪化、偏执化的消息,长期下来会对人产生相当大的心理负担,而什么都做不了的无力感,更是会放大这种焦虑。凯莱布·N.格里芬(Caleb N. Griffin,2021)在《具有系统重要性的平台》一文中这样描述,"大型科技公司就像以前的烟草巨头一样,建立在人们成瘾的基础之上。世界上规模最大的一些数字平台虽然通常'免费'供人使用,但却尽可能多地消耗用户的时间和注意力。如果这些平台不是很容易让人上瘾,那么当前引起公众意识的许多问题就不那么重要了。社会不能忽视大型科技公司引起的重大公共问题的一个关键原因是大型科技公司故意让数以亿计的人们上瘾。除了睡眠时间,美国人平均40%以上的时间花在网上,而美国青少年的这一数字接近60%。"[1]

(二)人与人:沟通失效

自媒体赋权兼具虚假性和失控性,因而现实身份与虚拟身份的断裂和冲突问题在人际交往中也不断凸显。人是一种社会性动物,每个人都难以脱离他人和社会存在,在学习与工作等社会性活动中离不开社会情

---

[1] Caleb N. Griffin. Systemically Important Platforms[J]. *Cornell Law Review*, 2022 (107):445-514.

感的联结、驱动和激励作用。无论是传统社会还是现代社会,人与人之间的交往都有一套伦理秩序与法律规定规范和引导。数字经济时代极大地改变了人的生存方式,便捷了人类的沟通方式,打破了时空局限,丰富了人们的交往手段和交友范围,古人"天涯若比邻"的梦想触手可及。

在数字化的虚拟世界中,数字化固然带来诸多便利,但是它对人类实体世界的冲击也十分明显。

第一,数字空间的人际交往某种程度上拉大了人与人之间的距离,人们越来越多地借助智能手机、iPad、机器人等智能终端,通过互联网来建构和维护社交网络;人们越来越习惯于"隔屏相望",用高频次、窄带宽的交流替代低频次、高带宽的交流,把交流固化在二维的屏幕中,滤去了目光、面容、表情和情感的温度,动作感知、体态气味、场景触动也随之淡化,许多交流成为"浅交往""弱连接",使人们无法从复杂的人际交流中获得丰满感、灵感、感悟以及从容和游刃有余,这也就间接弱化了表情达意、情感交流、交往和沟通能力。"线下独处,线上热闹"成为相当一部分人的生活日常,实体空间中面对面的交流正在逐渐消减,长此以往对现实生活中的人际交往容易发展成为一种障碍。更令人担忧的是,在数字空间,数字虚拟身份不断被强化认同,个体自我塑造和确证能力被拔高,造成现实身份与虚拟身份"同一性"的断裂。

但网络毕竟是虚拟平台而非现实生活,不管在社交平台上营造出何种形象,人终归是要回归现实生活的。网络人际交往上,彼此之间带着"面具"进行交流,难以建立真正的信任,且容易引发人际信任感和共同体感的缺失,这种虚拟社会的信任危机会延伸至现实社会。2021年6月12日,杭州富阳发生一起网约车乘客跳车受伤事件,女乘客发现司机两次没有按照导航行驶,选择了跳车"逃生"。回顾事件,让人唏嘘不已和痛心的是乘客可以通过更多的对话交流来确认"路线偏离"有没有危险,可以从司机的言语和行为来判断他是否心存不良,但是她当时唯一依靠的是冷冰冰的工具——导航。回顾并反思该事件,人们可能习惯了网络,也可能在不知不觉间失去了一种可贵的东西,那就是人与人之间本应有的对话与沟通。

第二,差评机制也是网络人际交往中出现的新问题。作为一种机制的核心,差评机制目前已成为互联网平台企业制约和优化各方权益的管理机制,它遵从的是"顾客就是上帝"的原则,彰显企业对于用户的恭敬、呵护、重视,互联网平台企业用它来检测和监控其数字雇员或者平台内经营者的服务。该机制对推进产品和服务的标准化无疑发挥了重要作用,让用户获得了一种便利权。这种消费者花钱得到的自豪感,也是推动电商和平台经济蓬勃发展的原因之一。尽管"差评权"是消费者的一项基本权利,但为了节省时间,不被客户"差评",许多快递小哥不惜以牺牲交通安全为代价,还可能会因沟通不畅加剧数字雇员与消费者之间的矛盾,这显然需要对差评制度进行优化和完善。

(三)人与技术:落入算法陷阱

5G、VR、AR、物联网、云计算、大数据、区块链、人工智能、元宇宙、Web3.0等信息和数字技术对企业产生长远而深刻的变革,互联网平台企业参与其中也深受影响。冲击之下,人类的现实生活越发快节奏,这种超级加速度带来的不仅是日新月异的技术革新和智能进步,也让生活其中的人面对虚拟空间中海量的信息冲击有种无所适从的眩晕感。信息过载、信息茧房、信息误导、信息泄露等人的信息权益受损的情况显性化。

伴随着互联网的出现,尤其是移动互联网的发展和智能手机的普及,人类已经从一个信息匮乏的时代走到一个信息过剩、信息过载的时代。信息大爆炸正在不知不觉中侵袭着人们的学习、生活和工作,无论是新闻资讯、娱乐八卦,还是社交信息、科技信息等,"热搜"无时不在、无处不在。新媒体时代下,人人都有麦克风,信息流程被再造,每个人都可以制造信息与传播信息。信息如此密集,大多数人都无法消化足够的信息,被海量信息包围的现代人往往难以分辨和取舍真假信息、优质信息。信息作为人的创造物,在被过度崇拜中反过来统治人、奴役人。信息大爆炸降低了信息传播的门槛,但也阻碍了有效信息被搜索、被解读和被理解的路径。

"信息茧房""回声室""过滤气泡"是对网络影响另一角度的认知。网络带给个体与社会的并不只是"开放"与"多元"。人们在选择信息时会习惯性地被自身的兴趣所引导,互联网平台企业则运用大数据、云计算等数字技术,分析并推测用户的需求和兴趣,通过个性化算法技术实现内容的精准推送。长此以往,用户大多接触到的信息是经过"偏好"算法"精心挑选"后符合用户自身兴趣、意图或价值观念的信息,周围充斥着与自己观点一致或相似的信息。个体逐渐失去自主判断与选择能力,不由自主地通过信息流动的正反馈环巩固自己的"权威"和"真相",对世界的理解和认知也变得越来越单一甚至非理性和随意性。人们只关注自己所偏好的信息,并排斥或无视其他信息,越来越多地被算法或机器控制,相对独立的"圈子化"意识,形成认知上的"作茧自缚""认知窄化"。

在移动互联网时代,数字孪生在使人成为信息透明体的同时,为信息滥用和误导开了方便之门。人们越来越习惯于迅速获取和了解各类新闻资讯,同时也面临着被虚假新闻、虚假信息误导的风险,尤其是社交媒体的广泛使用使网上的虚假信息大行其道。近年来,气候变化、俄乌冲突、叙利亚战争、新冠肺炎疫情、美国大选等热点事件一直受到虚假信息的困扰,进而影响人们的认知、判断与决策。虚假和断章取义的信息可能使真实世界中的问题更加恶化等。

信息泄露已经成为互联网平台企业伦理失范治理的难点,体现在用户身份管理、用户信息保护、信息网络安全管理、内容审核管理等方面。随着数字技术全方位介入人们的日常生活,在人们被动同意接受技术的同时,深层的问题是信息泄露和数据侵权问题,"裸奔的隐私"在信息技术、数字技术时代下成为个体的常态,以平台企业为代表的各类组织对公民个人信息的过多收集,可能侵害到个体的隐私权及有关信息权,甚至对人格尊严造成侵犯等。比如曾经火爆一时的AI换脸,网友用人工智能技术,将电视剧《射雕英雄传》中演员朱某的脸换成了杨某,视频毫无违和感,甚至都让人看不出有被处理过的痕迹。但如果该换脸技术被用于恶意合成色情或暴力视频,可能会给当事人带来类似于网络暴力这样的灭顶之灾;如果人脸识别技术被任何人轻松掌握,隐私对每个人来说都将会成为奢侈品,那么我们的隐私、财产甚至人身安全都会面临巨大的威胁。

（四）人与环境：公众身心成长环境受损

研究显示,互联网平台企业构建的商业模式对公众心智成长环境的塑造存在负面影响。心智成长是指为更好地适应现实环境与人生发展的需求,商业模式引导了公众的行为习惯和价值取向。美国哲学家赫伯特·马尔库塞在《单向度的人》中所述,信息革命带来看似丰富多彩的多元生活和社会,但繁华背后却是在无处不在的互联网、智能之下一种新型的"被围困的社会","生活在碎片之中"。移动互联网时代明显加剧了碎片化趋势：上网地点的碎片化、上网时间的碎片化、上网需求的碎片化。它在改变人们的思维方式、重塑社会文化形态并引发社会结构的新变化的同时,也愈益广泛地造成了社会发展和社会心理的不平衡问题。比如,碎片化的朋友圈,一边奉献给你信息,一边打乱你的思维逻辑。人们很容易被信息碎片所俘虏,进而产生一种紧张不安的心理状态,具体表现为各种焦虑,比如,对时间、对信息、对等待、对生存、对社交等方面,越来越多的人深陷焦虑中,无法自拔,社会情绪的焦灼、焦虑明显。

认知污染与焦虑放大问题成为当前污染网络生态的顽瘴痼疾。随着互联网的迅猛发展,我国已进入全民自媒体时代,互联网平台企业和用户获得了更多的表达渠道,与此同时,"供给侧"也出现了无序的情绪宣泄和肆意的网络暴力。这些具有欺骗性、迷信性、诽谤性、污蔑性的图文视频,严重践踏社会底线和公众道德良知。虚拟空间网络污染的不良影响同时也映射到现实生活中,对社会、文化等人的成长生活空间造成严重危害,对人的发展环境带来严重冲击。以"饭圈"乱象为例,追星的行为方式因盲目无知逾越了底线,出现职业黑粉、人肉搜索、互撕对骂、恶意差评等乱象,严重影响虚拟空间应有的网络生态。其中,恶趣味、病态化、走极端,给青少年造成的影响势必是畸形扭曲的。一场场"语言暴力""键盘伤人"的背后,是网络空间疏于管理,相关主体未尽到应用职责;是某些人在网络空间"随心所欲",忽视了理性的表达,漠视了网暴的扩散。情绪先行,容易成为"谣言传声筒";理性后置,结果会沦为"网暴扩散器"。久而久之,被"污染"的认知让人要么形成"不见是非,只论立场"的弱肉强食逻辑，要么因"崇拜逻辑，忽略人性"而陷入盲从和自欺，结果就是偏见盛行，盲目自信。

恶意营销、有悖社会主义核心价值观的情况时有发生。一些恶意营销账号信奉"做号就是做生意，账号做大就有滚滚财源"，对法律和伦理毫无敬畏之心，对流量的追逐陷入病态，不惜哗众取宠、装神弄鬼、弄虚作假，以"比烂""比丑"心态招摇于世，甚至不惜触犯法律法规的高压线，引发公众强烈反感。比较突出的有"专家""成功人士""名媛""卖惨"等虚假人设，以及罔顾事实与当事人创伤的逢热必蹭、恶意营销等。

总之，互联网相关技术、相关产品、相关服务以及数字化生存的虚拟环境等，其载体很大程度在于互联网平台企业。互联网平台企业或多或少兼具社会公共属性等。如果伦理缺失，则对于社会和个体而言伤害是致命的，对人的伦理冲击更为严重。互联网平台企业的迅速崛起以及发展壮大，数字经济带给人们前所未有的物质充裕和便捷体验，但是高度发展的数字生产力并不必然带来人的全面自由发展和全人类的解放；相反，在网络空间中，由于信息技术和数字技术本身的虚拟化、仿真化特点，人在这种开放式空间中能够相对隐匿自己的真实身份和现实环境，使人无形之中产生一种错觉，依赖算法或服从于人工智能而逐渐忘却了人所应该具备的超越本质。

二、对市场的影响：义务失衡

平台化的组织运行方式成为数字经济发展的新常态，从竞争、结构、秩序等多方面对既有的市场带来冲击，同时也给原有的政府市场治理和市场监管模式带来了深刻的挑战：商业"杀熟"、精准诈骗、"人肉搜索"以及相应的服务缺失、规则缺乏、监管缺位、模式僵化等问题频发。

（一）消费者权益的损害

区别于传统企业，在互联网这一新型消费领域，因网络虚拟性、超地域性带来的权益保护问题和经营者行为失范屡屡出现。互联网平台企业对消费端用户的安全权、公平交易权、选择权、受尊重及信息得到保护权、知情权等正当权益和正当价值诉求的回应不力,引发了用户对隐私泄露的焦虑、无助和对个人信息保护强烈的本能反应,个人隐私数据保护已成为互联网平台企业伦理治理的痛点和症结。

1. 安全权

它是《中华人民共和国消费者权益保护法》所界定的消费者权益中的首要权益,它适用于所有的市场主体。有些互联网平台企业在研发、生产、经营、流通等环节中未能有效履行安全相关的主体责任,在发展过程中"无知自大"地将用户的安全权置之不理,致使代价惨痛。

2. 公平交易权

它强调权利与义务的对等,即用户在购买商品或者接受服务时,无论是质量、价格等方面,还是隐私政策、用户协议、个人信息收集清单等方面,均有权获得公平交易的各种保障。但是部分互联网平台企业现实中在设置商品或服务的价格时,利用大数据和算法对用户进行"画像"分析,根据用户的所在地域、购买频率、消费金额、性别、年龄等,对"大数据知识"进行差异化估值。比如,"会员价格高于非会员价格,老用户价格高于新用户价格"的典型的大数据"杀熟"现象;根据用户不同的消费场所进行差异化定价。例如,周边购物中心少的物价比附近购物中心多的物价高,用户周围购买力高的人比购买力低的人价格高等,违背了消费者的权益。

3. 选择权

即消费者享有自主选择商品或者服务的权利。互联网平台企业特有的技术特性以及双边甚至多边属性,其乘数效应与网络效应明显。聚合用户越多,黏性越强,平台企业对其他市场主体、用户而言就越有价值,对社会的影响也就越大。因此,为实现利润和市值最大化,互联网平台企业通常具有开放与垄断的双重逻辑。随着用户锁定效应的增强和平台扩展导致业务同质性的提升,不同互联网平台企业之间基于利益分配对于用户资源等方面的竞争加剧,极易导致平台企业忽视公共价值自觉,并以实际损害用户自由选择和使用产品的权益为代价,通过强制"二选一"、屏蔽入口等规则制定方式不自觉走向垄断,获取自身在用户资源争夺中的有利地位,进而致使用户产品或服务的选择权丧失。2010年3Q大战事件就是典型代表案例。

4. 受尊重及信息得到保护权

部分互联网平台企业合规意识和合规文化欠缺,在未经用户授权的情况下,以默认勾选、"概括授权"、冗长协议而弃权等方式,违规获取大量的用户行为数据;部分互联网平台企业的用户隐私和数据保护能力有待提升,一旦手机号码等关键信息泄露极可能为"网暴""人肉搜索"等埋下隐患;用户的偏好数据可能被互联网平台企业用来进行精准广告和诱导消费,导致非理性消费和过度消费;平台合并产生数据集中及后续利用、分析,超出用户原有授权范围,改变对用户隐私保护的承诺。2022年3月12日,微博博主@豆豆酱有点闲晒出一份答题领卡兑换B站大会员的活动。答题兑换虽然是很常规的操作,但其中要求用户必须填写真实姓名、联系电话、身份证号、收货地址等信息。从被曝光的图片可以看到,活动页面显示,用户信息将被授权共享给特定行业的商家,包括汽车、教育、旅游、家装、本地生活等。

5. 知情权

用户享有知情其购买、使用的商品或者接受的服务的真实情况的权利。2022年3月,73岁消费者邹先生发现其支付平台账单有笔200元消费记录,显示用于充值YY直播平台—YY账号,消费时间是2021年10月份。邹先生自称从未接受过该平台任何直播服务,也不清楚该账号的来源,于是要求YY直播平台退还200元,但遭到对方拒绝。YY平台作为处理消费者个人信息的经营者,应当尊重消费者的查阅权和询问权,应当帮助消费者找到解决问题的办法,而不是简单冰冷地设置门槛将消费者限制或拒绝。尤其是当消费者正当权益受到损害并明确提出时,涉事平台本应积极履行相关义务,为消费者维权提供便利,快速提供相关帮助,却以"只配合公检法部门调查"等理由,搪塞敷衍,明显未履行信息告知义务,侵犯了消费者的知情权。

(二)公平竞争与垄断、公平公正服务问题

目前,互联网平台企业已经成长为枝繁叶茂、根基深厚的生态系统,而不是单纯的"企业",如表2—1所示。互联网平台企业某种程度上意味着一个统一的整体、一个完整的生态系统,涵盖平台企业本身以及众多利益相关者、相关环境因素,其内部可以进行充分的互动。也正因为如此,阿里巴巴自称为"经济体",并基于以下事实:2020年,每天有4万人涌入淘宝创业,服务7.8亿中国消费者,整个阿里巴巴的交易总额(GMV)超过1万亿美元——比荷兰、沙特、阿根廷的GDP还高。然后阿里巴巴利用自己巨大的流量入口和数字技术,向金融、物流、外卖、生鲜、在线办公、云计算、智能制造等各个领域延伸——这是标准的自然垄断,而且不是垂直领域垄断,是一个横向的垄断体系。阿里巴巴不是特例,其他互联网平台企业都类似,只有垄断力上的差异。

表2—1 2022年中国互联网综合实力企业

序号	企业名称	主要业务和品牌	所属地
1	深圳市腾讯计算机系统有限公司	微信、QQ、腾讯云	广东省
2	阿里巴巴(中国)有限公司	淘宝、阿里云、高德	浙江省
3	北京三快在线科技有限公司	美团、大众点评、美团外卖	北京市
4	蚂蚁科技集团股份有限公司	支付宝、蚂蚁链、oceanbase	浙江省
5	北京抖音信息服务有限公司	抖音、今日头条、西瓜视频	北京市
6	京东集团	京东、京东物流、京东科技	北京市
7	百度公司	百度搜索、百度云、自动驾驶	北京市
8	上海寻梦信息技术有限公司	拼多多	上海市
9	北京快手科技有限公司	快手、快手极速版、AF—Fun	北京市
10	携程集团	携程旅行网、去哪儿、天巡	上海市
11	哔哩哔哩股份有限公司	哔哩哔哩	上海市
12	贝壳公司	贝壳找房、链家、被窝家装	北京市
13	上海米哈游网络科技股份有限公司	米哈游、miHoYo、原神	上海市

续表

序号	企业名称	主要业务和品牌	所属地
14	小米集团	小米、MIUI 米柚、Redmi	北京市
15	网易公司	网易游戏、网易有道、网易新闻	广东省

资料来源：中国互联网协会：《中国互联网企业综合实力指数报告（2022）》（2022年11月）。

实际上，互联网平台企业今天的角色已不仅仅是市场的一分子，同时也是具有社会公共服务职能的媒介，占据数字市场主要份额的平台服务提供者如"守门人"一般，连接着用户与平台以及平台内经营者，控制着双边、多边的连接渠道。若对其伦理失范行为不加以规制，则很可能导致市场无法产生有效竞争，从而损害包括消费者在内的整体市场利益和社会福利，如表2-2所示。在缺乏规范竞争的"事前规制"的情况下，互联网平台企业之间往往相互"封杀"或通过"价格战""补贴战""生态战"等以牺牲商家和消费者正当权益的方式"野蛮生长"。这样的低水平竞争模式既不能带来创新，也不能为依赖平台的商业用户和消费者带来更多的福利。

表2-2　　　　　　　　2021年大型平台反垄断案例

时间	平台企业	相关垄断行为
2021年2月	唯品会	不正当竞争行为
2021年3月	腾讯、百度、京东、阿里巴巴、美团、苏宁、滴滴等12家企业	未依法申报合并，违法实施经营者集中
2021年4月	阿里巴巴	实施"二选一"行为
2021年7月	虎牙、斗鱼	禁止合并以实施经营者集中
2021年7月	腾讯	未依法申报合并，违法实施经营者集中
2021年10月	美团	实施"二选一"行为

资料来源：国家市场监督管理总局网站。

自我优待是互联网平台企业打造生态系统过程中的副产品，符合其内在追逐利润动机。当下，互联网平台企业已经超越传统的大型公司或跨国企业,演化为一种集成性、融合性的发展模式,链接着互联网平台企业与整个生态系统提供的产品和服务。为了进一步强化竞争优势,强化市场支配力量,提高用户黏性与忠诚度,互联网平台企业往往通过流量倾斜、算法歧视等技术架构方式将自己的产品或服务优先呈现给用户。作为全球重要的反垄断法司法辖区,我国经营者实施自我优待的现象也比较普遍,例如,新冠疫情期间,国内企业用户对远程协作软件需求激增,部分通信软件却封禁其他远程协作软件;有网络货运平台被指借掌握的客户数据,自建车队给予业务优待;有搜索、比价平台将自营商品进行优先展示;也存在网络零售服务平台参与物流服务市场,通过上游市场的优势地位为其在物流服务市场提供竞争优势的情况即使在非数字平台领域的传统行业,也存在企业为分割下游市场或固定、变更商品价格,利用自身的市场力量组织、帮助达成垄断协议,继而实现并巩固在下游市场的竞争优势等。

经营者集中是包括互联网平台企业在内的市场主体发展壮大、提升市场竞争力的重要经济行为,但极容易出现被滥用,可能从而形成垄断,破坏市场公平竞争秩序。以 2020 年底和 2021 年初所发生的 13 起互联网平台企业违法实施集中案件为例,涉及阿里巴巴、腾讯、京东、字节跳动、美团等 12 家企业,均被处以 50 万元的顶格处罚。尽管这些交易所涉业务领域分布较广,包括教育、餐饮、家电、汽车服务等,并无针对性,然而被罚企业的实际控制人或通过协议控制的最终控制人均为互联网平台企业,如表 2—3 所示。

猎杀性并购是指互联网平台企业为了避免受到竞争者破坏性创新的冲击而对之采取的防御性收购行为。猎杀性并购初看起来对于竞争和创新的影响极大。国内外大型互联网平台企业之所以能发展为庞大的数字企业集团,正是凭借所谓的"猎杀式收购"。对可能产生竞争关系的初创企业、新兴平台等进行的猎杀式并购,可能会对相关市场的竞争产生明显排除、限制效果。近年来,我国互联网平台企业开展了大量的并购交易,以2022年7月10日国家市场监管总局集中公布的28起未依法申报违

表 2—3　　互联网行业未经申报违法实施经营者集中案件

序号	案件名称
1	阿里巴巴投资有限公司收购银泰商业(集团)有限公司股权未依法申报违法实施经营者集中案(国市监处〔2020〕26 号)
2	阅文集团收购新丽传媒控股有限公司股权未依法申报违法实施经营者集中案(国市监处〔2020〕27 号)
3	深圳市丰巢网络技术有限公司收购中邮智递科技有限公司股权未依法申报违法实施经营者集中案(国市监处〔2020〕28 号)
4	北京牛卡福网络科技有限公司收购河北宝兑通电子商务有限公司股权未依法申报违法实施经营者集中案(国市监处〔2021〕21 号)
5	上海东方报业有限公司和北京量子跃动科技有限公司设立合营企业未依法申报违法实施经营者集中案(国市监处〔2021〕20 号)
6	好未来教育集团收购哒哒教育集团股权未依法申报违法实施经营者集中案(国市监处〔2021〕19 号)
7	滴滴移动私人有限公司和软银股份有限公司设立合营企业未依法申报违法实施经营者集中案(国市监处〔2021〕18 号)
8	苏宁润东股权投资管理有限公司收购上海博泰悦臻电子设备制造有限公司股权未依法申报违法实施经营者集中案(国市监处〔2021〕17 号)
9	百度控股有限公司收购小鱼集团股权未依法申报违法实施经营者集中案(国市监处〔2021〕16 号)
10	宿迁涵邦投资管理有限公司收购江苏五星电器有限公司股权未依法申报违法实施经营者集中案(国市监处〔2021〕15 号)
11	成都美更美信息技术有限公司收购望家欢农产品集团有限公司股权未依法申报违法实施经营者集中案(国市监处〔2021〕14 号)
12	腾讯控股有限公司收购猿辅导股权未依法申报违法实施经营者集中案(国市监处〔2021〕13 号)
13	银泰商业(集团)有限公司收购开元商业有限公司股权未依法申报违法实施经营者集中案(国市监处〔2021〕12 号)

资料来源:国家市场监督管理总局行政处罚决定书(国市监处〔2021〕12 号)。

法实施经营者集中案处罚决定为例,其中,收购方大部分为大型互联网平台企业,阿里巴巴、腾讯、滴滴、哔哩哔哩均在其列。[①]

[①] "市监总局处罚 28 起并购案 收购方多为互联网平台公司",中国经营报,https://baijiahao.baidu.com/s?id=1738052270645630483&wfr=spider&for=pc。

屏蔽外链是互联网经济从PC端转向移动互联网后的一个日益凸显的问题。"开放"本是互联网精神的重要内核，合法网址正常访问本是互联网的"基本操作"，但头部互联网平台之间为了自身利益，依靠自身生态力量，对其自身投资的业务和其他企业持有双重标准，对其他平台的企业协作及短视频、支付、在线音乐、电商、API插件等产品的发展在数据市场封禁，对直接对手或未投资入股的潜在对手进行屏蔽封杀，制造网络生态的割裂。对于消费者而言，跟朋友分享链接却需要迈过"层层关卡"。无正当理由限制外部链接，既影响用户体验，损害用户权益，也扰乱市场秩序。举例而言，疫情防控期间，腾讯旗下的微信和蚂蚁集团旗下的支付宝成为大多数用户常用的健康码扫码终端，但是腾讯、阿里巴巴及其关联企业蚂蚁集团形成了不能互联互通的生态，一方面不利于用户，另一方面还会迫使其他互联网行业"二选一"，难以完全独立于腾讯和阿里巴巴两大生态系统。这种相互屏蔽、彼此割裂的状态，对中小企业也不是好事。很多中小企业想跨平台运营推广，突破平台流量"瓶颈"、打破获客困境，但由于平台间的屏蔽，获取多元化流量的路就被堵住。对社会来说，互联网的价值就在于更充分地消除信息差，而相互屏蔽却制造了更多信息流动的阻碍，内容信息不能更快触达用户，进而大大降低了资源整体配置效率。

（三）抑制创新问题

数字经济是创新的产物，互联网平台企业往往具备社交、宣传、交易、支付等聚合功能，衍生为众多线下经营者开展经营的"必要设施"。当互联网平台企业凭借自身的市场地位与雄厚的资本限制竞争时，对于新技术的探索动力也更多地转变为消除中小企业在未来对自身的威胁，导致整个行业的发展都会偏离最佳状态，丧失创新动力。以我国电商类互联网平台企业为例，其凭借数字技术、用户规模、销售渠道、生态系统优势吸引众多传统企业成为平台经营者。这种互联网平台与传统生产企业相分离、撮合交易提供服务的商业模式，可能有利于传统企业开展互联网营销和增强市场辐射范围，但同时也可能会造成传统企业较大程度上依附于互联网平台企业进行在线交易的后果，在遵循平台规则与扩大销售额的两难选择中寻求平衡。如近年来屡次曝出平台企业竞争裹挟下所要求商家"二选一"的问题、捆绑式销售问题，都属于比较典型的滥用市场支配地位，无正当理由对交易相对人进行限定交易，缺乏平等基础上的公平协商，也扼杀了更多创新的可能。

互联网平台企业借助其寡占地位，建立了庞大的数字生态，但它们主导建立的生态并非互联互通，而是谋求更多利润的封闭市场和自我循环。比如，封禁企业协作软件，禁止短视频用户进行游戏直播及上传游戏视频，打造超级生态垄断和数据垄断。这些封杀行为直接切断了生态内外之间、生态与生态之间的连接，阻碍了不同生态、产品之间的互联互通，使不同层次、不同领域的数据市场呈现割裂的局面，导致数据市场长久以来难以统一，严重阻碍形成强大的国内数据市场。互联网平台企业在数据市场的流量入口对中小企业创新具有重要作用，但它的巨额流量往往偏向于其生态内的中小企业等经营者，资源的倾斜必然使不同中小企业承担不同交易成本，对市场的公平竞争带来挑战，也必然影响市场的整体创新效率。流量倾斜与流量困局长此下去，就可能形成封闭的交易平台，阻碍信息技术与数字技术以及与之相关的各种创新。与美国相比，我国互联网平台企业仍然在基础创新和原始创新等方面较为欠缺，在电子商务等领域同质化程度依然较高，商业模式亟须提档升级，消费应用远多于工业应用。

（四）互联网金融风险

相较于传统金融，互联网科技与金融有机结合、创新运用，在服务效率和普惠金融、降低交易成本方面发挥了重要作用，但与此同时也普遍存在服务实体经济能力不足、治理体系不顺、超范围经营、监管套利、不公平竞争、危及金融系统安全、损害消费者合法权益等违规问题。比如，部分互联网平台企业在开展出行、电商、社交、支付、搜索等各类业务时，可以获得包括用户 ID、银行账户、交易信息、社交网络在内的海量信息，继而识别判断用户的经济状况和信用状况；部分互联网平台企业在消费者不知情的情况下存在默认同意、概括授权等方式,过度收集并滥用用户信息、信息管理不当的问题,侵害了消费者的信息安全权;部分互联网平台企业借助"数字化""虚拟化""线上运作"的方式,盲目追求迅速扩大市场占有份额,违背金融业安全性、流动性、营利性的基本原则,违背不同类型金融领域业务相应的风险防控基本要求,在缺少风险准备或风险防范措施的情况下,通过跨市场、跨行业经营,多头套利,追求短期暴利,这样使得交易过程中出现支付、理财和融资领域资金挪用等金融系统风险明显叠加增大;部分互联网平台企业在未经消费者同意或违背消费者意愿将个人信息用于信用卡业务、消费信贷业务以外的用途等情况时有发生。

与传统持牌金融机构相比,金融类互联网平台企业对数据这一生产要素具有根本性追求,其运营管理也更加依赖购物、交易、物流等各种数据,更多依据用户的消费意愿,这就可能导致不顾用户综合授信额度、还款能力、还款来源等实际情况而过度授信,出现深陷债务陷阱的窘境,最终损害自身权益,甚至给家庭和社会带来严重危害。有的互联网平台企业诱导甚至鼓励消费者办理一些本不需要的消费贷致使出现可能过度借贷的情况,默许甚至暗示将消费贷资金用于非消费领域,比如,炒房炒股、证券期货、偿还其他贷款等,无形之中放大了金融杠杆,扰乱了金融市场的正常秩序。在以 P2P 为代表的金融融资领域,部分借贷客户为获得更多贷款常常伪造交易流水信息,虚构贷款用途,提供虚假信息来伪造自身的信用与还贷能力,而平台存在资质审核把关不严且自身的信息、提供的标的信息也不完全准确,这导致双边、多边市场内信息不对称,风险累积,借贷客户屡屡信用违约和许多互联网平台企业违约事件,尤其是在 2018 年 6 月网贷平台集体暴雷以来[①],出现了标的到期无资可兑、提现困难、平台倒闭跑路等事件。

---

① "公安机关持续打击涉众型经济犯罪",中国政府网,http://www.gov.cn/xinwen/2019-05/12/content_5390776.htm。

三、对社会的影响：责任逃避

近年来,随着互联网平台企业的触角逐渐蔓延至社会生活的各个方面,一方面,互联网平台企业的迅速发展对社会经济发展具有深远的空间意义;另一方面,互联网平台企业伦理失范对社会也产生一定的影响。具体而言,这种对社会的影响主要包括生态污染、网络舆论、社会责任、国家安全、文化侵蚀五个方面。

(一)生态污染

作为组织新型生产力的市场私主体与承担公共治理职能准治理主体的双重身份,互联网平台企业会在其自我规制过程中放大甚至加剧商业逐利与公共价值之间的矛盾冲突。互联网平台企业在环境保护、资源可持续利用方面可以积极发挥其"媒介"属性,加大环境保护方面的宣传倡导,但是现实中新型生态污染(数据中心能耗)、信息污染(垃圾信息、网络牛皮癣)等不容忽视。

1. 新型生态污染

随着我国经济的高速增长,与之相伴的环境污染问题也日益凸显,特别是信息化、数字化所带来的"高科技污染"更应引起广泛重视,作为载体的服务器设备离不开节能环保技术的支撑。数据中心消耗巨大和能源利用效率低,服务器噪声也是噪声污染的一种,被人们称为"隐形杀手"的电磁辐射。

相较于传统产业,依托于数字技术生产方式的互联网行业和数字经济领域是较为低碳环保的行业,但是这种优势可能面临的是人均电子设备数量的持续增加、电子设备使用寿命的减少和电子垃圾的加剧。随着技术更新的不断加速,过时电子设备的数量也会不断增加,其相应的处理也存在污染问题。波尔克希尔·洛菲(Belkhir L)和埃尔梅利吉·艾哈迈德(Elmeligi A)的研究表明,如果不加以控制,ICT全球温室气体排放的相对贡献可能从2007年的约1.6%增长到2040年的14%,占整个运输部门目前相对贡献的一半以上。其研究还强调了智能手机对碳排放的影响,并表明到 2020 年,智能手机的碳足迹将超过台式机、笔记本电脑和显示器的贡献。在数智化时代下,智能手机等设备的运用与普及势必给二氧化碳减排带来负面影响。①

2. 信息污染

信息时代,信息爆炸、信息共享带给人类更多的福祉和红利。日常生活中,信息互联互通带来的高效率使个体获得了认知盈余,但网络空间到处充斥着的垃圾信息、虚假信息、无效信息、有害信息、茧房信息等又无端消耗了个体的认知盈余。这些信息的生产、传播、使用、复制等均属于信息浪费行为,它造成了网络资源浪费、时间浪费、精力浪费乃至生命浪费。这种浪费也包含着污染,信息污染就意味着信息系统中无序度即熵的增加。卢西亚诺·弗洛里迪(Luciano Floridi)将熵这一概念发展为信息伦理学中"某种比苦难更基本的东西"。此时"熵指的不是物理学中热力学的熵,而是指对信息客体(思想而非信息)任何形式的毁灭或败坏"②,由此进一步提出了下述基本原则:在信息空间,熵不应该是人为引起的,应该被预防,应该从信息空间中删除,因为"不必要地增加熵是一个无理地产生邪恶的行动"。其实这一道理也类似于传统的生产伦理:制造过剩产品既是浪费资源,也是搞乱市场,还是误导消费,形成多方面的不道德;在信息生产和传播领域中同样如此,这无疑是重要的信息伦理,是文明信息行为的起码要求。

网络"牛皮癣"也是信息污染的重要形式之一。强制弹窗广告、诱导分享、强制下载注册……这些网络"牛皮癣"层出不穷,弹窗频率高、关闭键过小甚至形同虚设,关闭相当耗费时间,极大影响了用户的使用体验,大量的虚假信息误导欺骗用户。随着数字技术的发展,弹窗广告已经不局限于日常使用的电脑,手机、PAD 等移动终端也成为重灾区。特别是

---

① Belkhir L. Elmeligi A.. Assessing ICT global emissions foot-print:trends to 2040 & recommendations[J]. *Journal of Cleaner Production*,2018(10):448−463.

② [英]卢西亚诺·弗洛里迪.信息伦理学:本质和范畴,载[荷]范登·霍文,等.信息技术与道德哲学,赵迎欢,等译.北京:科学出版社,2014:16.

随着电商各类购物节的兴起,弹窗已成为电商平台非常重要的营销手段,弹窗广告俨然形成了产业链,也成为当今网络用户面临最多的困扰问题。

(二)网络舆论

从论坛、博客、微博到微信、抖音,互联网技术的赋能极大地改变了专业新闻机构的议程设置权。用户产品不仅成为大众的重要内容,而且逐渐成为紧急事情、突发事件的第一信息来源。网络平台和自媒体在舆论和社会秩序的演变中发挥着关键作用。该节点提供的管理效率并不是完全中性的,而是从技术应用工具转变为价值交换的网络。

近年来,一些互联网平台企业在资本的裹挟下开始介入网络舆论生态。2020年6月,阿里巴巴集团某高管被爆料个人生活作风问题并登上微博热搜榜,新浪微博在短时间内即删除了相关热搜话题,控制事件的相关信息传播,据分析与阿里巴巴是新浪微博的第二大股东有关。[①] 该事件反映的情况不是个案。更有甚者利用舆论丑化国家形象,部分西方国家和反华势力更是通过选择性筛选信息、炮制虚假信息、雇用水军、以奇风异事吸引大众等方式在受众庞大的媒体和应用上操纵舆论,甚至趁机抹黑中国共产党和社会主义制度,影响核心价值观建设与输出,危及意识形态安全。仅2021年1—11月,国家互联网信息办公室指导北京市互联网信息办公室,针对新浪微博及其账号屡次出现法律、法规禁止发布或者传输的信息,对新浪微博实施44次处置处罚,多次予以顶格50万元罚款,累计罚款1 430万元。[②]

依托互联网平台企业的数字资本一方面具有天然的扩张性,另一方面又善于借用各种伪装手段对网络舆论生态进行变相控制,可以通过审查、限流、屏蔽、删帖、冻结账户等措施对诸多领域提出挑战。有学者根据公开资料整理,2011—2020年,阿里巴巴在国内累计投资了超过40家传

---

① "新浪微博热搜被罚停",搜狐网,https://www.sohu.com/a/402819838_120093058。
② "国家网信办依法约谈处罚新浪微博",中共中央网络安全和信息化委员会办公室 中华人民共和国国家互联网信息办公室网站,http://www.cac.gov.cn/2021‑12/14/c_1641080795548173.htm。

媒类公司,并称"阿里腾讯通过建立生态圈、制定规则,掌握了绝对话语权,对舆论有明显的控制力和影响力,还基于自身强大的服务生态和资本优势形成派系力量"。①

(三)社会责任

近年来,互联网平台企业在弘扬主流价值、共享信息资源、引领产业发展、促进经济转型、推动技术创新、改善民生等履行社会责任方面发挥了重要作用,尤其是充分发挥平台、技术和物流优势,为疫情防控做出积极贡献。但是我国互联网平台企业与美国互联网平台企业相比、与国家和人民的期望相比,仍然存在社会责任意识淡薄、责任管理不到位等现象,无法很好地兼顾"发展与责任""利益与道德",与为用户增福、为社会赋能的需求还有很大的差距,与其经济表现不相匹配,尤其是互联网行业社会责任领先企业与中小企业的差距越来越明显。

2021年1月25日,《中国互联网企业精准扶贫研究报告》从精准扶贫规划、品牌扶贫项目等10个维度,综合考察100家互联网样本企业在精准扶贫管理与实践方面的表现,并按照最终得分,将100家互联网企业划分为五大梯队。结果显示,互联网企业精准扶贫指数平均分为46.08分。其中,腾讯、阿里巴巴、字节跳动、美团、快手、好未来、苏宁、58同城、趣头条、唯品会、三七互娱、新东方、联想这13家公司获得满分,属于"全力以赴团";而米哈游、新氧、脉脉等28家企业丝毫未披露扶贫信息,得分为0,属于"毫无建树团"。报告指出,部分规模相对较大、知名度高的老牌或大厂互联网平台企业,并未积极响应国家精准扶贫战略,所体现的责任担当与之规模不符。例如,百度作为传统互联网大厂,扶贫表现仅刚刚及格(61分),与其企业规模和知名度难以匹配;滴滴、搜狐、哔哩哔哩、前程无忧、360等知名互联网平台企业,仅零星参与扶贫捐款或其他活动,全部位于"成果寥寥"梯队(0分<得分≤30分);迅雷、搜狗和新氧更是完

---

① 方兴东,卢卫,陈帅.中国IT业20年反垄断历程和特征研究[J].汕头大学学报·网络空间研究,2017(3):27-39.

全没有开展精准扶贫相关工作,得分均为0。①

(四)国家安全

犹如劳动、资本和技术在产业革命中的作用一样,数据已成为数字经济时代的关键生产要素之一,并大规模地应用于生产、分配、交换、消费各环节以及各场景。基于庞大的数据量以及内在的关联,数据安全已经成为国家安全的重要组成部分。从国内互联网市场发展现状来看,阿里巴巴、腾讯、百度、京东、字节跳动、美团、滴滴等互联网平台企业,均在各自的生态领域中掌握海量的用户数据。这些企业对于数据安全和信息安全非常关键,但一些互联网平台企业安全意识淡薄,未按照相关法律法规规定和监管部门要求履行相关责任。

以互联网出行平台滴滴为例,其2017年的平台用户达4.5亿,涉及全国400多个城市,全年提供移动出行服务达74.3亿次。② 根据网络安全法、数据安全法等相关规定,滴滴公司属于国家公路水路运输行业领域的关键信息基础设施相关运营者,应依法开展网络安全审查,并对所掌握的"关系国家安全、国民经济命脉、重要民生、重大公共利益等数据",实行严格管理,且禁止其被传输到境外。但现实中滴滴公司的做法,却直接触犯了数据安全红线,并且抗拒履行信息网络安全管理相关义务,对于监管部门的指导意见和明确要求阳奉阴违,给国家安全和经济社会发展带来严重的安全隐患。2022年7月21日,国家互联网信息办公室依据《网络安全法》《数据安全法》《个人信息保护法》《行政处罚法》等法律法规,对滴滴全球股份有限公司处以80.26亿元罚款,对滴滴全球股份有限公司董事长兼CEO程维、总裁柳青各处以100万元罚款。③

在当前国际形势充满不确定性、地区贸易冲突加剧的背景下,数据安

---

① "互联网企业扶贫报告发布",人民网,https://baijiahao.baidu.com/s?id=1689990705489239720&wfr=spider&for=pc.
② "滴滴2017年完成74.3亿次出行服务 顺风车拼车分享座位超10亿个",每日经济新闻,https://baijiahao.baidu.com/s?id=1589010171857033825&wfr=spider&for=pc.
③ 陆涵之.滴滴被罚80.26亿元[N].第一财经日报,2022-07-22.

全和信息安全关系到资源安全,不仅影响到企业的竞争,更关乎国家、地区之间的竞争。数据特别是核心数据、重要数据的泄露及非法流动不仅可能影响国家经济发展,甚至可能给国家安全带来巨大的威胁和风险。

(五)文化侵蚀

近年来,随着网络社会的触角逐渐蔓延至人们生活的各个方面,互联网对文化与价值观念甚至语言的演变同样具有巨大影响。互联网的发展推动了文化的传播乃至占领。我国文化产业的快速发展,离不开信息技术和数字技术。尤其是社会交往、语言习惯、传播方式等,都深受互联网文化、网络文化的影响。现如今,互联网也已经成为人们了解传统文化的主渠道。不容忽视的是,传统文化在互联网的传播过程中难免存在商业化倾向,一定程度上的商业化固然有正面积极的作用,比如,对传承和传播传统文化、融入现代社会生活,但过度的商业化,则是对传统文化精髓的背离和伤害,社会文化不断丧失自主性,娱乐文化、饮食文化、文学艺术和其他媒体内容慢慢走向劣质。资本逻辑裹挟下的网络文化消费主义本质上还是流量文化,其高举"娱乐至死"的精神旗帜,以"娱乐+消费"为流量密码,试图通过话语濡染及其互动诱导来吸引用户注意,但与此同时其负面影响带来的隐患不容小觑,比如,使得人的精神世界被麻痹,使得文明文化成为娱乐的附庸,使得文艺创作成为资本的支配品。

网络文化虽然在提升民众思想文化素质上具有积极作用,但我们也应认识到不良网络文化正在侵蚀着人们的精神世界,尤其是年轻人的世界观、人生观和价值观。互联网文化产品的主体受众是年轻人。

放眼当今世界,正是凭借对数字技术发展制高点、网络空间及其话语权的掌控,欧美发达国家对发展中国家的文化渗透和侵蚀悄然进行,比如通过强有力的媒介平台多样性、隐蔽性罗织"思想陷阱",不断放大本民族文化的优点,并将其他民族文化和价值观边缘化。

四、对世界的影响:深刻挑战

互联网平台企业的发展使得数字鸿沟的内涵发生了重要的变化,数字鸿沟和数据霸权正在拉大各国的发展差距。

(一)数字鸿沟

在工业时代的知识沟和信息沟等概念的基础上,数字鸿沟作为数字时代重要的社会现象,指向的是不同国家、地区、个体之间,由于对信息、网络技术的拥有程度、应用程度以及创新能力的差别而造成的信息落差。当数字化生存成为社会发展必然趋势、大量社会资源涌向网络空间与虚拟世界一端时,老人、儿童等囿于数字技术运用能力,可能更容易成为数字弱势群体,并与数字生活之间形成了相对隔绝,非数字化生活空间被不断压缩和窄化,从而形成了新的不平等。

在互联网浪潮短短几十年间,数字鸿沟的内涵和外延也发生了深刻的变化,即从最初物理空间上的网络接入与访问,到接入之后的网络使用技能与素养,以及当今数字时代以数据为核心的开发与合理使用、获取数据源和软件处理能力。据联合国统计,当今世界上仍有约38%的人口无法接入互联网,其中大部分是生活在发展中国家的女性。各国拥有互联网接入的人口百分比差异很大。因此,在高收入国家,互联网覆盖率达到87%,但在欠发达国家,这一比例仅为17%。在国家内部,数字技术的获取取决于人们的社会经济状况。①

与此同时,另一种数字鸿沟也正在出现。调查显示,在美国,低收入的青少年平均每天花费8小时7分钟使用屏幕进行娱乐,而高收入的青少年每天花费的时间为5小时42分钟。两项针对族裔的使用研究发现,白人儿童的屏幕时间明显低于非裔和拉美裔儿童。所以吊诡的是,硅谷的父母越来越担心屏幕对孩子的影响,并转向无屏幕的生活方式,而穷人和中产阶级父母的孩子则依靠屏幕来抚养。这对男孩来说尤其糟糕,因为即使是极短的屏幕暴露时间也会改变男孩的行为。穷人的孩子对屏幕

---

① 《全球发展报告》,中国国际发展知识中心,http://www.cikd.org/detail?docId=1538692405216194562。

上瘾,而精英的孩子则回到木制玩具和人际互动的奢侈上。①《连线》杂志前主编克里斯·安德森(Chris Anderson)总结说:"数字鸿沟本来同获取技术有关,等现在每个人都有了入口,新的数字鸿沟反倒体现在对技术获取的限制上。"

(二)数据霸权

联合国国际信息安全开放工作组的报告指出,一些国家的数字潜力不足,无法检测、预防和抵制敌对势力使用信息通信技术的行为,这使得他们更加脆弱。此外,欠发达国家也可能成为受信息影响和操纵的对象。这些事实的背后是赤裸裸的数据霸权逻辑。

如今,技术正在成为决定国家竞争力的重要因素之一,其发展水平决定了国家在国际政治体系中的地位。因此,数字不平等问题正在成为地缘政治竞争的一个重要因素,援助国可以通过帮助受援国提高数字包容性的能力建设,影响各国的信息政策来加强其在全球信息领域的地位。现阶段,数字鸿沟和数字不平等正在成为国际信息安全问题的一个组成部分。西方国家新的数字殖民主义加剧了欠发达国家的依赖程度,使其处于数字社会的弱势地位。数字鸿沟是一个复杂的问题,受疫情引起的隔离政策的影响,正在拉大各国的发展差距。

近年来,互联网平台企业"超国家权力"的膨胀挑战了传统的国家权力,也为地缘博弈增加了新的不稳定成分。部分国外互联网平台企业开始谋求货币权。例如,Facebook 曾野心勃勃开发的数字货币 Diem,就是一种基于区块链的许可支付系统,但对于金融监管机构和银行而言,则担忧其带来的负面影响,比如,可能会导致美元贬值甚至影响全球经济。2011 年的"阿拉伯之春"、2016 年的英国脱欧公投、2022 年的俄乌冲突背后均有互联网平台企业的影子。作为商业实体的互联网平台企业一定程度上已成为美国为代表的西方实现地缘政治目标的理想工具,用于塑造

---

① "胡泳:重新认识数字鸿沟",新浪财经,https://baijiahao.baidu.com/s?id=16810635640692632778.wfr=spider&for=pc。

舆论、筛选信息、精准打压。

第二节　中国互联网平台企业伦理失范的原因剖析

"当必要的行为要求采取主动行动而不是节制不好的行为时,法律和规则经常缺乏效率。特别是对于产生更高的经济生产率的创造性冲动来说,法律和规则尤为无用。"[①]通过前述章节对中国互联网平台企业伦理失范影响系统的梳理,本节对其产生原因进行归纳、分析,通过社会、市场、政府三个层面的分析,加深对中国互联网平台企业伦理规范构建的思维认知。

一、社会层面:伦理规范缺位

第一,社会伦理规范一旦形成,在相当长时间内就具有相对稳定性。伦理规范调整变化的一个重要因素源于新生事物的出现以及由此带来的相应规则的调整。数字经济因嵌入数字化、大数据、云计算、人工智能等要素而带来新的变化,尤其是互联网平台企业凭借庞大的用户体量,不可避免地与广大用户利益在内的公共利益捆绑在一起,这意味着传统的责权利关系需要重构,重构的过程也必然带来利益关系的调整以及相应的伦理失序。

第二,中国现代企业诞生较晚,因此,企业伦理规范研究和实践均较为薄弱,尚未对中国企业形成系统性的理论支撑,延伸到互联网平台企业也必然面临类似问题。互联网平台企业伦理规范研究刚刚起步,很多范式处于摸索或模仿过程中。在激烈的竞争面前互联网平台企业之间缺乏内生性的行业自律共识规范,在国际竞争面前中国互联网平台企业缺乏引领性的伦理理念与伦理实践。此外,近年来,中国互联网平台企业的伦理实践尚未有效转化为理论指导。

---

① [美]本杰明·M.弗里德曼.经济增长的道德意义[M].李天有,译.北京:中国人民大学出版社,2013:15.

第三,相较于西方社会文化将个体及其权利置于突出位置,中国传统文化观念更突出整体性、社会性,中国社会整体隐私意识相对薄弱,尤其是在数字经济和数字技术飞速发展的今天,很多人为了一时方便而牺牲隐私、安全等。与此同时,中国传统文化观念强调个人操守和道德修养,因进入现代社会较晚,职业道德等相应伦理规范建构也存在短板,公民应有的数字素养与数字技术环境普遍渗透,存在不相一致的情况。

第四,全球互联网平台企业缺少伦理规范的共识。互联网本身具有无国界、跨时空等特性,但囿于历史、国情、文化、信仰等多重因素,全球互联网平台企业伦理规范难以统一,跨伦理、跨文化冲突屡屡出现。尤其是中国互联网平台企业出海,无论是作为新的竞争者,还是作为来自社会主义国家的企业身份,必然会遇到各种困扰,也不可避免地面临西方发达资本主义国家政府以及西方互联网平台企业的各种打压。

二、市场层面:自我规制不足

第一,社会主义市场经济体制机制尚待进一步建立健全。互联互通是互联网平台企业应有的内涵,但在一定时期内反倒是围墙高筑。互联网平台企业彼此之间基于经济利益,不讲合作,不顾及用户利益,致使交易成本极高,在整体经济价值受损的同时也带来很多伦理失范问题。某些细分领域,还存在某一互联网平台企业"一家独大"的情况,给正常的市场秩序也可能带来干扰。

第二,相较于传统企业,技术之于互联网平台企业更为突出,以算法为代表的数字技术已经成为互联网平台企业的立身之本。但不容忽视的是,互联网平台企业权力边界大大延伸,相对于用户个体、传统企业甚至政府都更强势,部分互联网平台企业缺少"敬畏之心"。科技异化与复杂算法带来伦理上的不确定性与监管风险,主要体现在:数据集中以及"人"的可识别的实现,可能导致数据被滥用与用户隐私泄露,数据集中还可能导致国家或地区之间相应数据权力的失衡;大的流量入口还会形成准"把关人"效应。互联网平台企业某种程度上可以进行过滤、排序、屏蔽等议程设置,进而产生具有倾向性的影响。

第三,逐利是企业的本性,如何做到逐利与社会责任相统一是包括互联网平台企业在内需要面对和解决的难题之一。目前,我国互联网平台企业普遍重技术发展,轻伦理构建;重市场开拓,轻文化建设。平台企业自我规制不足,内在自我约束动力不足。当流量、粉丝、客户、入口、留存率、获客成本等成为资本驱动的目标时,为数不少的互联网平台企业对于行业公约等置之不理,甚至游走于法律边缘,默许、纵容一些非法行为和不良饭圈文化在平台内滋生或传播,这也成为伦理失范的重要原因之一。

第四,部分互联网平台企业自身内部建设亟待加强。在互联网平台企业发展过程中,企业家精神的涵育有待推进,企业员工尤其是技术研发领域的职业道德素养有待提高。企业内部没有形成良好的伦理氛围,管理者没有把员工视为企业的伦理执行者,合规风险管理意识淡薄,管理水平参差不齐,甚至审核机制失守,用表面的合规掩盖实质上的不合规。

三、政府层面:监管效能有限

第一,法律的调整完善远跟不上互联网平台企业的迅猛发展。政策法规的缺位、滞后以及不匹配的状况,现有制度体系不能完全覆盖等,很可能会带来平台领域的野蛮生长。互联网平台企业商业模式不断推陈出新,相关行为存在是否侵权行为难以界定和难以取证的问题、个人行为还是平台行为的问题、执法成本很高的问题等。此外,在监管日渐严格的当下,相关政策法规的出台也必然牵涉相关力量的博弈,甚至久拖不决,这也会带来相关的隐患。

第二,互联网平台企业监管尺度方面存在两难问题:要么缺位,干预不及时,未能对妨碍公平竞争的市场垄断行为给予及时、有效的干预,对于保持市场竞争活力和效能、避免消费者利益受损不力;要么刚性一刀切,忽视伦理规范的柔性治理,损害市场活力,监管成本和治理成本都很高。

第三,技术的有效运用与对互联网平台企业监管需求存在不相适应。互联网平台企业商业模式不断创新,相应的数据收集、算法、人工智能技术等方面愈加复杂,这对于政府层面的监管也提出更高要求,要求具有熟悉平台商业模式的执法人员,监管的工具与数字经济、数字技术前沿发展相匹配,但现实中监管在一定程度上存在"有心无力"的窘境。

第三节 小 结

随着数字化进程逐渐深入,越来越多的市场行为与互联网平台企业产生了直接或间接的交互关系,越来越多的互联网平台企业承担了市场功能。但中国互联网平台企业在发挥作用的同时,其伦理失范已逐步显现,相应的挑战呈现在对人的影响、对市场的影响、对社会的影响和对世界的影响等方面。

(1)对人的影响:一定程度上削弱了人的主体意识。具体而言,这种影响包括对人自身的影响(比如,劳动权益和身心健康受损)、人与人的影响(沟通失效)、人与技术的影响(落入算法陷阱)、人与环境的影响(公众身心成长环境受损)四个方面。

(2)对市场的影响:超级生产力和支配权力必然带来义务失衡,比如,消费者权益的损害,公平竞争与垄断、公平公正服务问题,抑制创新问题,互联网金融风险。

(3)对社会的影响:对社会经济发展产生深远影响的同时未能有效履行责任。对社会的影响主要包括生态污染、网络舆论、社会责任、国家安全、文化侵蚀五个方面。

(4)对世界的影响:互联网平台企业的发展使得数字鸿沟的内涵发生了重要变化,数字鸿沟和数据霸权正在拉大各国的发展差距。

互联网平台企业伦理失范产生的原因可以归纳为社会、市场、政府三个层面。社会层面,聚焦于伦理规范的缺位;市场层面,聚焦于自我规制不足;政府层面,聚焦于监管效能有限。

(1)社会层面,互联网技术、数字技术的飞速进步致使传统的管理理念和管理规则呈现出相对滞后、过时乃至成为创新发展的障碍。即使针对最新的科学技术应用而制定并推出了相关管理规制和伦理规范，也会可能由于对技术发展走向缺乏前瞻性、预判性和系统性分析，相应伦理规范要么抽象僵化，缺乏可操作性，要么疲于应付而出现条款守旧，流于形式主义。在全球层面上，由于互联网伦理问题的复杂性和涉及利益相关方众多，夹杂着国家间利益纠葛、民族矛盾、文化冲突等因素，全球共识性的、有约束力的伦理规范往往难以达成。总而言之，关于伦理的论述不少，但是质量不高，互联网治理仍缺乏体系性的伦理标准。

（2）市场层面，相较于政府规制、立法规制，行业规制和互联网平台企业的自我规制较少，缺少内生动力。重创新，轻伦理；重市场，轻责任。"谁来制定伦理规范""伦理规范的制定依据""伦理规范的具体指向""伦理规范如何实现"对应的"如何分配权利义务""怎样解决纠纷"。从本质上看，伦理规范的重要意义并未得到充分反映。例如，公正、公平、参与、可持续性等基本价值没有得到足够重视，责任的重要作用也被低估。

（3）政府层面，平台监管的目的不仅仅是反垄断，最核心的目的是限制平台企业疯狂扩张的数字权力，但现实情况不容乐观，监管效能有限的情况较为明显。这与法律的调整完善远跟不上互联网平台企业的迅猛发展，对互联网平台企业监管尺度方面存在两难问题，技术的有效运用与对互联网平台企业监管需求存在不相适应等有关。

综上所述，在逐一对标互联网平台企业伦理失范产生原因的基础上，进行更为有针对性的互联网平台企业伦理规范构建非常必要和紧迫。

第三章　中外互联网平台企业伦理规范构建的实然分析

第一节　中国互联网平台企业伦理规范构建现状

互联网平台企业是伴随互联网发展而产生的新兴企业组织形态。面对伦理失范，互联网平台企业越来越注重社会责任建设和自我规制管理。中国互联网平台企业伦理规范构建进入快速发展阶段，其中包括政府规制层面、科研机构和行业协会层面、互联网平台企业层面。

一、政府规制层面

中国始终秉承数字经济发展必须贯彻以人民为中心的发展思想，把增进人民福祉作为信息化发展的出发点和落脚点，不断加强顶层设计，出台政策法规，夯实数字经济和互联网平台企业的根基。这些政策法规为互联网平台企业伦理规范构建提供了遵循。

在我国，平台管理问题复杂多样，比如，在电子商务领域，主要涉及网上售假、虚假广告和不良新闻等问题；在社交网络方面，主要涉及反欺诈和保护个人数据；在网络游戏领域，主要包括未成年人保护、版权保护等；在音视频领域，主要包括版权保护、消费者权益保护等；在新闻内容领域，主要涉及非法信息、假新闻、亵渎内容和算法推荐等治理问题。目前，我国主要从细化法律法规、引入监管技术手段、加大执法力度等方面加强对平台的监管。

(一)法律

由《网络安全法》《数据安全法》《个人信息保护法》构成的我国数字经济时代三大法律支柱体系基本确立,共同搭建起数字经济"生态保护系统"——《网络安全法》所保护的关键基础设施可以看作生态系统中的底层土壤,《数据安全法》则是对在基础设施上如江河奔流的数据要素进行保护,《个人信息保护法》的重要作用就是确保由土地、河流滋养的草木繁茂健康成长。

《中华人民共和国民法典》(2021)突破了传统民法典的旧藩篱,实现了人格权独立成编。人格权独立成编,是"以人为本"价值理念的必然结果,是"以人为本"价值理念的立法表达。在第一章基本原则中对民事主体应遵循的基本原则包括:平等原则、自愿原则、公平原则、诚信原则、公序良俗原则、绿色原则(保护环境、资源原则)。第 1035 条第 1 款第 1 句进一步明确规定:处理个人信息的,应当遵循合法、正当、必要原则,不得过度处理。

《中华人民共和国个人信息保护法》(2021)对以"告知—同意"为核心的个人信息处理规则、信息主体个人权利和一般信息处理者义务、大型互联网平台的特别义务、国家机关处理个人信息的规范、个人信息跨境流动以及履行个人信息保护监管体制、法律责任等内容做出了具体规定。第一章"总则"以六个条文(第 5—10 条)规定:在个人信息处理活动中应当遵循合法、正当、必要、诚信、目的限制、公开透明、质量、安全八项原则。

此外,《中华人民共和国网络安全法》《中华人民共和国数据安全法》《全国人民代表大会常务委员会关于加强网络信息保护的决定》等也明确了个人信息处理应当遵循的原则和规范。

(二)部门规章

国家互联网信息办公室、中央宣传部、教育部、科学技术部、工业和信息化部、公安部、文化和旅游部、国家市场监督管理总局、国家广播电视总局九部委(2021)联合印发了《关于加强互联网信息服务算法综合治理的指导意见》。意见表示,将防止利用算法干扰社会舆论、打压竞争对手、侵害网民权益等行为,防范算法滥用带来意识形态、经济发展和社会管理等方面的风险隐患。

国家市场监管总局等七部门(2021)发布《关于落实网络餐饮平台责任切实维护外卖送餐员权益的指导意见》。该指导意见合理界定了平台企业的责任,要求其在公平就业、劳动报酬、休息制度、劳动安全、社会保险以及职业伤害保障等方面承担应有的责任,保障新就业形态劳动者权益。

国家互联网信息办公室、国家发展和改革委员会、工业和信息化部、公安部、交通运输部(2021)联合发布《汽车数据安全管理若干规定(试行)》,倡导汽车数据处理者在开展汽车数据处理活动时坚持"车内处理""默认不收集""精度范围适用""脱敏处理"等数据处理原则,减少对汽车数据的无序收集和违规滥用。

(三)政策文件

2022年3月,中共中央办公厅、国务院办公厅印发《关于加强科技伦理治理的意见》。这是我国首个国家层面的科技伦理治理指导性文件,也是继国家科技伦理委员会成立之后我国科技伦理治理的又一标志性事件;不仅提出了"伦理先行、依法依规、敏捷治理、立足国情、开放合作"的科技伦理治理要求,而且明确了"增进人类福祉、尊重生命权利、坚持公平公正、合理控制风险、保持公开透明"的科技伦理原则。

2022年6月8日,为进一步规范网络主播从业行为、加强职业道德建设、促进行业健康有序发展,国家广播电视总局、文化和旅游部共同制定了《网络主播行为规范》,其中包括12个"应当"[比如,应当坚持正确的政治方向、舆论导向和价值取向,应当坚持以人民为中心的创作导向,对于需要较高专业水平(如医疗卫生、财经金融、法律、教育)的直播内容,主播应取得相应的执业资质,并向直播平台进行执业资质报备,直播平台应对主播进行资质审核及备案等]、31个"不得"(未经授权使用他人拥有著作权的作品,对社会热点和敏感问题进行炒作或者蓄意制造舆论"热点"等)。

(四)地方条例

香港个人资料隐私专员公署发布了《开发及使用人工智能道德标准指引》(2021)。该指南旨在帮助公共和私人机构在开发和使用人工智能时遵守《个人数据(隐私)条例》的规定。它还列出了人工智能的若干道德原则,包括问责制、透明度和隐私等。

上海市场监管局制定发布《上海市网络交易平台网络营销活动算法应用指引(试行)》(2021),规范网络交易平台网络营销活动算法应用行为,为平台经营者划出合规底线。划出合规底线,明确七个"不得",规范平台算法应用场景,倡导"加强弱势群体权益保护""建立合规管理体系""鼓励算法公开透明"等,推动平台经营者提升算法应用合规管理水平,加强消费者权益保护。

浙江省发布《浙江省平台企业竞争合规指引》(2021),归纳提炼了7类具有平台企业特性的竞争违法行为和14类具有平台企业特性的高风险敏感行为,回应了平台企业竞争合规中的有关问题,保障平台企业依法依规开展公平竞争。

上海市杨浦区检察院联合市信息服务业行业协会、市数据合规与安全产业发展专家工作组、区工商业联合会制定发布全市首份《企业数据合规指引》(2022),对于个人信息的处理规则和向第三方提供数据的规则进行了具体明确。

政府层面出台的文件,较多为指导性、倡导性、禁止性条款,不拘泥于单纯针对互联网平台企业,而是从宏观角度推出相关政策,对互联网平台企业伦理规范构建有较强的指导性,为未来数字经济和互联网平台企业发展确立最为关键的制度确定性。

二、科研机构和行业协会层面

除了国家层面的法律正在逐步完善以外,互联网行业近年来也发布了不同的保障数据安全的行业准则和规范标准。部分准则如下:

2004年,为建立我国互联网行业自律机制,规范行业从业者行为,依法促进和保障互联网行业健康发展,中国互联网协会遵照"积极发展、加强管理、趋利避害、为我所用"的基本方针,制定《中国互联网行业自律公约》,其中包含13条自律条款,明确指出互联网行业自律的基本原则是爱国、守法、公平、诚信。

2017年,义乌三家互联网租赁自行车平台企业共同签署了《互联网租赁自行车企业自律公约》。此次签署的行业自律公约包括履行市场主体责任、提供安全车辆和便捷服务、加强现场秩序管理、提升服务水平、依法经营和公平竞争、自觉接受政府和公众监督6个方面的内容。

2018年6月13日,中国互联网金融协会发布《互联网金融从业机构营销和宣传活动自律公约(试行)》,其中明确规定从业机构在营销和宣传活动中应当遵循以下原则:合法合规、诚实信用、公序良俗。

2019年1月8日,中国互联网协会发布了《网络数据和用户个人信息收集、使用自律公约》,就个人信息收集、使用行为进行了承诺。没有约束就无法持续发展,互联网行业的发展需要规范的市场,需要予以必要的约束。

2019年3月15日,深圳市互联网学会、众信中心联合发起的《深圳互联网诚信公约(行为规范倡议书)》正式发布。内容涵盖:诚信经营,文明网络;理性消费,企业不售假,个人不乱评;尊重事实,不造谣、不传谣、不信谣;保护信息,不填、不卖、不开陌生链接;尊重隐私,不随意拍摄、传播他人视频。

2019年10月24日,探探、陌陌、百合佳缘、有缘网共同发起了《互联网婚恋交友行业自律公约》,包括公约目的、规则要求、服务协议、实名认证、信息过滤、收费透明、风险提示、未成年人保护、用户信息保护、信用建设、失信查询、赔付责任、争议处理、行业交流、社会监督十五则条款,涵盖了互联网婚恋交友行业的规范和准则。

2020年4月26日,腾讯、网易、多益、新浪、UC、YY、虎牙、酷狗、荔枝、抖音等广州市300余家互联网平台企业代表联合签署《广州市互联网企业行业自律公约》,承诺加强行业自律,尊重知识产权,不断提高网络文化行业的社会公信力。

2020年7月25日,中国互联网协会制定发布了《电信和互联网行业网络数据安全自律公约》。公约根据合规性、效率性、客观性、可操作性、可读性五大原则,在兼顾互联网行业发展的同时,对企业数据安全管理提出了更高、更细且兼具可操作性的标准和要求,明晰了企业自我约束的细节,明示了其所应具有的责任及义务,重点突出了管理标准、行业规范、自我承诺、社会监督、畅通沟通协作等行业共性要求。中国电信、中国移动、中国联通、阿里巴巴、腾讯、百度、京东、360、爱奇艺等133家基础电信企业与重点互联网平台企业进行了签署。

2021年3月2日,浙江省互联网金融联合会成立了全国首个省级金融科技伦理委员会,在当时的启动大会中公布了《浙江金融科技伦理七倡议》。这份倡议,也是呼吁金融科技从业者要始终坚持以人为本,在发展的过程中不断地展示安全、伦理、道德、公平等。

2021年9月25日,国家新一代人工智能治理专业委员会发布了《新一代人工智能伦理规范》,概述了6项核心道德要求,包括改善人民福祉、促进公平正义、保护隐私和安全、确保控制、加强问责制和提高道德意识,以及针对特定活动的18项具体道德要求,例如,治理、研究和开发、供应和使用。该要求旨在将伦理道德融入人工智能的整个生命周期,为参与人工智能相关活动的个人、法人和其他相关机构提供伦理指导。

2021年11月1日,中国互联网协会发布个人信息保护倡议书,倡议开展合规审计评估,接受社会公众监督。

2021年11月19日,中国网络社会组织联合会联合105家会员单位以及相关企业共同发起发布《互联网信息服务算法应用自律公约》,内容涵盖:积极践行社会主义核心价值观,严守法律法规;要强化主体责任意识,建立算法治理机制,落实算法治理措施,落实主体责任;要保障个人知情权、选择权以及用户群体合法权益,切实解决维权难现象,维护个人权益;要防范算法应用安全风险、信息内容安全风险以及算法数据安全风险,筑牢安全防线;要促进信息推荐公平、流量有序、商品价格公平和订单分配公平，促进算法公平；要在设计研发、算法应用、算法管理等方面，推动创新发展。

2021年12月30日，中国网络社会组织联合会审议通过了《网络社会组织自律公约》和《互联网行业从业人员职业道德准则》，旨在进一步加强网络社会组织自律规范，倡导互联网行业从业人员规范职业行为，推动行业健康、高质量发展。

2022年6月1日，中国信息安全法律大会专家委员会发布《国际冲突下的跨国公司网络商业伦理倡议》（中英文版），提出构建伦理规范体系、健全公司伦理机制、坚定履行商业承诺、确立价值观公约数、建立评估奖惩机制等九大倡议，呼吁跨国公司积极参与伦理倡议，为网络空间命运共同体共建贡献力量。

此外，《社交电商行业自律公约》《互联网旅游服务行业自律公约》《中国医药电子商务行业自律公约》《中国B2B电子商务行业自律公约》《K12在线教育服务与评价》团体标准纷纷出台等。

近年来，互联网平台企业伦理构建加速，多为自发，更为细致，对互联网平台企业提出更多自律要求；公约的推出可以更好地规范行业发展，引导企业自律，指引平台规则的完善；分类分领域特征明显，比如电商、社交电商、短视频、金融、婚恋、网盘服务、人工智能、算法应用等；中国互联网协会在推动行业健康有序发展、发挥示范引领、桥梁纽带作用方面凸显，地方协会层面、科研院所层面也更多地参与进来；伦理规范除聚焦平台企业自身的经营方面之外，也已开始关注人、国家、社会以及网络空间命运共同体。

三、互联网平台企业层面

近年来，我国互联网平台企业明显意识到伦理规范的重要性，不断强化合规管理、对标国际规则标准，尝试建立自身的伦理规范体系。

(一)平台企业价值观

企业价值观是企业行为规范的基础，也是企业伦理规范的灵魂和核心。表3—1为部分互联网平台企业价值观。

表3—1　　　　　　　　部分互联网平台企业价值观

企业名称	企业价值观
阿里巴巴集团	客户第一,员工第二,股东第三;因为信任,所以简单;唯一不变的是变化;今天最好的表现是明天最低的要求;此时此刻,非我莫属;认真生活,快乐工作
腾讯	正直、进取、协作、创造
百度	简单可依赖
美团	以客户为中心,正直诚信、合作共赢、追求卓越
滴滴	创造用户价值、数据驱动、合作共赢、正直、成长、多元
京东	客户为先、诚信、协作、感恩、拼搏、担当
拼多多	普惠,人为先,更开放。坚持本分价值观,站位消费者,不断为满足最广大用户的需求而不懈努力
58同城	用户第一、开放协作、简单可信、学习成长、创新进取
携程旅行	客户(以客户为中心)、团队(紧密无缝的合作机制)、敬业(一丝不苟的敬业精神)、诚信(真实诚信的合作理念)、伙伴(伙伴式的"多赢"合作体系)
喜马拉雅	以用户为中心,事事利他,人人都是攀登者,登上自己人生的喜马拉雅
小红书	向上、走进用户、开放心态、务实、担当
当当网	成就、诚信、精益求精、变革创新、顾客第一
字节跳动	始终创业、多元兼容、坦诚清晰、求真务实、敢为极致、共同成长

资料来源:各互联网平台企业官方网站。

根据表3—1的分析与总结,可以初步得出以下结论:

(1)对人的关注:一方面,以用户(或客户)为中心,用户(或客户)第一、用户(或客户)为先、走进用户(或客户)、站位消费者等均指向用户(或客户),致力于满足最广大用户的需求,可以说用户(或客户)是互联网平台企业最直接或最重要的利益相关者;另一方面,关注员工的成长,既包括"员工第二,股东第三"这种员工优于股东的价值观念,也包括对员工学习、成长、敬业以及团队建设的要求与关注,比如,"以利他和共赢的精神面对合作伙伴和同事"。

(2)对善的追求:利他、向上、共赢成为互联网平台企业共同的价值底色。中国互联网平台企业的伦理观从"技术无罪"到"技术中立"再到"科技向善",随着社会发展一次次更新迭代,其中包括:作为经济伦理基本原则之一的诚信,如"信任""正直""诚信""可依赖""简单信赖"等出现在绝大部分互联网平台企业的价值观之中;掌握着海量数据、先进算法的头部互联网平台企业,理应在科技创新方面有更多追求、更多突破,"进取""唯一不变的是变化""持续创新,不进则退""始终创业""创新进取"等,无不彰显互联网平台企业对创新价值和品质的追求;"协作""合作共赢""伙伴式的'多赢'合作体系""共同成长"等也已成为互联网平台企业的伦理追求,与传统企业相比,涵盖范围更加广泛。

(3)监管之下越发重视伦理:在相当长一段时间内,我国在互联网行业实施"先试后管""放水养鱼"等包容审慎监管手段。平台企业在积极探索、培育基于互联网的商业模式、应用场景及信息技术创新的同时,也逐渐注重伦理构建,从源头上、文化上注重伦理上的自我规制与伦理建设。

此外,不同类型、不同规模的互联网平台企业价值观在某些方面差异明显,比如,滴滴对安全的强调,字节跳动开辟海外市场而对多元兼容的重视,拼多多强调的普惠等。与此同时,互联网平台企业价值观根据公司发展和市场变化呈现动态调整,比如,字节跳动近4年3次更新,京东集团2019年新的价值观将"客户为先"放到首位,而原来集团价值观里的"正道成功""只做第一"消失。

(二)互联网平台企业伦理实践

实践的理论指导来源于西方企业伦理;实践的伦理底线来源于政策约束,为了满足法律法规的要求,兼顾用户需求;实践的后续改进来源于问题暴露,尤其是引发重大社会舆论焦点的事件问题。

互联网平台企业的伦理实践可以从平台规则、企业家精神、企业社会责任报告等方面了解判断。作为一种规范力量而区别于市场和架构,平台规则基于平台、经营者和消费者的意愿而被遵守和实施,区别于网络法、网络规范、市场与代码，涉及的内容非常广泛，包括网络交易活动的方方面面，如平台内的经营者和用户的注册、合同的成立与履行、风险分担与减免责事由、防止假冒伪劣商品、信用评价、消费者权益保护、交易纠纷的解决机制等。通过此种服务协议，平台相关方可以约定各自的权利义务。企业家精神的获取，可以从企业家讲话等角度观察，企业文化、价值观无不烙有创始人的人格影子，企业家自身成长环境也会对平台企业自身伦理特色进行塑造，比如，华为任正非讲话思想具有浓郁的军事风格。

作为中国互联网企业第一个完整、系统地对其价值观的总结，《华为基本法》(1998)吸收了包括IBM等公司在内的管理工具，形成了均衡管理的思想，适用于公司、股东、董事、监事、高级管理人员、中层管理人员及普通员工，是公司治理者、管理者及各部门和各级主管的决策指导、行为准则，是调整企业内外重大关系和矛盾的准则。其中，第一部分"核心价值观"涵盖了企业追求、员工、技术、精神、利益、文化、社会责任等。

360作为互联网安全公司，在为用户提供隐私保护的同时，对自身的安全产品提出了更高级别的标准，保证公司各产品（或服务）在使用用户个人信息的时候严格遵循"四不三必须"的七个规范，即不该看的不看，不该传的不传，不该存的不存，不该用的不用，一切行为必须明示，尊重用户的知情权和选择权，必须经过用户许可，必须对收集的用户隐私信息负责。

蚂蚁集团数字金融平台（2021）公布自律规范。这项自律准则由理财、保险、消费信贷、小微经营者贷款、芝麻信用五大平台板块组成。通用总则是：平台应建立专业、严格的机构准入、清退机制以及相应的管理规范，确保平台运行有规则可依、健康有序。当入驻机构的资质低于平台标准时，平台将依法合规停止相关合作；平台管理规范应当对所有机构一视同仁，确保公平、公正；平台应保障数据安全，保护用户隐私，数据获取和使用应获得用户授权，并遵循合法、正当和必要的原则；平台应接受社会各界监督，开放投诉举报通道，并公布平台治理进展。

百度创始人、董事长兼CEO李彦宏（2018年5月）首次阐述了"AI伦理四原则"，即"AI的最高原则是安全可控；AI的创新愿景是促进人类更平等地获取技术和能力；AI 的存在价值是教人学习，让人成长，而非超越、替代人；AI 的终极理想是为人类带来更多自由与可能"。[①]对用户的个人信息进行处理时要满足三个要求：第一，安全可控，无论基于个人信息的内容还是技术都要安全可控；第二，教人成长，AI 应用要教人学习，令人成长，而非浑浑噩噩；第三，忠诚服务，要给用户选择权，尊重用户，真的替用户着想。

腾讯 CEO 马化腾（2019）在朋友圈发文："科技向善，我们新的愿景和使命。"在福州市举办的第二届数字中国建设峰会上，马化腾就"科技向善"这一话题，说道"我们希望'科技向善'成为未来腾讯愿景与使命的一部分""人类应该善用科技，避免滥用，杜绝恶用"。2021 年 9 月 17 日，腾讯围绕互联互通，称将在"安全为底线"的前提下，以"四个原则、三种方式"实施。其中，四项安全管理原则涉及：防止违反国家法律法规的行为，防止不当侵犯用户隐私、威胁网络信息数据安全的行为，防止过度营销、传播等损害用户利益的行为，遵循以用户为中心的政策，给用户更多选择。

在 2022 年 9 月初召开的世界人工智能大会上，阿里巴巴发布了集团的科技伦理治理的六大准则，即以人为本、普惠正直、安全可靠、隐私保护、可控可信、开放共治。

为履行社会责任的系统思维和行动自觉，践行新技术和新形势下的企业社会责任实践，阿里巴巴连续 15 年发布社会责任报告。中国网络社会组织联合会依据互联网平台企业社会责任标准，对互联网平台企业履行社会责任情况进行调研评估，编制发布《互联网平台企业社会责任报告》，总结互联网平台企业履行经济、法律、文化等方面的社会责任建设概况、特点、实践，评价其企业制度、技术、文化等方面的工作举措，梳理社会责任建设突出问题，为加强互联网平台企业社会责任建设提供对策建议。

此外，伴随着互联网平台企业快速发展所暴露的社会问题，部分平台企业尝试过建立一些对外咨询和沟通途径，筹建过安全监督顾问委员会，

---

① 曲忠芳,李正豪.谷歌聊天机器人引争议 AI 伦理界定仍需明确[N].中国经营报,2022-06-20.

主要邀请专家加入。而美团在 2020 年《人物》杂志的《外卖骑手，困在系统里》一文进行广泛讨论后，推出过"同舟计划"，召开骑手恳谈会，并且招募骑手作为"产品体验官"来改进系统中的部分问题。这些计划的成效如何还有待第三方的研究来评估。

第二节　国外互联网平台企业伦理规范构建借鉴

作为承担通信、信息、商品和服务交流等领域的公共基础设施，Apple、Facebook、Amazon、Microsoft、Google 等欧美互联网平台企业在全球经济和社会中发挥着越来越重要的作用。与此同时，不容忽视的是当前互联网巨头所带来的伦理问题日益显现，比如，在关键业务领域具有强大的"垄断权"，并且滥用市场支配地位等。美国、欧盟、英国、日本、印度、加拿大等纷纷加强了对互联网巨头垄断经营等方面的监管。政府对互联网平台企业的监管与规制，来源于信息保护、反垄断等方面的立法监管不断完善，从内容方的版权、数据隐私权、不合理避税到国家安全，引导互联网平台企业走上健康、规范发展的轨道。

一、立法规制对伦理规范的塑造

国外互联网平台企业伦理规范的构建同样受制于法律、文化、历史等多方面因素，尤以法律因素最甚。因此，对于国外立法规制的分析与研究非常重要。目前，全球许多国家和地区通过立法和执法等一系列措施不断强化对互联网平台企业的反垄断监管。各国反垄断标准有很多不同，但有一点是共通的——适应数字经济迅猛发展的需求，确保消费者权益，保护市场自由竞争的公平。关于数字经济领域的竞争法规范，欧盟一直走在世界前列。在欧洲，政府与科技巨头间的反垄断"战争"从未停歇。

（一）欧盟

近年来，为保护域内数字产业发展，欧盟通过立法等手段不断加强对社交媒体、电商平台、搜索引擎等在线平台的监管。欧盟委员会从 2010

年就开始呼吁采用成员国可直接实施的条例替代《数据保护指令》(Data Protection Directive 95/46/EC，以下简称"95 指令")，并在 2012 年正式提出 GDPR 草案，以期"所有企业将以统一的个人数据保护规则向 5 亿欧盟人销售产品和提供服务……将欧盟个人数据保护标准塑造成全球标准"。最终，借着 2013 年的"斯诺登事件"、2014 年的"Google 西班牙案"、2015 年废除安全港协议的"施姆雷斯案"的东风，欧盟以执行《里斯本条约》和《欧盟基本权利宪章》为名，在 2016 年通过了针对个人数据保护史上最严的 GDPR。

以时间为序，据不完全统计，近 10 年欧盟反垄断相关政策法规如下：

2013 年 2 月，欧盟发布了欧洲网络安全战略《一个开放、安全、可靠的网络空间》。这份战略提到，欧洲的各个国家要重视网络空间，同时要在网络空间中基于基本的权利做出保护。

2017 年 1 月，欧洲议会法务委员会提出"关于机器人民事法规则的欧洲委员会建议"报告，认为欧洲应该设置管理机器人与伦理规则的专责机构并建立适用于欧洲全境的管理规则。长期而言，未来对于自律型的机器人可以讨论赋予电子人格的可能性。本报告提出广泛受到重视的五项伦理原则，内容包括自由、隐私、人性尊严、决定权等，对于机器人运用所造成的影响实施评估；提出对人工智能工程师的伦理行为准则，包括：(1)善行(beneficence)：人工智能的行为必须符合人类利益。(2)无害(non-maleficence)：无论在任何情况下机器人都不能伤害人类。(3)自主性(autonomy)：使用机器人所提供的人类信息，不能以强制方式取得，必须根据人类的自由意志决定。(4)正义(justice)：特别是居家治疗，使用照护式机器人时应当给予公正的利益分配。

2018 年 5 月 25 日，GDPR 正式实施。同年，欧盟委员会发布了《反对虚假信息行为准则》，从源头打击网络谣言，加强内容监管；11 月通过了《视听媒体服务指令》修正案。

2019 年 4 月 8 日，欧盟委员会人工智能高级专家组(High Level Group on Artificial Intelligence，AIHLEG)发布了《值得信赖的人工智能

伦理准则》,旨在最大限度地发挥人工智能作用,同时最大限度地降低风险。该指南提出了未来 AI 系统应满足的 7 大原则:人类代理和监督;技术稳健性和安全性;隐私和数据管理;透明度;多样性、无歧视、公平;环境和社会福祉;问责制。

2020 年 2 月 19 日,欧盟委员会发布《欧洲数据战略》(European Strategy for Data),旨在建立真正的单一数据市场。每一项新的立法措施都将在完全符合"更好监管"(better regulation)的原则下进行准备和评估,旨在通过构建一个监管框架,从而促进具有活力的数据生态系统的发展。委员会放弃过分详细、过分严苛的事前监管,而倾向于采用敏捷型数据治理方法,例如,试验(监管沙箱)、迭代和差异化。

2020 年 12 月,欧盟委员会公布了《数字市场法案》,提出了数字守门人的概念,禁止数字守门人利用其在数据共享、软件安装、平台选择、广告推广等方面的优势地位限制市场竞争,从而确保重要数字服务市场的公平性和开放性。数字守门人(类比于国内大型互联网平台)是指由于其规模和作为商业用户接触客户的门户的重要性,在欧盟内部市场中扮演着特别重要角色的平台。根据《数字市场法案》的规定,平台成为数字守门人需要满足在至少三个欧盟成员国家的数字市场中拥有一项"核心服务"(包括搜索、社交网络、广告和销售等服务)。

2021 年 3 月 9 日,欧洲数据保护委员会(EDPB)通过《车联网个人数据保护指南》,阐释了车联网不同场景下的隐私保护和数据风险以及应对措施,首次界定了网联汽车个人数据,认定三类应特别关注的个人数据,分别是"地理位置数据""生物识别数据""可以揭露犯罪或其他违法行为的数据",并分别提出了收集和处理原则。

2022 年 1 月 26 日,欧盟委员会提议签署欧盟数字权利与原则宣言。宣言草案涵盖了数字转型中的关键权利和原则,例如,将人和他们的权利放在中心位置,支持团结和包容,确保在线选择自由,促进参与数字公共空间,提高个人的安全、保障和赋能,以及促进数字未来的可持续性等。

梵蒂冈提出《人工智能伦理罗马宣言》,呼吁开发更加安全、可信的人工智能。在梵蒂冈宗座生命科学院主办的人工智能伦理会议上,梵蒂冈宗座生命科学院、Microsoft、IBM、联合国粮农组织总干事屈东玉等共同签署了"人工智能伦理罗马宣言",呼吁政府、非政府组织、行业协会共同承诺,在人工智能系统设计之初就嵌入算法伦理,为人工智能的发展设置安全防护栏,开发更加安全可信的人工智能,其中提出了规范人工智能系统的三个目标——服务和保护人类及其生存环境;对个人和社会生活产生积极影响和变革;以法律法规来支持、组织、指导人工智能系统的开发。

德国《联邦数据保护法》(2017年修订)确立了个人数据处理应当遵循的"合法与依据诚信处理的原则""目的限制原则""数据最小化与比例原则""正确性原则""限制存储"以及"系统数据保护原则"。

综合以上,可以简单得出相应的结论:

(1)从技术伦理的角度:欧盟在信息技术和数字技术的应用伦理上具有很强的前瞻意识。欧盟从2013年开始就在提倡和宣传"负责任创新"这一理念,并且以此指导欧盟各国的科技创新。这可能也是欧盟最早提出号称"史上最严"的GDPR的原因之一。塑造行动者网络,主张将负责任创新贯穿于从研发到市场的全过程。在这一过程中,利益相关者可以参与其中,有利于推进创新过程及其产品服务的伦理可接受性。负责任创新包括4个维度:预测(anticipation)、反思(reflexivity)、协商(inclusion)和响应(responsiveness)。[1] 它的特点是打通了从研发到企业创新以及和公众的对话。

(2)从公民基本权利的角度:在互联网平台企业治理监管上,欧盟与美国存在明显的系统性差异,主要体现在政府公权力介入方面。欧盟一贯注重隐私权保护,强调"个人尊严",将个人信息权赋予个人,这与欧盟的社会文化有关。当企业创新、科技创新与个人权利存在矛盾或冲突时,欧盟一般会将个人权利保护视作最高的价值目标。虽然欧盟国家内部也存在较大差异,但是欧盟在监管数字平台上、保护公民免受过度私人权力

---

[1] Stilgoe J, Owen R, Macnaghten P. Developing a framework for responsible innovation [J]. *Research Policy*, 2013, 42(9): 1568—1580.

侵害上比美国存在更大的共识。个人信息权保护模式最早源于欧洲。"被遗忘权"这一新概念也是最早于2012年1月25日在欧盟发布的个人数据保护法草案中正式提出。

（3）从个人信息和数据保护的角度：科技公司正在收集大量的个人数据，Google、Apple、Facebook、Amazon和Microsoft使用的经济模型（GAFAM）主要基于收集和利用在线用户的数据来生成广告；剑桥分析丑闻说明了在线平台能够提取个人数据干预政治。这些现象通常被称为"监督资本主义"，导致欧盟公民的个人信息和隐私的控制无法得到有效保护。欧盟越来越关注欧洲公民如何在主要由非欧盟技术公司主导的在线环境中恢复对数据的控制，比如，最近关于控制冠状病毒传播的接触追踪解决方案引发的争议。在后疫情时代，毫无疑问，技术将发挥更关键的作用，欧盟决策者要在监管和隐私保护之间找到适当的平衡仍面临挑战。欧盟采用了非常严格的隐私和数据保护框架，以GDPR为中心，引入了被遗忘权和数据可携权，以增强个人对其数据的控制。《数字服务法案》建立了强力的透明度和明确的平台问责框架，使平台企业知晓"可为""不可为"的边界所在。目前，欧盟被全世界许多国家和地区视为隐私和数据保护方面的示范引领者，许多国家和地区已将GDPR的规定融入国内政策法规体系，一些跨国公司也选择采用GDPR作为其全球运营标准。数据保护官制度逐步完善。伴随着一系列法律条文和数据标准的制定，各国相继设立数据保护官制度，推动数据安全保护工作的贯彻执行。德国颁布的《联邦数据保护法》提出，应设立数据保护官这一岗位来对企业处理数据的行为进行监督，并明确规定数据保护官独立于数据控制者与处理者之外，可以直接向高层汇报并免于因履职遭受处罚或解雇。GDPR中对于专门的数据保护机构进行了明确规定，在欧盟整体层面，成立"数据保护委员会"；在成员国层面，要求根据本国行政机构设置情况建立专门的数据保护局机构。

（4）从对互联网巨头的监管角度：因数据处理市场长期被美国企业主导，欧共体及欧盟自1970年起实施数据处理方面的统一政策，目的是限制美国企业,重点是协助消费者转向本土企业。相对于"呼声大、落实少"的美国,欧盟内部对科技巨头的态度统一、行动利落。近年来,欧盟秉承技术主权与数字主权理念,谋求欧洲单一市场的创新、增长和竞争力,在监管目标、合规性要求提高、产业发展角度、政府作用发挥方面进行精心的制度设计,抑制 Amazon、Google、Facebook 和 Apple 等在欧盟运营的互联网平台企业在数字领域的垄断地位。欧盟虽然反垄断经验历史悠远、经验丰富,监管也不断在推进,但是即便如此,其监管举措和制度远不及互联网平台企业的膨胀速度,欧盟与互联网平台企业之间的博弈更加复杂。

(5)从对世界互联网发展的引领角度:欧盟被普遍认为是全球科技监管最严厉的地区。2018 年,被视为个人信息保护领域"史上最严"立法的 GDPR 正式生效,堪称具有里程碑意义。随着个人隐私和信息保护问题不断彰显,欧盟的数据保护法律在全球范围内影响广泛。日本、印度和巴西等国的个人数据立法或修法仍基本照搬 GDPR,美国加州也把 GDPR 规定的各项个人数据权尽数引入。目前,在全球已经颁布数据隐私法律的 134 个主权国家中,以欧盟 GDPR 为参照的占绝大多数。2022 年 7 月 5 日,欧洲议会投票通过《数字服务法案》和《数字市场法案》。在两项法案中,《数字市场法案》于 7 月 18 日经欧洲联盟理事会批准成为法律,其主要侧重于经济方面,主要目的是提前框定互联网平台企业的行为边界,事先定好规矩,确保在欧盟范围内有公平竞争的市场环境,普通企业能够与互联网巨头展开公平竞争。这也意味着互联网巨头将受到更具体、更严格的监管与约束。《数字服务法案》于 9 月正式施行,其侧重企业社会责任领域,旨在加强互联网平台企业在商品、服务、内容等方面的义务和责任。此外,该法案对于互联网平台企业的自我规制要求明显,比如,要求互联网平台企业识别危害,提供补救措施,并定期报告补救措施的有效程度,如果未及时或不充分补救,则监管机构将介入。

欧盟之所以具有单方面规范数字经济市场规则的能力,主要依仗其数字服务重要消费方的市场地位。欧盟拥有约 5 亿消费者,无论是消费需求还是购买能力,都是互联网平台企业的必争之地。互联网平台企业要想进入欧盟市场,就必须遵守欧盟制定的诸多限制性规则。欧盟期待《数字市场法案》可以为保护消费者利益、为无序的全球数字经济竞争引入秩序。同时,尽管近些年全球以平台型企业为主体的数字经济快速发展,但也引发了民众对平台型企业滥用技术、实施算法合谋、自我优待、侵犯隐私等限制竞争或侵害消费者权益行为的普遍担忧。《数字市场法案》是欧盟在立法层面对数字经济规则的有效回应,将使欧盟在隐私保护、反垄断等方面的理念更广泛地影响全球数字规则,并利用巨大的统一市场强化欧盟的数字主权和向世界推出更多的欧洲标准。

总之,《数字服务法案》彰显了欧盟以保护个人数据为基础和抑制大型科技平台垄断为目标的数字经济治理理念,在为欧盟企业创造更大空间的同时,力求改变"守门人"与其用户之间的权利不平衡格局,努力营造更公平、更开放的数字市场。欧盟强势监管将继续延续,《数据法案》《人工智能法案》等也已纳入规划之中。

(二)美国

美国是互联网的发源地,Microsoft、Apple、Alphabet、Meta、Amazon等企业成长为世界级的互联网平台企业,在搜索、社交、电商、媒体、娱乐等多个领域,占据了垄断性的全球市场份额。它们所带来的公平竞争问题和商业伦理问题在美国国内和其他国家或地区不断凸显。在近几十年的互联网发展历程中,美国联邦政府及各州出台了一系列政策法规以规范互联网以及相关行业的发展。近年来,随着相关伦理缺失情况越发严重,采取针对科技巨头的反垄断行动已是美国国会两党的共识。

1. 从言论自由的角度

从相对宽松转向审慎监管。从一定意义上而言,新的互联网监管条例在很多方面也是既有媒体监管制度的延伸。根据美国1996年《通信规范法》第230条规定,互联网平台只是作为第三方内容的传输渠道,无需为其所承载的内容承担责任。这一规定对于互联网在美国的迅猛发展意义非凡,这一宽松政策一直持续到21世纪初期。近年来,随着互联网企业平台化,平台巨头涉嫌运用技术手段干涉大选、散布虚假信息,纵容极端主义言论和阴谋论在社交媒体平台传播等,这一系列情况为全社会所关注,越来越多的人认为互联网平台对于数字时代民主政治安全带来了重要威胁。围绕互联网监管的政治氛围也随之发生巨大变化,美国共和民主两党都认为要加强对互联网平台企业的监管和反垄断,但对于反垄断的目标上却存在极大的分歧。此外,在美国越来越极化的政治环境影响下,内容监管不像欧盟那样存在较大共识,反垄断行动成为一种相对内容审核和内容监管的替代方案,通过互联网平台反垄断增加平台数量,可以减少当前互联网平台巨头的覆盖面和占有率。

美国在平台治理方面尤其重视网民的权利和内容,如网络在线的内容、个人隐私数据是否被侵犯、版权保护等。如在网络在线内容方面,美国在强调个人言论自由的同时,也会对线上的内容进行一定范围的限制和管控,比如,禁止暴力恐怖、未成年人观看或者涉及淫秽色情等方面的网络信息;在版权保护方面,在保护技术发展的同时在不断平衡互联网平台企业、用户、版权所有人之间的利益关系。

2. 从对互联网巨头的监管角度

美国一贯崇尚市场规则和市场权力,但对于越发膨胀的互联网平台企业,其监管政策从相对宽松转向审慎监管。监管目标、合规性要求提高、规范方式、产业发展角度、政府作用的发挥方面,美国主要结合数字时代特点对传统经济时代的相关反垄断法律进行修正,并将反垄断法的适用范围进一步修订完善,以适应数字经济发展;美国上述反垄断法以及拟新推出的相关方案,主要目标在于保护技术发展、消费者利益、商业创新、自由市场竞争。

21世纪初期,美国联邦通信委员会(FCC)和其他联邦监管机构没有对互联网平台企业的内容监管制定正式规则。美国对互联网平台的监管采取了比较宽松的立场,更多依赖于企业自律、行业自律的市场传统。根据1996年美国《通信规范法》第230条的宽松规定,内容监管的责任不在平台而在于第三方,从而避免互联网平台尚在起步阶段就面临各种官司纠缠，成为互联网平台企业野蛮发展的"最佳保护"。

据媒体报道，Google、Apple、Facebook、Amazon 等互联网平台企业近年来在欧盟屡遭反垄断调查和巨额罚单，但在美国类似情况相对较少。2013 年，美国联邦贸易委员会曾对 Google 发起反垄断调查，但最终还是决定不起诉。美国政府对数字巨头的明显宽容，受到了 20 世纪 70 年代和 80 年代诞生的芝加哥学派的影响。该学派的核心观点是强调市场的基本功能，反对政府层面对市场的过多干预，并认为应该将降低价格和提高效率作为反垄断立法的目标。

近年来，随着互联网平台企业拥有越来越多的"权力"，一方面，互联网媒体平台拥有更多发布和如何发布特定信息的"编辑"权力，并且基于规模效应、覆盖面和垄断性等特征，使得在内容审核方面的决定要比印刷媒体重要得多；另一方面，美国大型互联网平台企业特别是 Facebook，涉嫌干涉大选，散布虚假信息、极端主义言论和阴谋论，开展计算化宣传和社交操纵，以及助长社会两极分化。① 尤其是 2016 年、2020 年两次美国大选让美国两党意识到，互联网平台很大程度上影响了美国的公共舆论，给数字时代民主政治安全带来了重要威胁。

近年来，美国更加重视对互联网平台企业垄断问题的治理。2021 年 6 月 23 日，美国众议院表决通过了《终止平台垄断法案》等五项互联网平台反垄断相关法案，旨在促进互联网行业有序竞争，并推动美国成为全球数字经济领域规则制定的领导者。2021 年 10 月 14 日，美国提出《创新与选择在线法案》，主要包括三个方面内容：一是禁止自我优待，二是禁止损害竞争，三是强化执法权力，拟立法禁止占据市场主导地位的科技公司自我优待行为，此举也将对 Apple、Amazon 等互联网平台巨头的商业模式产生深远影响。2021 年 10 月 25 日，美国 12 个州的总检察长在针对 Google 的反垄断诉讼中声称，Google 与 Facebook 合谋破坏 Apple 为其用户提供的隐私机制，破坏 Apple 为用户提供隐私保护功能的努力。修

---

① 张志安,李辉.互联网平台反垄断的全球比较及其中国治理路径[J].新闻与写作,2021(2):82—88.

改后的起诉书写道:"这两家公司一直合作,在 Apple 设备和 Safari 浏览器中加强 Facebook 识别 Cookie 被屏蔽用户的能力,从而绕开了一家大型科技公司向用户提供更强大的隐私保护的努力。"2022 年 8 月,美国参议院多数党领袖计划将《创新与选择在线法案》付诸表决。该法案规制的主要对象是大型科技公司,同时该法案将允许联邦反垄断机关对 Amazon、Google 等"主导平台"实施的自我优待行为作出处罚,旨在禁止大型科技公司滥用市场地位损害竞争和创新动力,对于保护中小企业、保障消费者的公平选择权、恢复被扭曲的数字市场竞争等方面具有重要意义。与欧盟《数字市场法》不同,美国的《创新与选择在线法案》在规范方式上更重视事后处罚。2022 年 9 月 8 日,美国拜登政府召开专家会议,就市场竞争、隐私、青少年精神健康、算法透明和公正进行讨论,并推出六项准则,呼吁科技巨头改革和美国国会立法监管。白宫发布的六项准则为:促进科技领域竞争;在联邦层面强有力地保护美国人的隐私;更强地保障少年儿童的线上隐私和安全;让科技巨头对平台上的有害内容负责;增加平台算法和内容审核决策的透明度;停止歧视性的算法决策。

3. 从制度创新、立法创新的角度

美国现行的隐私法是由侵权法发展起来的,只有当法院认定行为已造成损害后果和存在过错,并超过了其他公共政策考量,隐私权才受到保护。美国则更加注重自由表达的权利。当企业自由创新与个人权利保护存在冲突时,美国会在做好平衡的基础上偏向于企业自由创新。美国最担忧的是互联网平台企业垄断对美国民主政治体制所带来的基础性的破坏,尤其是最近两次美国大选已然产生很大影响,各种虚假新闻横行。

2008 年国际金融危机后,英美开始部分做出调整。英国修订了上市企业的《公司治理准则》,要求作为利害相关方在经营中纳入员工的声音。修订版自 2019 年 1 月开始适用。

美国的《网络安全国家行动计划》提出设立"联邦首席信息安全官",主要负责联邦网络与个人数据安全战略和政策的制定,并依法对相关工作进行监督。美国奉行新自由主义,采取放任自流、不干涉的方式保护大数据的隐私。美国的数据保护体系相对碎片化，缺乏覆盖所有经济领域和商业数据处理的全面的数据保护法律。数据保护法律分散在不同行业的法律中。

不同于中国或欧盟，美国联邦层面尚未通过针对私营部门个人信息保护的综合性立法。美国私营部门隐私保护成文法错综复杂，但从框架上可以分为一般性的消费者保护以及具体领域或具体场景的保护。考虑到互联网服务不再具有强烈的地域性色彩，已有的各州法律在管辖范围上可能存在重叠和冲突，联邦法与州法之间的关系显得更为复杂。美国私营部门隐私保护成文法的现状错综复杂，对于个人信息主体而言，如何对数据处理活动建立起"合理的隐私期待"；对于美国本土公司或是在美国经营业务的跨国公司而言，如何保证在隐私保护法上的合规水平；对于执法机构而言，如何处理管辖权冲突和监管独立性矛盾，都是棘手的问题。为此，在过去几年中，许多国会议员、政府工作人员、研究机构专家等专业人士大力提倡美国出台联邦层面统一的综合性隐私保护法。近年来，随着越来越多的国家通过综合性个人信息保护法，加上欧美隐私盾协议效力被否定，以及新冠肺炎疫情导致的线上活动的进一步发展，美国社会对于出台综合性隐私保护法的意愿更加强烈。例如，2021年8月，美国布鲁金斯学会发表文章《Schrems II 案的一年后，世界仍在等待美国隐私立法》，认为2021年美国在综合性隐私保护立法事项上取得的进展非常有限。① 2021年10月，Internet Accountability Project 的创始人兼总裁 Mike Davis 发表观点认为，美国的数据隐私保护法由"针对特定行业的过时法律拼凑而成"，数量太多以至于"不能指望普通人了解法律的细节"，影响到消费者理解、保护和行使权利。② 2022年1月，信息技术和创新基金会相关研究指出，在不存在联邦隐私法的情况下，越来越多的州法

---

① https://www.brookings.edu/blog/techtank/2021/08/16/one-year-after-schrems-ii-the-world-is-still-waiting-for-u-s-privacy-legislation/.

② https://rollcall.com/2021/10/14/us-must-catch-up-with-rest-of-the-world-on-data-privacy/.

律拼凑起来，给企业带来了多重、重复的合规要求，提高了企业的合规成本。50余项法律的州外成本(the out-of-state costs)预计每年将超过1 000亿美元，其中，小企业至少承担了200亿美元的合规成本，而这些成本最终会转嫁给消费者。①

(三)其他有代表性的国家和地区

1. 英国

2001年7月，《金融时报》宣布推出四种指数，用以反映公司实践的伦理水准。伦理股指出现。其中一种指数涉及在英国经营的公司，一种涉及在欧洲经营的公司，第三种与美国的公司有关，第四种涉及在全球经营的公司。在英国经营的公司指数于2001年7月最先"诞生"。

2019年，英国发布更新的《数字服务标准》。新的标准核心指向为应"确保每个人都可以使用服务"，有四层含义：一是提倡普惠性，保证残疾人以及数字技能缺失的人不被边缘化，不被数字化所排斥，作为数字时代的公共服务平台应首先示范如何消除数字鸿沟；二是确保数字政务服务内容本身在模式、体验、流程等层面符合用户使用习惯；三是确保用户自身具备使用该服务的能力与信心；四是需要依靠政府推动社会数字素养的提升。②

2021年2月，英国最高法院裁定，Uber应该将其平台的司机视为雇员，而非自雇者。这意味着，数千名Uber司机将享受最低工资保障、带薪休假和休息时间。

2021年7月6日，英国数字、文化、媒体和体育部发布了《数字监管：推动增长和开启创新》政策文件。英国数字监管的三大关键目标是促进竞争与创新、保障英国网络安全、促进繁荣的民主社会。英国政府提出数字监管目标体现出以下特征：一是致力于构建健康有序的市场环境；二是促进不同规模公司的协同共赢；三是满足民众的基本权利和自由。在满

---

① https://itif.org/publications/2022/01/24/looming-cost-patchwork-state-privacy-laws.
② 唐鹏.中英两国数字政务发展的共识与差异辨析[J].新经济，2023(2)：42—46.

足民众基本权利和自由方面,不仅注重民众获得公平对待的体验感、服务的选择权和数据隐私权,更强调维护民众言论自由和人权。

2. 日本

2017年7月,日本总务省情报通信研究所在《2017报告书——关于推动AI网络化国际议题的讨论》中提出《AI发展纲领》,提出伦理原则的内容是"开发者应当尊重人性尊严与个人自主,在开发与人类脑部或身体相连的AI系统时,应注意有关生命伦理的争议,并予以特别慎重的考虑。开发者参照技术特性在可能的范围内应努力排除包含AI系统学习数据在内所形成的一切偏见和其他不当差别对待的措施。开发者应遵守国际人权法、国际人道法,随时注意AI系统是否有不符合人类价值的行为"。

2018年12月18日,日本经济产业省、公平交易委员会、总务省在"关于数码平台交易的环境整备研讨会的中间论点整理"的基础上发布了"对应平台型商务兴起的规则整备的基本原则",明确平台为社会经济提供不可或缺的基盘;平台竞争者利用算法等方式分析造成市场更易被操纵、更加不透明,因此需要同时考虑平台对线下竞争者的影响,确保经营者与网络平台经营者之间关系透明与公平。

日本人工智能学会的《伦理准则》(The Japanese Society for Artificial Intelligence Ethical Guidelines)对其会员进行了相关规范,规定日本人工智能学会会员不得以伤害他人为目的使用人工智能,在设计、研发和使用AI过程中应当尊重个人隐私,避免歧视,消除人工智能对人类安全的威胁,尽最大努力保证其研发的人工智能可为人类公平使用。

3. 新加坡

2018年11月,新加坡金融管理局发布亚洲首个人工智能监管模式框架《促进FEAT原则在新加坡金融行业人工智能与数据分析方面的应用》[Principles to Promote Fairness, Ethics, Accountability and Transparency(FEAT)in the Use of Artificial Intelligence and Data Analytics in Singapore's Financial Sector],提出了确保在金融领域使用人工智能和数据分析的FEAT原则:公平性(fairness)、道德规范(ethics)、可问责

性(accountability)和透明度(transparency)。

2022年6月,新加坡通讯及新闻部针对社交媒体拟议制定两项安全准则(即互联网行为准则和社交媒体内容监管准则),提议让资讯通信媒体发展局指示社交媒体公司撤下有害的网上内容,要求社交媒体公司必须制定有效的标准和机制,降低用户接触这些有害内容的概率。

综合以上,欧美发达国家在互联网平台企业的立法先行等方面取得了很多进展,如欧盟对用户的"被遗忘权",美国的"橡皮擦法案"。有的欧美机构和学者还提出部分业务运营应被视为公用事业,定义为符合公用事业规定的基础设施,其核心要义在于个人信息权利和隐私保护。立法先行也意味着互联网平台企业要做到合规与伦理规范并重。

二、科研机构和行业协会层面的塑造

随着互联网平台企业伦理缺失问题的凸显,互联网平台企业治理已成为多方主体的共同愿景。国外科研机构和行业协会也在积极推进行业监管、促进行业自律、维护用户权益等方面的工作。

(一)信息伦理方面

2013年12月,来自175个国家的11 000名代表参加了在日内瓦召开的信息社会世界峰会(WSIS)第一阶段会议。这次旨在为信息社会奠定基础的会议通过了《原则宣言》和《行动计划》,这两份文件都将伦理作为讨论主题之一。《原则宣言》旨在确保每个人都能从ICT带来的机遇中受益。《原则宣言》指出,处理好信息社会的伦理问题,是各利益相关方建设包容性信息社会的一项关键原则。宣言还指出信息社会应尊重和平,坚持自由、团结和责任共担等基本价值观,并强调伦理对信息社会的重要意义,呼吁各方为此采取适当的行动和预防措施。宣言还要求媒体负责任地使用和处理信息,遵守最高伦理标准。《行动计划》呼吁信息社会应遵守人们普遍接受的价值观,推动共同福祉,防止过于依赖信息通信技术,并要求各利益相关方提高对互联网使用中伦理问题的认识,鼓励他们继续对伦理问题进行研究。

2013年5月,"应用伦理学的全球伦理网络"发表论文《信息社会的伦理:9个P》(Ethics in the Information Society:The Nine'P's),分析了与互联网相关的伦理问题。文章提出信息、沟通和知识等领域的决定和行动应以价值观为基础,还呼吁相关国际组织专家进一步讨论信息社会伦理的原则。私营部门应主动将伦理引入信息社会。总而言之,未来的互联网治理应该建立在伦理价值观的基础之上。

2013年10月,里加全球信息社会伦理问题专家会议(Riga Global Meeting of Experts on the Ethical Aspects of Information Society)达成了《里加信息社会伦理纲要》(Riga Guidelines on Ethics in the Information Society),旨在鼓励对信息社会中的伦理挑战进行讨论,引起人们对ICT使用和开发中的道德问题的重视,要求各利益相关方支持和参与信息伦理的讨论。纲要还呼吁政策制定者考虑伦理原则,支持政策制定者在普世人权和道德原则基础之上制定伦理框架和决策工具。[1]

(二)人工智能伦理方面

随着越来越多的自动化设备出现在人们的日常生活中,这些设备的安全性、适应社会的道德规范和对其的信任度引起广泛关注。人类的角色、利益、不可替代性等成为绕不开的哲学命题。伦理决策、伦理选择中所采用的方法工具以及人机互动的关系及其伦理规则成为互联网平台企业、学术界等的研究重点之一。

科幻大师艾萨克·阿西莫夫的"机器人四大定律"可以说是最早的反思。[2] 近年来,Future of Life Institute、Open AI、Google、IEEE、Partnership on AI、ITU、哈佛大学等组织发起提出阿西洛马人工智能原则、OpenAI宪章、Google人工智能原则、道德准则设计、人工智能联盟信条、人工智能造福人类、人工智能伦理与治理基金,其政策涉及人类权利、隐

---

[1] 罗尔夫·韦伯.互联网环境中的伦理[J].信息安全与通信保密,2017(1):28-37.
[2] 第零定律:机器人必须保护人类的整体利益不受伤害;第一定律:机器人不得伤人,或任人受伤而袖手旁观;第二定律:除非违背第一定律,机器人必须服从人的命令;第三定律:除非违背第一及第二定律,机器人必须保护自己。

私、技术安全、公益性等方面。

日本人工智能学会伦理委员会 2016 年 6 月起草了面向研究人员的伦理纲要草案。草案提出了 AI 给人类社会带来危害的担忧,认为 AI 不应有损人类幸福,要在对人类和平与安全作出贡献等研究时应该尊重的十大项目。草案指出 AI 也可能带来新的贫富差距等不利行为,写明研究者必须尽全力促使人类能够平等利用 AI,并负有向社会解释 AI 局限性和问题点的责任。

2016 年 9 月 15 日,英国标准协会发布了一套机器人伦理指南,这套指南比阿西莫夫三定律更加复杂和成熟。该指南包括机器人欺骗人类、人类过度依赖机器人、机器人具有超越权限的自学能力等,这些都是制造商应纳入考量的危险因素,以协助开发者评估机器人的道德风险。指南一开头先列出机器人伦理的大原则,包括机器人的设计目的并非杀死或伤害人类、人类为负责任的主体而非机器人,以及须规定谁应为机器人的行为负责。该指南也讨论部分更具争议性的主题,例如,人类能否对机器人产生感情,尤其是专门设计与小孩和老人互动的机器人。

阿西洛马人工智能原则是著名的阿西莫夫的机器人三大法则的扩展版本。2017 年 1 月推出的"阿西洛马人工智能原则"(Asilomar AI Principles)提出了 23 条原则中涉及伦理价值,包括:安全性、故障透明性、司法透明性、责任、价值归属、人类价值观、个人隐私、自由和隐私、分享利益、共同繁荣、人类控制、非破坏、避免人工智能军备竞赛。[①]

欧盟人工智能高级专家组(2019)发布《可信任人工智能的伦理指南》(Ethics Guidelines for Trustworthy AI),提出了尊重人类自主性、预防伤害、公正性、可解释性这四个价值旨归。

(三)技术伦理方面

电气电子工程师学会(IEEE)认为,合乎伦理地设计、开发和应用技

---

① 阿西洛马人工智能原则——马斯克、戴米斯·哈萨比斯等确认的 23 个原则,将使 AI 更安全和道德[J]. 智能机器人,2017(1):20—21.

术应遵循以下一般原则：不侵犯国际公认的人权；在设计和使用中优先考虑人类福祉；设计者和操作者负责任且可问责；以透明的方式运行；将滥用的风险降到最低。

美国计算机协会（ACM）伦理与专业行为规范包含 24 条律令，其中 16 条为伦理行为提供指引，包括一般道德律令和更为具体的专业责任两个层面。一般道德律令包括为社会和人类福祉做出贡献，避免伤害他人，行为诚实而值得信任，公平而无歧视的行动，尊重财产权，包括著作权与专利权，赋予知识产权以信用，尊重他人隐私，保守机密；更为具体的专业责任包括追求专业工作过程及产品的最高质量和效率，获得并保持专业胜任性，知悉并尊重与专业工作相关的现行法律，接受并提供适当的专业评论，为计算机系统及其影响做出广泛而透彻的评价，包括对可能风险的分析，尊重合同、协议以及指定责任，改善公众对于计算机及其后果的理解，仅在得到授权时接触计算与通信资源。①

2021 年 9 月 24 日，英国伦敦颁布《新兴技术宪章》(Emerging Technology Charter，以下简称《宪章》)，旨在规范城市公共部门对人工智能等数字技术的道德与规范使用。《宪章》明确了公共部门、系统供应商和技术专家在采用无人驾驶、面部识别、无人机、网络传感器、服务机器人、虚拟现实以及自动化算法决策等技术和数据时需要遵守的道德规范。此举为全体伦敦市民提供了一个清晰、透明的新兴技术监管框架，以使更多人从技术创新中获益。

（四）内容治理方面

平台内容的违规、不当与平台企业的责任缺位密不可分。互联网平台企业连接成千上万的用户和经营者，这些用户和经营者可能既是消费者，也可能是产生者、传播者，一旦内容失控，影响就会无限放大。因此，平台责任伦理规范就很重要。无论是 Facebook 和 Twitter 等大型互联网平台企业，还是 4Chan 和 Gab 等小型互联网平台，都一定程度上充斥

---

① ACM 理事会所采用，https://www.acm.org/code-of-ethics。

着仇恨言论、虚假信息、恐怖主义、阴谋论等不当内容。这些内容让社交媒体承受着比以往更大的治理压力和监管压力。

2018年5月7日,在华盛顿特区举行的第二届内容管制大会(Content Moderation at Scale Conference),提出了三点原则,以此作为互联网公司在进行内容管制时应初步考虑的事项,被称为"圣克拉拉原则"。《圣克拉拉内容审核透明度和问责制原则》由一小群组织、学者和倡导者于2018年创造,基于三项原则:(1)公司应公布因违反其内容指导原则而被删除的帖子和永久或暂时被停用的账户的数量。(2)公司应该向每一个内容被删除或账户被暂停的用户提供关于删除或暂停原因的通知。(3)公司应该为任何内容被删除或账户被暂停者提供及时且充足的机会(meaningful opportunity),以便他们申诉。[①] 2019年,大多数主要平台都认可了《圣克拉拉内容审核透明度和问责制原则》(Santa Clara Principles on Transparency and Accountability in Content Moderation),但只有Reddit平台坚持这一原则。平台也应坚持其现有的承诺,负责任地做出决策。最重要的是,他们应该确保他们对言论所做的决定符合全球人权标准,而不是随意制定规则。

许多互联网治理的宣言、纲要和框架都讨论了伦理这一主题,但是处理的方式却各有不同。从本质上看,伦理的重要意义并未得到充分反映。例如,公正、公平、参与、可持续性等基本价值没有得到足够重视。责任的重要作用也被低估。总而言之,关于伦理的论述不少,但是质量一般。互联网治理仍缺乏较为权威的伦理标准,因此,有必要对现有数字经济各类相关伦理标准进行更为深入系统的评估。

三、互联网平台企业探索层面

21世纪,商业伦理面临许多新问题,个人数据隐私保护等问题成为互联网平台企业的伦理通病,尤其是2016年美国大选暴露出来的诸多问

[①] 谢新洲,宋琢.三角力量与公私对列:美国社交平台内容治理研究[J].信息资源管理学报,2022,12(1):67—79.

题,让美国社会开始关注互联网平台企业在舆论形成方面的影响力。

社会舆论的压力与监管环境的变化,使得美国互联网平台巨头纷纷反思隐私问题,重构伦理规范。随着无人驾驶器具、机器人、致命性自主武器等不断涌现以及生成式人工智能成为主流,如何规避人工智能以及人工智能发展带来的隐患,更好地利用人工智能技术造福人类,也成为互联网平台企业伦理构建的着力点。

2016年9月,Amazon、Google、Facebook、IBM和Microsoft五大科技巨头联合成立人工智能合作组织(Partnership on AI),并拟定了三大目标和四大使命,涉及的领域包括伦理、公平和包容性;透明性、隐私性和共同使用性;人和AI系统之间的合作;以及相关技术的可靠性与鲁棒性。

2019年,多个国家政要与Facebook、Microsoft等8家社交媒体平台及科技公司的代表共同签署《克赖斯特彻奇倡议》,主要针对恐怖主义,倡议加强协调合作,更有力更及时地对网络内容的涉恐问题进行干预,以有效遏制暴力极端主义在互联网上传播。

Microsoft致力于以人为本地推动AI技术发展,在AI伦理方面提出公平、安全可靠、隐私保障、包容、透明、负责六大原则。

Google从积极方面和消极方面规定了人工智能设计、使用的原则,将其作为公司和未来AI发展的基础。该原则以"道德宪章"的地位,指导公司的AI研究以及AI产品的开发和使用。同时,Google也承诺,愿意随着时间的推移而及时调整这些原则。具体来说,这些原则包括:积极方面,人工智能的使用应该有利于增进社会福祉,避免制造或强化歧视、偏见,以安全为目的的创新,对公众负责,纳入隐私设计原则,坚持科学卓越的高标准。消极方面,公司不会在以下应用领域设计或部署AI:造成或可能造成危害的技术;对人造成伤害的武器或其他技术;违反了国际公认规范,收集或使用信息用于监视的技术;违反广泛接受的国际法和人权原则的技术。埃里克·施密特、乔纳森·罗森伯格、艾伦·伊格尔(Eric Schmidt、Jonathan Rosenberg、Alan Eagle,2015)在对Google的研究中提到,"不作恶"这句广为流传的Google口号其实并不是字面上那么简单。没错，这句话的确真诚表达了 Google 员工感同身受的企业价值观与目标。但除此之外，"不作恶"这句话也是给员工授权的一种方式。在做出决策时，Google 的员工经常会以自己的道德指针作为衡量标准。①

IBM 针对 AI 伦理问题提出了三大原则、五大支柱。三大原则分别是：人工智能的目的是增强人类的智慧；数据和观点都属于它们的创造者；技术必须是透明和可解释的。五大支柱分别是：公平性、可解释性、鲁棒性、透明性、隐私性。

Apple 公司致力于赋能于人的宗旨，不断地创新设计、生产、制造人们满意的产品。对于 Apple 公司的价值观，首席执行官蒂姆·D. 库克（Timothy D. Cook）曾经这么讲过："我们相信，通过拒绝成千上万的项目，我们可以真正专注于少数对我们真正重要和有意义的项目。我们相信团队之间的深度协作和沟通，这使我们能够以独特的方式进行创新。坦率地说，我们公司的每个团队都拒绝接受不合格的产品；我们诚实地承认我们的错误并勇于改正错误。我认为无论谁接手，这些价值观都在公司中根深蒂固，Apple 将继续做得非常好。"②

四、国际组织和企业社会责任相关层面的影响

历经近百年的发展与演变，企业社会责任理念得以在全球各地传播和实践，与此同时也推动了企业社会责任相关标准的不断完善。最有影响的是社会责任国际推动的 SA8000 以及国际标准化组织推动的 ISO26000，前者主要侧重对劳动者权利的保障，后者则关注组织管理、人权、劳工实践、环境、公平运营、消费者权益、社区参与和发展等更广泛的领域。联合国在其中也发挥了重要作用。2000 年，联合国启动"全球契约"计划，号召企业遵守在人权、劳工标准、环境及反腐败方面的十项基本

---

① [美]埃里克·施密特，[美]乔纳森·罗森伯格，[美]艾伦·伊格尔. 重新定义公司：Google 是如何运营的[M]. 靳婷婷，译. 北京：中信出版社，2015：42.

② [美]卢克·多梅尔. 叛逆精神：乔布斯与苹果企业文化[M]. 李永学，译. 杭州：浙江人民出版社，2018：386.

原则。2011年,联合国人权理事会核准了"工商业和人权指导原则",这成为指导跨国公司遵守人权保障义务的国际"软法"。目前,联合国人权理事会正在就制定《工商业与人权国际公约》进行磋商,该公约重大的意义是将推动履行社会责任成为跨国公司的国际法义务。

1980年的《经济合作与发展组织(OECD)关于隐私保护和个人数据跨境流动的指导原则》详细列举了收集限制原则、数据质量原则、列明目的原则、使用限制原则、安全保护原则、公开原则、个人参与原则、责任原则八项原则。

在信息时代、数字时代,互联网平台企业已成为驱动经济社会发展的主要微观组织,也理所当然地成为企业社会责任全新的实践组织载体。2012年9月14日发布的《联合国教科文组织和信息社会的伦理维度》(UNESCO and the Ethical Dimensions of the Information Society)阐述了该组织在制定道德视角、推动信息社会发展中的关键作用。除此之外,2011年4月18日通过的《联合国教科文组织对互联网的反思与分析》(Reflection and Analysis by UNESCO on the Internet)也指出伦理标准至关重要。

2019年6月10日,联合国数字合作高级别小组发布《相互依存的数字时代》工作报告,从建立包容的数字经济和社会,促进人类和机构能力建设,保护人权和人类自主性,建立数字互信、安全和稳定,以及升级全球数字合作机制五个方面,为促进全球数字合作提出11条建议。

2021年11月25日,联合国教科文组织正式推出《人工智能伦理问题建议书》。它包含以行动为导向的政策相关章节,涉及数据管理、教育、文化、劳工、医疗保健、经济等多个领域,将应对与透明度、问责制和隐私相关的问题,从而确保数字转型能够促进人权,并推动实现可持续发展目标,同时赋予各国在相应层面应用该框架的责任。

ESG是英文Environmental(环境)、Social(社会)和Governance(公司治理)的缩写,是一种关注企业环境、社会、治理绩效而非财务绩效的投资理念和企业评价标准。对企业而言,卓越的ESG评级代表市场认同企业于社会责任方面的投入和表现,有效帮助企业建立良好的品牌形象。企业的ESG评级已成为当前国际投资机构投资决策考虑的重要考量因素。作为一种可持续发展的价值观,ESG为企业提供了更好应对一系列全球性风险和挑战的行动框架,也越来越成为全球范围内衡量一家好公司的重要标准。互联网平台企业积极践行ESG,探寻可持续发展之路。

综上得出,无论是企业社会责任标准,还是国际组织相关伦理规范都认为伦理、伦理标准重要;对人的关注,将个人隐私与数据并列,使用数据的目的在于更好地生活,保护人权和人类自主性,希望企业通过履行各种不同的社会责任来保障公民各项经济、社会和文化权利的实现;全球契约与企业社会责任、ESG等关联紧密,ESG成为后工业化时代企业发展的重要框架,对于资本向善提出更高要求。

西方发达国家基于自身经济的先发优势,不仅希望推动将履行社会责任纳入各个地区的贸易协定,也希望其他国家和地区通过完善国内立法,规定企业更多履行社会责任的明确义务,貌似合理实则以期进一步保持对发展中国家的相对优势。近年来,我国积极参与到企业社会责任的国际治理中,在互联网平台企业社会责任建设与发展方面更加彰显,平台企业也逐渐承担起应负的社会责任,为我国平台经济治理和平台企业良性生态的构建提供有力支撑,具体体现为社会责任的理念、制度、文化等纳入企业价值体系,企业每年发布相应的社会责任报告,互联网平台行业社会责任标准出台、编制指南、报告评级等,社会责任专业评价的反馈与回应等。从履职实践情况来看,我国互联网平台企业社会责任实践水平仍然较低,与其体量和服务用户规模相比,呈现明显的不相适应状态,不仅出现责任缺失与寻租等异化行为,还体现在相关制度供给不足、相关治理效能落后、意识能力与社会期望存在差距等方面。

第三节 小 结

无论中国还是国外,近年来互联网平台企业伦理方面展开了不同维度的研究，比如人工智能伦理原则、数据伦理原则、算法伦理原则等。许多互联网治理的宣言、纲要和框架都讨论了伦理规范这一主题，但是处理的方式却各有不同。

从数字市场以及互联网平台企业角度而言，目前全世界主要集中在美国、欧盟和中国三个成熟市场消费力的大数字市场。在对伦理失范问题检视的基础上，前述章节对中外互联网平台企业伦理规范构建情况进行了系统的梳理。通过前述章节的分析论述，美国、欧盟和中国三大经济体对于互联网平台企业伦理规范构建这一议题的共性与差异如下：

一、共性方面

在互联网平台企业兴起之初，无论是美国、欧盟还是中国，三大经济体均是将互联网平台作为首要经济因素、经济责任，乐见其成甚至大力推动其作为新兴产业、支柱产业。数字经济不仅正推动生产方式、生活方式和治理方式深刻变革，而且还成为推动经济高质量发展的重要动力，成为重组全球要素资源、重塑全球经济结构、改变全球竞争格局的关键力量。随着涉及的资源越多，这种外部权力在大数据和算法的加持下也会更大，能够影响很多人的生计，涉及社会、政治、文化的传统权力领域，与这些领域产生张力和摩擦。过度的利益追求与相关法律法规缺失，经济利益与社会利益之间的紧张对立，使得互联网平台企业伦理失范问题屡屡出现。三大经济体对互联网平台企业的期望更高，各种责任要求也更高，其伦理责任更为社会所关注和希望，这也是互联网平台企业伦理需要平衡和关注的地方。

近年来，在监管日益凸显的情况下，政府监管的传导效应显著，三大经济体尤其重视政策法规的塑造作用。从监管理念来看，对互联网巨头的监管没有采取"一刀切"的做法，而是体现出一种追求监管与市场化平衡的思想，这也是三大经济体所追求的目标，既重视司法的规范和监督作用，同时又提出了针对互联网平台的创新性竞争政策，试图打造一个公平、竞争的市场环境。而这些政策法规对于进一步推进互联网平台企业伦理准则的实施、加强互联网平台企业切实履行相关法律责任、改善利益相关方之间的商业道德行为、构建互联网平台企业伦理规范起到重要的营商环境塑造作用。互联网平台企业纷纷将法律责任视为必要的、具有硬约束力的责任来看待。从全球范围的实践来看，互联网平台企业治理既存在共性的伦理问题，也存在与区域、文化等相关联的个性伦理问题。这些问题的背后是过于依赖政府的监管与主导，寄希望于政策法规的同时可能淡化互联网平台企业自我规制的作用，也普遍忽视了互联网平台企业内生的伦理。

二、差异方面

三大经济体在发展沿革、商业逻辑、社会制度、意识形态、历史文化、宗教信仰、消费习惯等方面存在很大差异，因此围绕形成的互联网平台企业伦理规范也存在明显差异，侧重点清晰可见，更多的是在顺应本国本区域的社会、历史、文化和法律传统的前提下进行伦理规范构建。

（一）美国

源于国防战略需求的基础和投入，再加上充沛的资本、人才与技术储备，美国率先在数字经济领域构建起占主导地位的市场份额以及相应的行业标准、产业联盟，美国互联网平台企业也在全球市场攻城略地，依仗其强势地位支持全球范围内的数字规则制定、数据跨境自由流动等。其中不容忽视的一点是，西方资本主义意识形态在全球范围内的强势话语体系，极大地配合了美国互联网资本的全球扩张，让他们得以打着政治正确的旗号，突破国家、民族、文化既有的界限，进而占领绝大部分市场。美国互联网平台企业以及背后的资本和利益集团，与美国霸权主义高度捆绑，且也受益于此，因此其伦理规范的基础也来源于此。

近年来，美国两党在互联网平台加强监管和反垄断问题上，都认为要加强对互联网平台的监管，并基于规范数据的商业化利用角度，通过立法与互联网平台企业之间进行博弈。互联网平台企业倾向于一个放松规制的、自由而开放的（移动）互联网，其自我规制更多基于遵循行业准则。与欧盟有一点不同的是,欧盟内部对于内容监管存在较大共识,但美国两党并没有。在反垄断问题上,美国采取的反垄断行动是一种相对内容审核和内容监管的替代方案。

(二)欧盟

欧盟与中国的经济体量相似,但中小企业占据市场主体地位,市场呈现分散、割裂、碎片化,造成这个市场虽然经济发展和人口的平均收入很高,但是与美国和中国相比,数字经济发展指数不高,头部企业数量较少,特别是缺少 Amazon、Alphabet、阿里巴巴、腾讯这样的超级数字平台,在技术研发、商业模式、用户服务等领域均缺乏竞争优势。

欧盟本着自身产业保护与通过立法保护"数字安全","数字主权"意识不断觉醒。数据保护权在欧洲各国的宪法及人权文献中都有涉及,欧盟各成员国相对保守的历史传统及法律环境催生了欧盟范围内的统一立法。为维护市场竞争秩序和消费者的利益,欧盟针对互联网平台企业垄断,立法主要聚焦于个人数据,制定较为体系化的规则。欧盟一系列严格限制互联网平台企业收集、使用用户个人数据的立法规则,初衷在于保护基本人权,虽较好保护了个人权益,但有研究显示,较为松散的组织框架无法为本土互联网平台企业提供强有力的支撑,甚至缺乏相应的市场保护和竞争缓冲设计。欧盟严苛的数据保护制度限制了数字广告业务的发展,不利于数据合法流转、交易,给企业带来相当大的额外成本,进而阻碍数据商业价值的挖掘,从而过早限制了欧盟境内互联网平台企业和数字经济的发展,使其无法在本土迅速地完成资本积累,既无法走出欧洲,又无法与后期在欧盟开展业务的美国对手展开正面竞争。本土互联网平台企业的竞争力与美国公司的差距越来越大,这与欧盟作为数字经济重要市场的地位形成强烈反差。

欧盟的数字市场基本上已被美国数字巨头 Amazon、Facebook、Apple 等美国数字巨头所垄断,它们对欧洲互联网市场有着深不可测的掌控力,已经成为欧洲互联网市场不可或缺的一部分。如果放任不管,则将会对欧盟消费者造成更严重的不利影响,对数字经济的控制权逐渐弱化,在一定程度上将影响数字经济健康发展。因此,感受到"切肤之痛"的欧盟对美国数字巨头的态度从口头谴责升级到实质行动,加速立法,严格监管。为了全面提升在数字经济领域的竞争力、维护自身的"数字主权",欧盟近年来打出一系列"组合拳",强调以"个案执法""事后规制"的反垄断监管和执法模式在一定程度上已经难以适应数字市场快速发展的需要。现实的市场情况是,尽管欧盟委员会对大型数字巨头排除、限制市场竞争的行为给予了事后处罚,然而由于数字领域案件的复杂性和证据查找困难,欧盟委员会依法实施的反垄断调查时间一般都比较长,这使得违法行为对相关市场的损害难以估计,且市场结构也难以恢复到排除、限制竞争行为发生之前的状态。

因此,欧盟开始积极寻求加强立法,通过实施积极的事前规则来保障不同数字平台发展的平等机会,消除监管者和受监管对象间的信息不对称,解决两者间的数字鸿沟,以维护市场公平竞争并不断强化欧盟单一市场战略。其中影响最为广泛的是 GDPR,全球较多国家和地区以其附属文件为蓝本,制定或修订了自身的数据保护规则;在 AI 监管立法方面,欧盟正在加速,以期抢占 AI 伦理规范制定话语权,弥补技术领域的相对"短板"。这一举动无形之中会带动其他国家或地区的"立法"加速。

(三)中国

中国是世界上用户规模最大的单一市场,这一点对于基于"网络效应"的互联网经济至关重要。中美两国均是从适度宽松、相对包容到审慎监管甚至严格监管,中国的互联网产业理念源于美国,在最初阶段属于跟随者,相关政策参考美国,资本来源于美国,企业模式和企业文化等也大多学习美国。20 世纪 90 年代末期开始,中国互联网产业迎来井喷式发展。国际巨头的发展示范、宽松的市场准入、新兴产业的有力扶持、居民收入的增加、国内大市场的形成最终促成中国在较短时间内形成了电子商务、在线支付、大数据、物联网、人工智能、云计算、区块链等数字技术的国际竞争力,成为全球唯一可与美国在数字经济领域相抗衡的国家。①但也必须清醒地看到,中国在数字技术的基础创新、核心算法、大模型等方面与美国依然有明显差距。

中国市场经济起步较晚,现代企业也是如此,相应的经济伦理构建比较薄弱。中国互联网平台企业伦理规范初期是拿来主义,现在是实用主义,明显缺少前瞻性和系统性,没有将马克思主义理论、中华优秀传统文化等有机融为一体,无法有效支撑高水平的数字规则构建。从近年发布的系列法规和指引来看,这次平台监管是全方位的,劳动保障、数据安全、隐私保护都在列,而且还要"强化反垄断和防止资本无序扩张"。与美国不同,中国平台监管主要依靠行政执法,可以说是驯化的平台监管路径,留给平台博弈的空间其实很少,这个路径的好处是效率高,见效快,不必迁延数年,行业气象在短期内就能实现监管预期;坏处是容易导致市场对政策的预期不稳,也容易线性外推,让消化负面信息的能力受到影响,市场容易陷入疲软状态。中国重集体轻个人的传统致使个人隐私的保护意识较弱,相关隐私问题更多诉诸道德层面而非法律层面,这也使得中国隐私权和个人信息保护相关法律建设起步较晚,缺乏相应的隐私保护积淀。但随着个人主体意识的增强和隐私权保护观念的普及,在借鉴发达国家先行立法的基础上,隐私观、隐私权、隐私保护政策、隐私保护文化等逐渐形成和确定,相关适用规则在司法领域中不断丰富和完善。

强化数字平台治理、监管数字平台行为已是当前世界趋势。三大经济体之间不仅在数字经济领域存在着竞争,在数字经济治理规则方面所展开的博弈也日益凸显。针对大型跨国互联网平台企业进行监管,不仅是各国数字经济和数字战略的一部分,也是国家之间、三大经济体之间争夺国际网络空间治理话语权的重要策略。在互联网平台企业治理方面,我国应该进行系统性和前瞻性的谋划,立足当前和国内的同时,适当超前布局,抢占国际数字经济和网络空间治理的影响力、话语权与规则制

---

① 朱兆一,陈欣.美国"数字霸权"语境下的中美欧"数字博弈"分析[J].国际论坛,2022,24(3):55—71+156—157.

定权。

  目前,三大经济体中互联网平台企业围绕经济(市场主体)、技术、环境、社会四大维度构建伦理规范的较少,分领域、自发式、零散的伦理实践和伦理探索较多,未构建成有效系统,较少以互联网平台企业为主体。近年来,互联网平台企业和其创始人已开始意识到,互联网平台企业的不受约束和无序竞争,不仅损害行业和企业自身,也必然会遇到更为严厉的政府监管和社会大众的反弹。最好的应对措施就是,不再仅仅囿于商业角度、功利目标、利益导向,而是主动地把人的维度、社会的维度纳入互联网平台企业发展的考量之中,承担更多的商业之外的社会责任。

第四章 中国互联网平台企业伦理关系及规范的应然内容

存在即联系,包括企业在内的任何组织都难以脱离社会而单独存在。作为经济人、道德人、社会人的统一体,企业不仅承担着生存发展的内在压力,同样也承担着社会责任的义务。新时代中国互联网平台企业更是如此,这也是中国互联网平台企业伦理规范的应然内容。在上一章对中外互联网平台企业伦理规范构建现状审视的基础上,本章基于互联网平台企业主体性视角从微观构建其伦理规范的基础。

互联网平台企业前期大多从某个核心业务起家,之后抓住移动互联网市场初创形成的巨大流量红利,迅速占领市场并围绕核心业务建立起生态系统。经过近年的飞速发展,中国头部互联网平台企业经过了从企业到平台企业再到平台生态系统的阶段。互联网特性之下,互联网平台企业具有一般企业所不具有的网络效应,业务边界日渐模糊,海量的信息、物资、人员、资金汇聚到一起,连接性、开放性等基础特性越发凸显。互联网平台企业以强有力的资源汇聚和整合,链接双边、多边市场的需求侧用户与供给侧用户,基于同边与跨边网络效应包络各类经济性与社会性主体,最终形成平台生态系统。在生态系统内,虽然作为独立实体和法人的各方参与者并不受制于核心企业的直接管辖,但头部互联网平台企业作为生态基石与领袖的核心企业,拥有着强大的数据技术创新能力和资源聚集能力,领导着庞大的平台生态系统,有足够的重复固定的交往互动并承诺遵守某种相关章程与约定的意图。

一、中外早期商业伦理已初步形成不同主体共同利益的意识

企业作为一个组织,实际上是由多个利益相关者组成的契约共同体。企业的利益相关群体,必须共同维护"企业的存在价值和意义",建构并形成具有信任基础的共同体,共同维护企业的伦理规范,古今中外的企业概莫如此。中外早期商业伦理均认识到伦理规范能够帮助商家树立良好的口碑,处理好与有关主体之间的关系,对于商家获益事半功倍。

中国商业伦理实践积累了丰富的伦理遗产,传统经济伦理蕴含着诸多有利于不同利益群体协调和企业发展的价值元素,公平交易、诚信从商、重视信誉、秉持义利合一的价值观和财富观以及对社会利益和国家利益的高度关注。这些优秀的商业伦理值得挖掘和弘扬,并与现代企业社会责任的理念相互借鉴和融合。各类商书也不忘告诫商人们要以儒家思想中的传统伦理道德与传统文化素养来规范经营行为。比如面向消费者:《礼记·王制》云"布帛精粗不中数,幅广狭不中量,不粥于市",讲的是经营者必须对消费者负责,保证商品质量;宋儒周敦颐在《通书》中写道:"诚者,圣人之本""诚,五常之本,百行之源也";司马迁的"贪贾三之,廉贾五之"。古代商人的经营方针是"诚信为本""薄利多销",即通过树立"诚信无欺"的经营信誉赢得顾客,讲的也是经营者面对消费者的商业信誉问题。再比如经营团体内部伦理:管理者要有德行,员工要有德行,无德就是缺乏商业伦理的表现。白圭的"与用事僮仆同苦乐",就是对内和谐的实践表率。还比如在对待生意伙伴上诚信互济,明人沈思孝在《晋录》中曾写道:"平阳、泽、潞,富商大贾甲天下,非数十万不称富。"他们以品行相交,合伙经营,名称伙计。一人出资,众人伙而商之。虽不发誓但绝无私藏。此外,回顾中国企业的成长之路,历史上涌现出很多诚实守信、急公好义的儒商形象,他们在获得收益之后兴水利、办教育、建文庙、助军饷,开仓放粮,建桥修路,赈灾救民,在国家危难关头慷慨解囊,对乡里更是乐善好施,这也是中国自身固有的哲学传统和经济思想渊源。

西方经济伦理同样对于微观视角的研究和实践较多。在西方新自由

主义看来,企业的职责就是赚钱。长期以来,这种观点颇为流行,人们错误地认为企业作为经营性实体组织不应承担社会责任。现代企业社会责任理念的出现,颠覆了传统的企业假设,企业不再是"股东利润最大化"的主体,不再是一个一味追求经济效益的简单实体,不顾资源浪费等不利社会条件、环境污染和员工福祉。它不是作为一个理性的人存在,而是作为一个负责任的企业存在。于是,西方国家一一修改了公司法,加强了对公司行为的限制,迫使公司对社会上其他相关群体承担更多的法律责任。越来越多的企业也开始摆脱以往忽视员工、消费者、债权人等相关群体的做法,不再将股东利益作为单一目标,而是将利益相关者引入公司治理,以摆脱当下的束缚。与传统的股东至上主义相比,利益相关者理论突破了原有理论的狭隘观念,认为企业所追求的不应仅仅是股东个体的利益,而应该是利益相关者的整体利益,或许对于企业利润产生贡献存在差异,但任何企业的发展或壮大都离不开利益相关者集体参与。近几十年来,利益相关者理论在商业伦理、战略管理、金融、会计等多个学科和领域得到广泛应用。

二、积极寻求利益最大公约数是妥善处理利益相关者的关键

建立公平、合理的利益共享机制和集体参与的治理体系机制,让利益相关者能够获得良性收益、良好发展,共同创造价值,共享发展成果,利益共同体将进化为命运共同体。近年来,中国互联网平台企业也在积极探索。比如,百度秉承与各利益相关方共同发展的初衷(如表 4—1 所示),以"夯实移动基础"和"决胜 AI 时代"为战略方向,关注利益相关方的核心诉求,承诺在低碳运营、经济指标可持续、供应链管理、知识产权、科技创新、合规运营、数据隐私、信息安全、用户体验、人才培养、员工权益和社区参与方面积极探索,将 ESG 核心理念与标准全面融入企业管理工作,致力于用科技解决社会问题,发挥企业创新力量和价值驱动,为利益相关方以及全人类福祉贡献长期可持续的正向价值和综合价值。

表 4—1　　　　　　　　百度利益相关方沟通机制

利益相关方	沟通形式	期待与诉求
股东及投资者	• 股东大会 • 定期报告与公告 • 投资者的邮件及会议沟通	• 持续稳定的业务增长 • 合规运营 • 风险管理 • 产品服务与质量
用户	• 用户反馈渠道 • 产品调研反馈 • 公司网站及社交媒体互动	• 用户体检提升 • 信息安全 • 数据与隐私保护 • 内容规范性管理 • 产品质量保障
政府及监管机构	• 信息披露 • 合作项目 • 日常沟通与汇报 • 监督检查 • 来访接待	• 合规运营 • 信息安全 • 数据与隐私保护 • 内容规范性管理
员工	• 内部办公系统 • 内部沟通会 • 定期调研反馈 • 线上线下培训活动	• 员工权益保障 • 员工培训及发展 • 员工福利保障 • 职业病防护
供应商	• 邀标 • 项目采购 • 合同与协议 • 供应商管理大会 • 供应商业务沟通会 • 其他供应商交流活动	• 诚信经营 • 互利共赢 • 供应商赋能
合作伙伴/NGO	• 百度世界大会 • 百度 AI 开发者大会 • 百度云智峰会 • 百度联盟峰会 • 项目合作 • 技术交流 • 成果分享	• 技术创新 • 合作发展 • 产品质量保障 • 低碳运营 • 企业社会责任
媒体	• 新闻发布会 • 媒体专访 • 受邀参加百度举办的会议或活动 • 公司网站及社交媒体互动	• 信息公开透明 • 合规运营 • 信息安全 • 数据与隐私保护 • 内容规范性管理 • 企业社会责任

续表

利益相关方	沟通形式	期待与诉求
环境	・应用节能减排技术 ・开发绿色产品 ・用户低碳意识培训	・排放物管理 ・能源与资源节约 ・低碳运营
社区	・社区活动 ・公司网站及社交媒体互动	・开展公益项目 ・志愿者活动

资料来源：百度 2021 年环境、社会及管治（ESG）报告。

再比如，字节跳动把企业社会责任项目当作业务用心对待（如表 4-2 所示），注重拓展和创新与各利益相关方的沟通渠道，注重倾听和回应各利益相关方的差异化需求，包括用户、员工、创作者与伙伴、政府、媒体、社区与环境等，及时回应利益相关者的期待，展现自身作为信息平台的思维优势。

表 4-2　　　　　　　　　字节跳动利益相关方沟通机制

关键利益相关方	期待与诉求	沟通渠道	相关回应
用户	・用户体检提升 ・信息安全与隐私保护 ・内容规范性管理 ・用户沟通和信息反馈	・用户访谈与调研 ・用户体验调研 ・客户满意度调查 ・服务体验中心渠道 ・今日头条、抖音、西瓜视频等 App 用户热线服务、用户沟通服务	・持续提升平台内容质量，打造高价值内容生态 ・优化平台内容治理能力，定期开展未成年人保护等方面的专项治理 ・及时获取用户反馈，不断创新和完善产品体验，并落实用户防沉迷措施 ・长期采取严格的信息安全与隐私保护管理措施

续表

关键利益相关方	期待与诉求	沟通渠道	相关回应
员工	员工权益保障 • 员工培训及发展 • 员工福利保障 • 良好的工作环境和文化氛围	• Bytetalk 以及其他分享 • CEO all hands • 员工调研 • 内部值班号 • 通过 CSR oncall 回应内部员工提问 • 设立对外的员工公益沟通邮箱 employee.csr@bytedance.com • 不定期公益类的倡导和培训 • 公司内刊 • 设立违规举报平台，公示举报邮箱：clean@bytedance.com、ethics@bytedance.com	• 保障合规雇佣，保障员工平等与多元化 • 长期为员工提供培训项目，支持员工职业发展 • 长期关注员工身心健康，优化办公环境，提供年度体检、心理关怀等项目 • 通过员工活动日和各类主题活动，丰富员工的业余生活 • 完善员工对违反廉洁文化和职业道德的相关投诉机制，及时发现、查处各类违法违规行为
创作者与伙伴	• 技术支持 • 能力培训 • 创作引导与支持 • 原创保护 • 合作发展 • 遵守商业道德 • 行业沟通	• 平台创作者社区 • 平台创作者培训与服务 • 平台创作者调研、满意度调查 • 创作内容审核与治理 • 供应商招投标大会 • 供应商调研 • 学术交流、行业会议	• 进一步规范创作者行为，培养创作者能力 • 强化对创作者的创作内容的审核，对违规行为和内容进行治理 • 通过定期沟通让供应商了解公司发展状况，深化合作关系 • 致力于经营健康可持续的商业内容生态，为商业伙伴提供专业安全的服务 • 持续提升科研创新水平，推动技术开源和创新成果的应用

续表

关键利益相关方	期待与诉求	沟通渠道	相关回应
政府	·合规运营 ·信息安全 ·内容规范性管理 ·增进社会福祉	·设立公共事务部门 ·定期与相关部门沟通 ·相关论坛交流活动	·在信息安全与隐私保护、平台内容合规、未成年人保护等方面,严格遵循国家法律法规,及时响应最新监管要求 ·启动"字节乡村计划",进一步助推乡村发展 ·在抗疫救灾、环境保护、重点人群帮扶等方面发挥技术和平台优势
媒体	·信息公开、透明	·新闻发布会 ·媒体开放日 ·媒体访谈 ·组织会议或活动	·定期披露社会责任相关信息 ·及时回应外部关注
社区与环境	·开展公益项目 ·社区投资 ·志愿者活动 ·节能减排 ·绿色产品	·字节跳动公益平台 ·北京字节跳动公益基金会 ·社区公益活动 ·员工公益活动 ·环保宣传活动与项目	·持续关注青少年、老年人等重点群体 ·通过字节跳动公益平台推动公益产品数字化 ·长期开展"头条寻人"等品牌公益项目 ·发展"跳跳糖"员工志愿者队伍,倡导员工公益 ·积极组织灾害救助和困难群体帮扶等慈善活动 ·联合环保相关组织,倡导和践行环保理念 ·升级线上会议、上线"抖音自然"等绿色产品和项目

资料来源:2021北京字节跳动企业社会责任报告。

  互联网平台企业规模之巨大、影响力之广泛、结构嵌套之复杂,是传统企业所无法比拟的。互联网平台企业的利益相关方因为信息经济、互联网经济、数字经济等嬗变,内涵、外延、诉求、参与程度、权责等发生了明显的主体重构和边界重构,这与互联网平台企业的属性(承担部分公共产品属性)也有关系。权力变大,责任也更大。利益相关方不仅涉及个体利益、组织利益,还涉及公共利益,也就意味着共同参与。作为数字时代新的市场主体类型,互联网平台企业以及利益相关者已形成一个庞大的生态系统,也应成为一个深刻践行社会主义核心价值观的伦理圈。

综合字节跳动和百度等互联网平台企业的利益相关方沟通机制,基于联合国可持续发展目标(UN SDGs)、《GRI 可持续发展报告标准》《SASB 可持续发展会计准则委员会准则》,以及资本市场主流 ESG 评级指数,基于前期资料收集整理、文献研究汇总、政策整理归纳,结合利益相关者理论,本书确定了互联网平台企业伦理规范的关联者:用户、平台内经营者、从业人员(含员工、平台灵活就业人员)、股东及投资者、合作伙伴(广告商、服务提供商、供货商等第三方合作方)、竞争者、社会(社区、环境)、政府(监管)、世界。

根据关联紧密程度,互联网平台企业利益相关群体可分为四个圈层:

第一圈层:用户、平台内经营者、从业人员;

第二圈层:股东和投资者、合作伙伴、竞争者;

第三圈层:社会、政府;

第四圈层:世界。

四个圈层之间并非简单的亲疏关系,所对应的利益相关者对于互联网平台企业而言都很重要,或许在某种特定情况下第四圈层的某种因素可以成为决定互联网平台企业"生死存亡"的关键。

明确互联网平台企业与关联者的伦理关系与责任逻辑,成为伦理规范应然内容的重要依据之一。本章旨在通过背景、现实、期望三重分析逻辑(见图 4—1),结合上述四个圈层所对应的利益相关者,逐一分析中国互联网平台企业的伦理关系及规范的应然内容。

图 4—1　基于关联者的中国互联网平台企业伦理规范三重分析逻辑

第一节　互联网平台企业与第一圈层的伦理关系

一、互联网平台企业与用户的伦理关系

(一)背景:从消费者到产消者的转变

产消者是生产消费者的简称。未来学家阿尔文·托夫勒(Alvin Toffler)在《第三次浪潮》(1980)一书中合成消费者(consumer)和生产者(producer),创造了 prosumer 一词。他基于生产方式转变的视角,认为产消者是既生产又消费自己产品的人,是生产者与消费者的融合。产消者是指那些兼具生产功能的消费者,他们既通过参与生产服务活动来创造价值,又通过消费活动来享用价值,生产与消费相并列。数字经济的发展为产消者的生存发展壮大提供了丰厚的生存土壤,生产与消费互相渗透的数字产消活动甚至成为未来发展的主流。产消融合的本质,在于价值共创和互动融合,是基于传播来挖掘用户的价值。

技术革命带来了诸多商业模式的创新,其中,平台和共享经济商业模式的革命性尤为突出,显著提高了产品和服务交易的便利性,降低了相关交易成本,有效降低了消费者转向的需求。与产消者相关的营销问题成功推动了推荐营销模式的发展,导致全球产消者数量迅速增加。产消者强烈影响生产和消费分拆模式,着力改造世界,对全球经济和社会产生巨大而深远的影响,甚至在很多领域引发了生产和消费的范式转变。

在工业化时代,企业所对应的客户通常称之为消费者。生产者与消费者缺少连接,彼此之间的沟通、互动、回馈较少。不同于消费者这一概念,"用户"是伴随着互联网兴起而产生的一个新兴范畴。互联网平台企业与用户之间存在天然的连接,彼此之间的沟通、互动、回馈频繁,"消费者"已不能涵盖数字经济商业模式所带来的变化。用户一般与产品或服务产生直接的交互过程,在互联网上通常表现为一个"账户"或一个虚拟性的"用户名",是一种虚拟空间内个体身份的映射与存在。当用户被作

为一种狭义的经济学概念进行理解时,在一定程度上可与消费者的概念画等号,它表现为数字空间内对平台企业所提供的产品或服务的需求。互联网平台企业与用户之间由此构筑起供给与需求之间的契约关系,二者之间也具备数字空间价值重塑性。此外,互联网经济事实上还是一个将生产与消费统一融合的经济过程。基于辩证角度而言,用户的消费也意味着用户的生产:在虚拟空间,用户的所有分享性行为,如信息发布、评论互动、关键词搜索等,都意味着新的生产方式的一次内容的生产。由此,作为生产者的用户与互联网平台企业之间又构建起一种不同于消费者身份的权责伦理。

互联网平台企业应从简单的消费者思维提升到用户思维,对标民法典精神,对应于公民的人权,将全面保障人权理念融入企业管理中,不断加强对公民隐私和个人信息的保护以及对劳动者权益的应有保障。

互联网经济的重要特征之一在于技术驱动与技术创新,以及数字技术与用户的紧密捆绑。在这个过程中,生产与消费不仅混杂在一起,生产者与消费者的界定也变得模糊、叠合。用户转变成"产消者",既是服务的消费者,还可以生产独创作品。此外,互联网平台企业依赖庞大的用户数据获取广告利益等收益,而用户既是数据的生产者,又是广告等内容的消费者。

就单纯企业伦理而言,企业与顾客之间并非单向的产品和服务的"提供—接受"关系,价值创造的过程本质上要求实现顾客价值在先、获取企业价值在后、二者应有效交互、实现价值共创。在移动互联的数字时代,用户有更加便捷、快速、多元的方式来表达其个人意见和价值主张,这对其权利维护以及相应平台企业伦理关系提出更高要求。

(二)现实:责权利不对等问题突出

互联网平台企业与用户在权利与义务上存在明显不对等情况。在现实中,互联网平台企业对于用户的需求满足情况,在运营过程中对于用户基本权益的保护等均有体现。消费者在 CCPA 下的权利包括:知晓企业拥有消费者的哪些个人可识别信息;在合理验证后,在特定时间期限内获取上述信息；要求企业删除或修改其拥有的该消费者的全部或部分个人可识别信息；在无须验证的情况下，要求企业或服务商在一定期限内【该期限比上述第(2)条索取信息的权利中所规定的期限更短】将其个人可识别信息从信息"出售交易"中排除；即使消费者选择了排除或者要求企业删除其个人可识别信息，企业仍应对该消费者平等地进行对待。为了实现上述消费者权利，企业的义务包括：告知、披露、回应、提供"选择退出"方案、不歧视等。

互联网行业中用户锁定效应强烈。在传统经济领域，经营者的产品或服务如果比标准化产品或服务的性价比更高，就有可能取代标准化产品，成为传统市场中新的市场占有者。在互联网行业，这一标准有了明显提高，新产品或服务性价比更高是基本"门槛"，只有具备这一基础条件，才能使用户愿意尝试并转向使用新的产品或服务，然后通过不断积累逐渐成为新的市场主流。较小幅度的改进在学习成本、时间成本、经济成本、社交成本、机会成本、试错成本、感情成本等面前，势必难以达到取代旧技术标准的效果。这也导致用户锁定效应，对于互联网产品和服务价格的小幅变化失去了起码的敏感度。

用户与企业在版权交易中权力悬殊。当前，互联网平台企业依托著作权较为容易地实现对消费者、产业以及同行竞争者的控制。它在版权交易中占据主导地位、强势地位，凭借其单方面的条款和条件，其一，能够拥有完全的知识产权，能传到互联网平台中，同时也垄断了版权内容的定价和分配收入的权利；其二，可以规避一定的风险，将一定的侵权风险转移给消费者。

个人隐私和数据安全与数据正常使用流转等成为用户和互联网平台企业的角力点。工业时代的反垄断监管主要关注价格问题，即消费者是否可以享受到更好的价格，但目前由于制造能力的提升，供给"瓶颈"已经消除，价格问题不再那么重要，消费者权益保障更多转向关注数字安全和数据所有权等方面的问题。相较于传统企业，互联网平台企业的生产要素多了数据，但与此同时也产生了更多基于数据的伦理问题。一些互联网平台企业毫无节制地获取消费者数据,侵犯消费者的隐私,利用大数据剥夺消费者的选择权,形成事实上的垄断,通过算力、算法使员工成为时间的奴隶,最后导致创新作恶而不是向善。一些互联网平台企业通过超出伦理底线的用户个人信息采集,或者精准画像之后的大数据杀熟式滥用,谋求单方面独赢而非平台与用户共赢的局面。

(三)期望:平台企业与用户的伦理性均衡

互联网平台企业要引领而非单纯无限度满足用户。在互联网平台企业模式下,平台企业依靠强大的数据收集和分析能力,对平台上所有企业和消费者都是高度熟悉的。平台企业凭借制定规则、知晓平台参与者、推荐广告以及监管交易等优势,成为平台经济实际的掌控者。从以产品为中心忽视消费者的时代,到以消费者为中心的时代,再到基于人的价值、尊严和人类整体福祉的时代,互联网平台企业不再仅仅把顾客视为消费的个体,而是把他们视为具有独立思想和精神的完整的人类个体。原有的工具式流程化的交换与交易被提升到人类思想的互动与共鸣,从狭隘地关注短期"利润、产品、消费者"到深切地关注"美好生活"和人类尊严,关注那些人类千百年来所形成和沉淀下来的信仰、精神和价值。

用户希望的需求包括产品和服务质量体系完善、产品和服务创新升级、尊重用户知情权、保护用户隐私权、用户需求响应机制畅通、用户投诉处理机制畅通、用户产品和服务反馈机制畅通。这一系列用户追求高质量产品和服务的需求,推进了互联网平台企业创新。

"以人为本"的发展思想,源自马克思主义唯物史观的理论基础,深刻回应了人作为社会历史主体的需要和诉求,并以人的解放为全面发展的出发点,深刻诠释人的主体性实践。"以人为本"的发展基于多种方式的文化解放维度,个人启蒙、社会抗议、普遍通过舆论培养等,在一个人的全面发展中植入系统的文化规范和伦理规范,并完成了从文化启蒙到主体自觉的有机转换,文化解放和文化自信得以落实和发展。

二、互联网平台企业与平台内经营者的伦理关系

平台内经营者相对于互联网平台企业,也属于其用户范畴。根据《互联网平台落实主体责任指南(征求意见稿)》的相关界定,平台内经营者,是指在互联网平台内提供商品或者服务的经营者。平台内经营者在运营平台的同时也可能直接通过平台提供商品或服务。[①]

(一)背景:形成紧密共生关系

平台企业与平台内经营者形成共生关系。在市场竞争中,平台的用户数量是其重要指标之一。互联网平台企业依靠算法收集分析各类数据,在数据与用户数量达到一定规模后,基于规模效应、锁定效应、数据驱动等市场规律,进一步提高用户黏性以及对平台的忠诚度。平台企业凭借其用户规模、算法与数据优势,吸引并锁定一大批平台内经营者,在竞争中发展壮大,进而成长为行业巨头。在不断发展中,每个互联网平台企业与依附其上的经营者普遍构成一个生态系统,经营者提供产品或服务,互联网平台企业提供交易场所、规则、支付、金融、监管等准公共产品,二者存在相互依赖的共生关系。互联网平台企业效率的高低,极大地影响依附于平台企业的各类经营者的发展态势。一旦该平台发展遭遇挫折或者走向衰落,所有依附于该平台的各类企业和经营者都有可能遭到挑战、冲击。

与此同时,平台内经营者与互联网平台企业两者之间的社会责任行为高度互嵌共融,可谓是"一荣俱荣,一损俱损"的社会责任共同体,如滴滴打车平台内司机用户的机会主义倾向导致平台企业整体的社会责任形象损毁、美团外卖平台内的"三无"卖家导致的食品安全事件、淘宝平台内的用户虚假好评等都不仅是单一双边用户社会责任缺失与异化,更是互联网平台企业自身对生态系统内各主体社会责任治理的功能缺位,缺乏

---

① 《互联网平台落实主体责任指南(征求意见稿)》,中国质量新闻网,https://baijiahao.baidu.com/s? id=17149493772599907439&wfr=spider&for=pc。

合理、合效与合意的互联网平台企业社会责任治理机制,如基本的网络内容审核机制、责任声誉激励机制、网络沉迷预防机制、责任监督惩戒机制、责任评价机制等。

(二)现实:管理错位情况频发

随着平台内经营者的产生和延伸,平台经济发展也不断产生新的问题。

一方面,互联网平台企业具有双重属性。作为企业,具有盈利的目标,同时又兼具市场属性,为各方提供一个交易市场。这两种属性滋生了使互联网平台企业与平台内经营者产生矛盾的土壤。比如,互联网平台企业可以利用服务协议、交易规则以及算法等各种手段,对平台内经营者进行不合理的限制或者附加不合理的条件,或者向平台内经营者收取不合理的费用,或者滥用市场支配地位,排除、限制竞争,甚至采取集中竞价、做市商等集中交易方式进行交易。

另一方面,互联网平台企业对平台内经营者的资质资格未尽到审核义务,对平台内经营者的伦理失范行为失察失管。以直播电商为例,直播电商的核心逻辑在于"主播"和"体验"(互动和信任),通过主播带来更好的用户体验,从而产生信任,进而促进销售效率、降低交易成本。基本模式是商家或者网红在直播平台以直播的形式向消费者推销商品。消费者不再是以观看商品图文的形式对商品进行了解,而是依据主播的展示内容来进行判断。相比对产品本身的重视和产品功能本身的推介,直播和短视频带货的形式在某些商家眼中反而更加重要,可以"吸引眼球"。这也就导致直播与短视频带货早期出现一大批卖惨式、演戏式的内容。《中国青年报》社会调查中心联合问卷网对 2 020 名受访者进行的一项调查显示,78.8%的受访者通过带货短视频购买过商品。[①] 与此同时,直播电商行业快速狂奔的背后,平台治理机制的缺失让问题和产生的消费纠纷不断暴露。近年来,直播与短视频带货行业屡屡出现主播虚假宣传、直播

---

① "短视频带货 近八成受访者最关心商品质量",中国青年报,https://baijiahao.baidu.com/s? id=1719254080263484882&wfr=spider&for=pc。

数据造假、赠品不兑现、延期发货、货不对板等问题。

（三）期望：同生共荣的伦理认同

相较于较为单一的传统企业，互联网平台企业在较为复杂的平台生态系统中处于主导地位。在联结双边、多边用户并创造价值的过程中，它可以精准匹配供需两侧，并负责制定交易规则，维护平台交易秩序，充当交易平台拥有者、提供者与运营者的多重角色。

从平台内经营者角度而言，期待良好的平台治理环境，期待与平台的公平竞争，期待平台能够带动大家一起发展，并在平台佣金、服务收费、流量扶持等利益分配与政策倾斜方面给予合理安排。平台服务收费应遵循质价相符、公平合理的基本原则，应与平台内经营者公平竞争、平等协商，且不得"捆绑""排他"等有损市场公平竞争的行为。

从互联网平台企业角度而言，要从内容生态、品质管控、服务保障、知识产权和信息保护五个维度，构建消费者权益保障体系，回归到让消费者购买体验得到保障，能够在直播和短视频带货的平台上买得放心、买得安心，所观看的营销内容真实可信，所购买的商品保质保量，遇到问题也有合理的解决途径，只有这样才能够正向驱动消费者不断复购，最终达到规模效应、锁定效应，并形成牢固的利益共同体和生态系统。

互联网平台企业的本质，是现代商业生态的载体。可以说，只有大量中小微企业、个体工商户的良性发展并带来规模效应，才能保证互联网平台企业的产品多样化、服务便捷化，进而维持运营的低成本和高效率。两者唇齿相依，互为根本。互联网平台企业的最大价值在于成就他人的同时自身也获得健康成长。只有更普惠、更公平、更规范、更包容，让更多的经营者参与其中，互联网平台企业才会真正和持续地发展好，才能够实现平台经济的升级迭代。

三、互联网平台企业与从业人员的伦理关系

（一）背景：劳动保护让位于科技与利润

近年来，随着互联网技术和平台经济的迅猛发展，雇佣方式和劳动力市场结构出现颠覆性变革,劳动环境以及从业人员发生明显变化,不仅大量运用数字技术开发软件、设计制造硬件、收集和加工数字信息产品的劳动者出现,涵盖研发过程、流通过程等进行生产的数字劳动也不断涌现,例如,出现了使用手机软件等数字技术设施,接受互联网平台企业平台的技术指令进行工作的外卖员、快递员、代驾、网约工等劳动者,运用数字化生产资料进行"数字劳动"的带货网红。他们突破了传统意义上的企业组织边界与雇佣边界,所进行的劳动都属于数字劳动范畴。也正如《互联网平台落实主体责任指南(征求意见稿)》的相关界定,接受互联网的平台经营者提供的工作机会和任务,付出劳动并且获取劳动报酬,在劳动过程中接受互联网平台经营者管理的自然人属于平台灵活就业人员。包括抖音、淘宝、京东、美团、滴滴等在内的互联网平台企业呈现出由千万人组成的灵活就业人员提供服务,正日渐成为推动新就业形态的重要力量。

　　包括聚合平台在内的互联网平台企业逃避了很多本应承担的责任,将自己产生的负外部性转嫁给社会和数字劳动者个体承担。互联网被用来打破或者绕过原来社会约定的劳动关系,例如,互联网平台出行巨头Uber利用无处不在的传感器的智能手机,通过精准算法,实现比传统雇主更仔细、更严格的工作流程管控。Uber拥有很多"生杀大权",基于自身利益协调和解决冲突,比如,决定哪些车型入围平台;设定和更改计费标准,利用激励措施对司机进行分离和筛选。面对无论是乘客纠纷还是司机投诉,甚至保留无正当理由终止或解雇司机的权利,Uber有政策惩罚不符合行为标准的司机,并鼓励司机在特定的时间和地点申请工作。[①]司机们发现,自己犹如提线木偶,成了Uber棋盘上的一颗数字化的棋子、算法机器上的一枚螺丝钉,每时每刻都得接受算法的驱使或摆布。目前中国互联网平台企业尤其是外卖、快递领域,一定程度上关心的也是"把每一个骑手的潜能和速度挖掘到最大限度",在追逐利益最大化的同时甚至把风险转嫁给最没有议价能力的骑手,抱着与己无关的态度看待

---

① [美]亚历克斯·罗森布拉特.优步:算法重新定义工作[M].郭丹杰,译.北京:中信出版社,2019:99.

骑手的福利、健康和安危。

在权力如此失衡的状态下,数字劳动者尤其是灵活就业劳动者的基本福利、基本权益不再被互联网平台巨头们放在心上,统统让位于利润和效益。资本具有逐利性,尤其当互联网平台企业不用为其生产所投资的社会基础设施、为其所产生的负外部性承担责任时,企业自然会忽略这些成本和代价。

(二)现实:"规训社会"变成"功绩社会"

在互联网平台企业与从业人员的现实伦理关系中,不少伦理问题存在,其中主要体现在以下方面:

第一,目前对资本的回馈重于对劳动的回馈。劳动是人神圣的权利,社会主义要实现共同富裕的重要价值基础就是劳动伦理。尊重劳动和劳动者既是社会主义这一根本制度的内在要求,也是社会主义伦理道德建设的基本规范。对应到分配制度,在社会主义国家,最重要的是初次分配,因为社会主义劳动伦理具有突出意义,无论是个人幸福还是社会发展都要依靠自己的奋斗,通过努力劳动提高收入,而二次分配、三次分配只起到辅助补充作用。数字化时代,数字化劳动力同样具有双重性,即互联网平台企业通过软硬两方面的约束始终注重加强对员工的管控与规训,以最大限度提高生产效率和创造更多的利润。然而,这些价值并没有更公平地反映在劳动价值上,或者让更多的利益相关者有"收获感",而是不断被资本吞噬或成为投资者、管理层的回报,现实中这种失衡状态愈加突出。与此同时,互联网平台企业的发展一定程度上受益于"源代码"公开和开源等版权许可,凝聚了著作权人的相关权益,但同样是资本尤其是数字资本而非著作权人攫取了其中大部分的收益。

第二,突破了传统的劳动关系,创造了更多的工作机会,但传统劳动关系的改变,也带来了新的权益风险。在用工特点方面,目前互联网平台企业和传统企业的不同在于:其一,遮蔽劳动关系的手段更加隐蔽,以部分互联网平台企业为例,为了降低劳动成本,通过诱导甚至强迫快递员或者网约车司机进行个体工商户注册,让类似新就业形态的劳动者被"个体工商户"化,来规避主体责任和《中华人民共和国劳动法》等政策法规;其二,雇主隐身化、雇主分散化,让劳动者找不到谁是真正的雇主,进而规避事实劳动关系,其本质是互联网平台企业通过算法和数字化的管理对骑手有实质性的控制,是用工规则的制定者;其三,数字劳动跨越时空、深度捆绑的特性,使得劳动时间无声无息地延长,进一步挤占了非劳动时间,劳动转移过程也被数字技术框定在效率最优化的路径中,这也导致劳动者的职业发展与身心健康问题频发。

第三,人工智能时代,许多互联网平台企业在处理员工工资绩效、惩戒解雇、工作任务分配等事务时,引入以算法技术生成决策的自动办公系统替代传统人事部门的人工监控、核算、下达指令等管理方式,由此频频引发员工休息权、隐私权、工作知情权被侵犯的权益冲突。例如,深信服"监控员工跳槽倾向"引争议,在冰冷的公司网管监控系统面前,每一个坐在电脑面前的打工人似乎都在"裸奔"。对员工网络行迹的追踪让人不寒而栗。杭州某公司要求员工使用一种可感应身体数据的高科技坐垫,以监测员工是否"上班摸鱼",并与奖金绩效考核挂钩。此类案例近年来层出不穷。当劳资关系中传统的人与人对话演变为冷冰冰的机器程式化指令后,劳动者群体对算法决策的抵触情绪也越来越强烈。

此外,"闲暇"的自由和能力在异化,"996""007"式数字劳动吞噬了个体,自然也无视闲暇的意义和价值,进而闲暇被吞噬。用哲学家韩炳哲的说法,我们的社会已经由福柯所说的"规训社会"变成了"功绩社会","功绩主体投身于一种强制的自由,或者说自由的强制之中,以达到最终目的——绩效的最大化。"①闲暇在消费主义浪潮下被篡改成各种虚假的需求和满足,人们被消费主义牵着鼻子走,毫无自我,短暂的快乐后是无尽的空虚,社会赖以存在和发展的价值基础被解构。

(三)期望:资本与劳动的平衡

在算法技术广泛运用于各领域的浪潮中,数字劳动者的权益保护有

---

① 韩炳哲.倦怠社会[M].王一力,译.北京:中信出版社,2019:21.

待与时俱进。在劳动法规作出清晰回应的同时,更有赖于居于主导地位的互联网平台企业主动畅通协商机制,让数字劳动者依据工作经验和智慧积极参与到算法决策的过程中,调整实现劳资共治的格局,构建人工智能时代和谐稳定的劳动关系。互联网平台企业在明确数字劳动者权益保障责任、补齐数字劳动者权益保障短板、优化数字劳动者权益保障服务、完善数字劳动者权益保障工作机制等方面理应走在时代前列。

第一,应做到资本与劳动的平衡:随着信息技术、数字技术的普及应用,基于信息技术能力的普遍提升,这使得企业内部劳动者的结构也随之发生质的改变,知识型劳动者大规模地进入职场,人的体力劳动正在大幅度地让位于脑力劳动,这种现象发生在各类企业尤其是互联网平台企业之中。在这种环境下,互联网平台企业核心资产排在首位的是人才、人的大脑以及人的创造性劳动所结晶的产品、服务、专利、品牌等,而不是土地、房产、设备等。虽然资本承担了有价、有形的风险,但企业家和企业中的人才同样承担了风险,资本与人才是一对风险共担体,也是利益共享体。在企业经营理念中,作为长期投资者和长期获利者,资本持有者必须节制过度贪婪和短期追求,数字劳动者作为企业发展的根本和长期动力,要先于和优于股东进行价值分配。

第二,要做到劳动者权益与企业权益的平衡,合理确定互联网平台企业与劳动者的权利义务,对于从业人员而言应秉承职业伦理;对于互联网平台企业而言,应以人为本并遵守劳动伦理,加强与新就业形态劳动者之间的协商,合理制定订单分配、计件单价、抽成比例等与劳动者权益息息相关的制度办法和算法规则,并予以及时公开发布,保证制度规则的公开性和透明性。2022年在蓝骑士节上,饿了么发布行业内首个"骑手成长发展体系",率先对灵活就业群体的职业发展进行组织机制探索。据称,饿了么将骑手的职业生命周期划分为三个阶段:新手期、成长期和成熟期,并开发骑手能力模型,根据该模型来自动匹配相应的服务支持与权益激励,全方位、全覆盖、全过程地服务骑手。平台通过配套产品、权益及组织机制,为骑手提供更畅通、更多元的职业通路,让骑手更有奔头、更有方向,最终实现高质量就业,为社会发展提供更稳定的劳动力,为广大用户带来更优质的配送服务。

第二节 互联网平台企业与第二圈层的伦理关系

一、互联网平台企业与股东和投资者的伦理关系

(一)背景:"单边治理"转向"共同治理"

随着现代企业制度的不断发展,企业经营者深刻认识到,要想获得可持续性的创新发展,不仅要得到股东的支持,而且要得到员工、供应商、经销商、政府、社区居民等企业相关者全心全意、心悦诚服的支持,因此必须把他们视同"利益相关者",最大限度地协调与他们之间的利益纠葛或诉求,建构一种更具包容性、发展性的生态系统,利益相关者理论恰恰契合这一点。在利益相关者涵盖范围方面,互联网平台企业与传统企业存在明显不同。与传统企业相比,互联网平台企业将企业与市场既有边界打破,承担了部分市场功能,并将更多的利益相关者纳入其生态系统,进而构建一种具有多圈层、嵌套性、关系重叠的利益相关方关系。利益相关者理论的引入和遵循有助于互联网平台企业商业模式的创新与对从业者的保护,有助于更好地协调互联网平台企业发展初期错综复杂的利益关系。利益相关者通过各种契约、制度、行为机制、价值评价、价值分配等利益均衡机制或治理结构得以维系、稳定和成长。就企业的社会责任内涵而言,由单一的具有市场取向的经济责任也相应地转变为关注利益相关者乃至整个社会的整体责任,对于资本的使用也更加强调现代性与伦理性,不仅要求企业取得财富利润的过程符合法律规范、商业伦理和公序良俗,而且也要求企业使用与处置财富利润的过程相符。

传统企业往往可以清晰地识别出互动最为频繁、利益最为紧密的一个或少数几个核心利益相关者,比如股东、客户、供应商等。只有抓准这些核心利益相关者的期望诉求,才容易取得商业成功。而互联网平台企

业所面临的情况则要复杂得多,不能仅与少数核心利益相关者单向互动,而且必须关注整个平台上乃至平台外众多利益相关者的差异期望诉求。互联网平台企业将所经营的平台打造成一个平台生态体系,更多还是从一个民营企业单纯盈利的商业逻辑出发,享受到国家"基础设施"的"便利",但忽略了平台应有的"公共属性",比如,在用户面前具有更大的话语权和更强的议价能力。用户面对"临时加价""同意免责条款才能使用"等单方面要求也不得不"点头"。不仅如此,互联网平台企业带来更大威胁则是有尊严的公民被矮化为消费者,在西方社会尤为明显,比如,剑桥分析利用从 Facebook 获取的海量数据,向特定人群发布定制化的信息,使这些人群无形中成为被操纵者的消费者。

因此,互联网平台企业必须在平台的发展和平台的公共属性之间找到平衡,由传统的股东至上的"单边治理"模式转化为利益相关者的"共同治理"模式,强调企业与利益相关者之间形成的利益共同体关系。弱化"股东至上"观念,超越"股东、董事会、经理层权益均衡"的"股权治理结构",进化到"股东、员工、顾客、合作伙伴利益均衡"的赋能经营,打造企业利益共同体则必将是互联网平台企业未来竞争胜出的不二之选。

传统的股东至上原则认为需不断提升企业控股人的收益。增加其收益是企业管理的重中之重。以此种逻辑,企业的行为目的和决策导向是基于获取经济利益,对于社会利益、人类福祉等其他方面不予考虑,当然这也无法与日益增长的市场期望相适应。利益相关者理论的提出,突破了原有股东至上的传统理论带来的价值框架。其基本逻辑在于,企业不仅应专注于股东权益以及利润的积累,而且应当考量和回应各方利益相关者的诉求。企业不能一味强调自身的利益,还应该关注社会整体利益。互联网平台企业应当深刻理解并把握利益相关者理论,尊重所有利益相关的个体、群体乃至整个人类社会,尽量实现企业利益与社会利益之间的动态平衡。

(二)现实:资本逻辑带来的伦理弱化

互联网企业初创时期,国外资本的主导给利益相关者带来多重挑战。

出于对投资者的保护,中国资本市场对上市资格设置了层层限制,特别是对盈利能力的严格控制,自然将早期的中国互联网企业排除在外。因此,在过去十年中国经济增长的黄金时期,中国互联网企业成为唯一的主要交易美国资本市场而非 A 股市场的业务部门。

为此,美国风险投资和美国资本市场自然成为中国互联网产业成长初期的主要血液供应线和增值实现的主要场所。中国互联网平台企业总体上可以看作美国资本力量在中国土地上的成果。直到 2012 年以来,美国股市的互联网热潮催生了一批快速崛起的中国风险投资家,这种情况才有所改变。甚至对于这些以互联网为重点的中国本土风险投资者,他们的大部分共同基金也来自美国资本市场。由于国外资本的长时间参与甚至主导,其投机性、金融化以及相应的价值观念必然会影响到中国互联网平台企业,进而影响利益相关者群体。这种历史关联和现实观照对于初创时期的中国互联网企业而言,可能是正面积极的,但其隐含的深层次挑战尤其是伦理文化层面不容小觑。

资本使数字经济趋中心化和强结构化。我国互联网平台企业的发展,与欧美互联网平台企业相一致,资本要素起着非常重要且不可或缺的作用。资本的穿透控制力彰显无遗。资本逐利以最大化利润为目标,与社会利益和国家利益不一定相对应甚至可能相对立。

一方面,随着互联网经济的崛起,互联网技术及行业引领新产业、新业态、新商业模式涌现,互联网以及相关产业作为资本市场的重要成长板块,互联网行业也成为资本投资的热土。在中国超过 14 亿人口数量的超大市场上,互联网基础设施完善,互联网产业前景看俏,尤其是在人工智能加持下,产业互联网和消费互联网有很大的发展空间。随着近期互联网平台企业专项整改的完成,未来互联网平台企业将进入稳定健康发展轨道,长期投资价值将进一步彰显。

另一方面,互联网平台企业在快速发展、技术快速迭代中的融资需求特别巨大。近年来,中国互联网平台企业商业实践主要基于斥巨资快速打开市场,获得用户,再靠多轮风险投资获取投资。流量作为互联网时代的盈利指标具有巨大的经济价值。①互联网平台企业为了不断巩固其市场优势地位,需要投入巨额的资本维系"流量",为了追求更大的市场盈利空间和经济效果,会借助资本大量收购中小企业或者压缩其生存空间。即使已具有垄断地位的互联网平台企业,鉴于利润获取中不可调和的结构性矛盾和资本之间的激烈竞争,仍须依靠外力不断提升"估值"、不断吸收新的资本,才能谋求企业发展的延续。不断追求新的轮次融资亦成为互联网平台企业在发展期间的"源动力"。互联网平台企业除为了获得资本市场的青睐而疯狂刷新数据之外,更有希望以投融资作为宣传公关噱头来扩大平台自身的影响力。

短期性、投机性增加带来伦理弱化。股东利益与社会整体利益平衡的问题成为当前企业社会责任的热点问题之一。如果采取股东至上的经营模式,企业仅仅是股东利益的代理人,那么企业的社会责任便无从谈起,更遑论通过企业的社会责任来保障公民的经济、社会和文化权利。部分互联网平台企业上市,其股票可以在二级市场交易,但股东觉得企业业绩不好、前景不明,会随时出清这只股票,觉得企业好转,会随时再买入。这种"短视""谋利"行为,会减少对企业在伦理上和心理上的绑定,也不会在意其社会责任如何。

互联网平台企业股权结构存在治理缺陷。双重股权结构是很多平台公司选择的股权结构。双层结构包括两种股票:一种是兼具股与债的优先股,另一种是次级股。这种股权结构的好处是可以保证创始人对于企业的控制权和决策权,同时也有利于企业治理方式的过渡。但是,这样的股权结构也有缺点,例如,它赋予优先股的所有者,通常是企业的创始人和内部人士过多的权力和更多的自利或非理性扩张的动力,导致更严重的代理问题,也增加了企业社会责任缺失的风险。

除双重持股之外,交叉持股和横向持股也在企业中发挥着重要作用。互联网平台企业之间的收购、并购数量不断增加,但这样的股权结构存在

---

① 胡泳,年欣.自由与驯化:流量、算法与资本控制下的短视频创作[J].社会科学战线,2022,324(6):144—165+282.

较大的市场集中度等隐患，其中，交叉持股表现为平台企业之间互相投资、强强联合，对于平台企业而言有利于股权结构的稳定，防范恶意收购，但对于市场而言可能造成垄断联合。

(三)期望：互联网资本有序健康发展

互联网平台企业应平衡好股东利益或资本逐利与社会责任的关系，充分发挥好资本作为生产要素的积极的正向作用。正如英国经济学家约翰·凯(John Kay)所说：认为企业的目的是使股东价值最大化，就好比说呼吸是生命的目的一样。它是一个必要的要求，但不是目的。相反，每个企业都需要定义自己的目的，即哈佛大学教授丽贝卡·亨德森(Rebecca Henderson)所说的"公司超越利润最大化的具体的、亲社会的目标或目的"。互联网平台企业应推进与其他利益相关方的协同与共生。人类社会发展趋势对企业的期待已不仅仅限于获利，社会责任正成为广为接受的标准之一。真正负责任的企业，会深思熟虑地、谦虚地、坚定地、有信念地成为积极的企业公民，会将企业的行为与客户、员工和合作伙伴的价值观紧密结合，积极向所有在企业成功中发挥作用的人展示其承诺和责任。中国互联网平台企业必须主动融入现有的政治、经济、文化、社会、生态文明中，成为符合新时代主流价值观念的组成部分，在这个大的宏观结构中，在承担自己对国家、社会、民生等主旋律价值观的前提基础上再去合理追求利润。

二、互联网平台企业与合作伙伴的伦理关系

(一)背景：数字技术重塑企业盈利模式

随着数字技术的广泛应用，企业原有的一些运行特性变得更加突出甚至发生改变。互联网平台企业往往具有网络效应，吸聚的用户越多，平台的价值就越大，同时还有双边、多边市场效应，供需方越多，平台对供需方的价值也越大。这些效应在传统企业中也存在，但在互联网平台企业中表现得更为突出。

与传统企业存在明显差异的是,数字经济时代颠覆传统经济基于成本、价格、数量、收益的简单逻辑,互联网平台企业的盈利模式不依赖或者并不单纯依赖自身的产品或服务,因为很多互联网平台企业提供免费的商品和服务,甚至对用户实行补贴。那么,互联网平台企业的利润源自哪类利益相关者呢?从整个互联网行业来看,基于海量的用户规模和精准的数据传播,提供的以广告业务为主的在线营销服务收入在互联网平台企业总收入中占到相当大的比重。从早期的以新浪、网易等为代表的门户网站广告时代,到以百度为代表的搜索广告时代,到以阿里巴巴为代表的电商广告时代,再到如今以抖音为代表的视频化信息流时代,"卖广告"是互联网平台企业实现"流量变现"的重要方式,如表4—3所示。

表4—3　国内部分互联网平台企业2022年第三季度广告营业收入榜单

序号	公司名	2022年第三季度总营业收入(亿元)	2022年第三季度广告营业收入(亿元)	占比(%)
1	阿里巴巴	2 071.76	664.97	32.1
2	拼多多	355.043	284.256	80.06
3	腾讯	1 401	214.43	15.31
4	京东	2 435	189.54	7.78
5	百度	325.40	199.43	61.29
6	快手	231.28	116	50.16
7	美团	626.19	86	13.73
8	小米	704.74	47	6.67
9	微博	31.64	27.44	86.73
10	爱奇艺	75	12.47	16.63
11	唯品会	216	13.66	6.32
12	哔哩哔哩	57.94	13.55	23.39
13	虎牙	23.79	3.614	15.19
14	知乎	9.117	1.967	21.58
15	搜狐	12.9	1.796	13.92

续表

序号	公司名	2022年第三季度 总营业收入(亿元)	2022年第三季度广告 营业收入(亿元)	占比(%)
16	汽车之家	18.433	5.557	30.15
17	斗鱼	17.983	0.933	5.19

注：(1)该表格中部分公司未公布人民币单位的营业收入，故采用北京时间2022年12月12日的汇率进行换算。

(2)该表格中的各公司营业收入为四舍五入，以及汇率波动将会存在少量误差，仅供参考。

(二)现实：用户注意力成为交易砝码

相较于传统经济，互联网经济时代的用户注意力更容易被锁定。"信息的丰富性会导致注意力贫乏"[①]，无穷无尽的信息与人类有限的注意力形成了鲜明的对比，每个个体都需要从纷繁复杂的信息洪流中剔除、过滤掉大量的无效信息，选择自己所需要的有效信息，并进而采取相应的行为举措，避免注意力这一互联网时代的稀缺资源被消耗。

在讲求流量的互联网时代，互联网平台企业能为广告客户提供的就是用户的注意力，而为了保证这种注意力，人被拆解为数据。你的点击、浏览、输入、分享、目光停留时间……你的一举一动都是可记录的，这就形成了你的用户画像，并以此为基础向你精准推送你会看的广告。这意味着用户的个人隐私被侵犯，也意味着更多伦理困境的挑战。比如，一些互联网平台企业基于移动设备对用户进行追踪，以此获取用户的住处、工作地点、周边环境、生活方式等，以便于向每一个相关个体展现广告；部分互联网平台企业本末倒置，花更多的成本和精力用于广告投放，而非用于产品和服务质量的提升；某些音视频网站的会员福利已经简化为"少看广告"和"VIP观影特权"；某些以竞价排名、达人分享、专业测评为主要商业

---

① Herbert A. Simon. Designing Organizations for an Information Rich World, in Computers, Communications, and the Public Interest[M]. Baltimore: the Johns Hopkins University Press, 1971: 40—41.

模式的网站,沉湎于流量变现的"钱景"之中,引发不少用户吐槽,伤害自身的社区氛围;有些互联网平台企业传播太过用力,强行植入——买好大量细节的词条,霸占热搜榜单,请大 V 写下好评,再熟练地运用大数据和算法刷屏推送,引起粉丝狂欢,透支用户注意力,引发反感,令人生烦。

上海市消费者权益保护委员会发布的《App 广告消费者权益保护评价报告(2020)》指出,58%的 App 含有广告,其中,69.7%的广告没有"关闭键"。[①] 在人与手机如影随形的今天,关不掉的 App 弹窗广告已成为一大弊病,不仅直接侵害消费者的权益,也阻碍了数字经济的健康发展和数字社会的推进建设。App 广告与每个手机用户息息相关,一些看似不起眼的小问题有可能带来大麻烦;无孔不入的精准广告推送,可能带来个人隐私泄漏风险。App 中虚假广告的监管缺位也极易诱引消费者"花冤枉钱"。与此对应的是,不少平台企业专注前端的发布而漠视后端的监管,"苦果"全由消费者承担。

随着《数据安全法》《网络安全法》《个人隐私保护法》的颁布以及《互联网广告管理办法》等也已进入公开征求意见阶段,政策法律对互联网平台企业的盈利模式会形成一些明显约束,加之国内整体流量增长消失殆尽,这就迫使这些互联网平台企业改变自己的商业模式,摒弃靠用户隐私精准投广告赚钱的行为,及时改进完善现有盈利模式。

(三)期望:多方共享获益机会

对于广告商、服务提供商、供货商等第三方合作方而言,期待从互联网平台企业中共享成长或获益的机会,期待借助互联网平台企业数据和技术能力,提供精准化的营销及经营服务,打造自身的差异化优势,最终实现更多利润和企业发展。

对于互联网平台企业而言,期待获得收益,营造生态系统。平台的价值创造来源于各类主体间的交互关联,显著区别于一般企业基于产业链

[①] 《App 广告消费者权益保护评价报告(2020)》,中国质量新闻网,https://www.cqn.com.cn/ms/content/2020-12/18/content_8653573.htm。

上下游的单向的线性关联。平台与平台内的经营者完全可以成长为互惠共生关系，一端市场主体的成长对另一端市场主体具有正向的溢出效应。比如，通过重建生产关系和分配关系，激发平台内的向心力和积极性，以做厚平台产出，提高平台生产率。

对于社会而言，期待互联网平台企业和第三方合作方依法依规，遵循基本伦理，保护用户隐私，强化平台广告导向监管，对重点领域广告加强监管。

对于与在线平台公司有业务往来的第三方组织，如投资公司、广告商、数据分析服务购买者、供应商、平台应用开发商等，平台政策应包括保护其商业利益的内容，包括共享数据平台和脱敏的用户数据。比如，Facebook 就表示，该平台有权根据视频播放量、受众、产品用户画像、页面浏览量等脱敏数据提供商业分析服务。这样可鼓励更多的第三方平台和合作伙伴更加专注于产品创新，优化会员的活跃度和忠诚度，优化内容创意，满足用户要求。

三、互联网平台企业与竞争者的伦理关系

当前，中国平台经济的竞争激烈，从过去发展看，出现从门户网站的迭代到 BAT 的三足鼎立，以及当前的阿里、腾讯、美团、拼多多、滴滴等多平台发展的格局。随着商业模式的演进，互联网平台企业的竞争逐步由过去的市场份额的竞争转向平台间生态系统和营商环境的竞争。

(一)背景：互联网平台竞争模式形成

互联网平台企业的竞争由过去的单边市场竞争向双边乃至多边市场竞争发展。一方面，互联网平台企业对市场的负面挑战更多由于公平竞争环境的破坏，其中包括滥用市场支配地位及垄断行为、歧视性定价、捆绑销售、限制性交易、预防性收购、滥用数据、算法歧视、垄断协议等。相较于传统企业，互联网企业一定程度上拥有更多"工具"保持竞争优势或市场份额，如采用设备或软件或小程序预装、交叉补贴、数据权属、兼容性问题等方式提升新进入者的成本。但对竞争的破坏更多是以数字技术为

基础、以平台作为中介与辐射的市场支配地位的滥用。当平台自身的产品或服务与平台经营者产生同质性竞争时,互联网平台企业应给予自身产品和服务定向的竞争优势。

另一方面,互联网平台企业利用算法从事不当竞争行为限制竞争者。互联网平台企业为实现利润最大化,不仅可以通过个性化定价、遮蔽竞争者品牌等弱化竞争者进而取得竞争优势,还可以通过算法识别出最有价值的客户,先于竞争者取得合作良机。以此为基础,互联网平台企业可以以更低的成本更有效率地实施掠夺性定价,排除或边缘化同行业竞争者。当这些以市场非公平形式的表现发生时,相关互联网平台企业的所作所为就会恶化用户体验、损害竞争环境、损害社会整体福利。

此外,互联网平台企业利用当前对广告的技术产品市场垄断,一定程度上导致新闻业、出版业无法在广告方面与其进行公平竞争,进而发展也受到影响。

(二)现实:有碍社会福利最大化

只有在保持充分竞争、公平竞争的条件下,让更多的企业进入相关市场,发挥所有企业的能动性与创新力,才能推动整个行业的创新发展,也才可以实现社会福利的最大化。

互联网平台企业的竞争早已有之,网络技术的提升颠覆了传统的商业模式,快速占领市场的需要催生出一批野蛮生长的互联网平台企业,恶性竞争时有发生,损害公平屡有出现,其中既有为跨领域争夺资源大打出手的大型公司,也有为立足新生领域而不择手段的创业公司,甚至同一互联网平台上的店铺商家也存在恶性竞争。

1. 互联互通(围墙)

互联是互联网的本质,互联网本身就强调互联互通分享,但互联网平台企业在之前相当长一段时间里普遍存在人为制造互联障碍、互设壁垒、不兼容、开放性不足等现象。电商平台二选一、微信封禁淘宝抖音、"头条诉腾讯"案、"格兰仕诉天猫"案等问题层出不穷。此外,互联网平台企业在很大程度上已经成了数据流量的入口,但对于这些数据要素更多是避免其他同行染指的排他性使用。通过市场竞争形成自己的商业壁垒,无疑损害了市场经济的自由竞争环境,既不符合互联网的精神,也不符合互联网产生的初衷。

2. 恶性竞争(价格战、速度战)

我国互联网平台企业在发展早期争先恐后进入市场,给商户与用户竞相补贴,互相抢夺骑手资源;在追逐垄断利润的过程中呈现出扩张快、成长周期短等垄断特征,也产生了恶性竞争等问题。如"美团外卖""饿了么"等外卖平台企业的"外卖大战"及"社区团购大战"等严重损害了市场竞争的公平性;奇虎360与腾讯的"3Q大战"过程中强迫用户"二选一";ofo、摩拜等共享单车同行之间的恶性竞争行为并没有使这个行业长久良性发展,共享单车坟场在各大城市仍旧可见;社交软件Soul运营合伙人李某为打击同领域竞争对手,先是"无中生有",故意在竞争对手社交软件Uki上散布有害违规信息,然后"借刀杀人",进行恶意举报,导致Uki软件被下架处理3个月等。

3. 垄断(生态系统战)

生态系统竞争是互联网平台企业竞争的大趋势。互联网平台企业利用其数据、技术优势在生产要素源头上设置关卡,阻碍要素自由流动,妨碍资源优化配置,以此巩固并进一步扩大竞争优势。通过搭售、流量导入、软件捆绑等进行跨界融合,通过收购、投资等方式稳固并控制市场,或者通过平台非中立等方式传导市场支配地位,减少了中小企业等弱小群体在竞争中的机会和权利,无形之中会抑制创新的出现。通过搜索降权、流量限制、技术障碍、扣取保证金等惩罚性措施,会直接损害市场竞争和消费者的利益,通过补贴、折扣、优惠、流量资源支持等激励性方式,可能对市场竞争产生明显的排除、限制影响,不仅侵害了用户应有的消费者权益,更不利于市场应有的竞争环境,最终将损害平台经济的创新发展,不能满足经济高质量发展的内在要求。

(三)期望:统筹公平竞争与兼容开放

与传统工业化经济相比,互联网平台企业是大数据时代的产物,两者在本质特征、运作方式、资源配置方式、经营模式及治理结构等方面都有巨大差异，企业垄断和竞争的方式也与传统企业明显不同。

　　竞争是企业发展的必然动力，互联网平台企业也是如此。互联网平台企业在市场经济、未来经济中的重要性业已体现，也必然日益突出，担负的使命任重而道远。互联网平台企业应当立足于创新发展，构建新的发展格局，增强国际竞争力，走向更广阔的经济舞台。互联网平台企业与同业之间的竞争伦理应秉持公平竞争、包容发展、开放创新的原则，远离削价竞争、恶性挖墙脚、散播不实谣言、窃取商业机密等不公平行为。互联网平台企业与同业之间应积极构建兼容开放的生态圈，依法依规有序推进互联互通，基于社会整体福利凝聚行业共识，推动制定平台间统一规则的形成。

　　"兼容开放"意味着平台需要通过市场扩张和用户锁定，让成员企业获得更多的商业机会。[①] 新阶段，互联网平台企业在强化内部治理的同时如何营造一个良好的平台营商环境，决定着平台企业未来的发展走向和市场竞争力。以阿里巴巴为例，近年来阿里巴巴持续推出经营环境的年度报告，阐述其平台治理的基本思路和方向。阿里巴巴的首席平台治理官、首席风险官、美团的首席食品安全官等制度都是平台治理的一种积极探索。

第三节　互联网平台企业与第三圈层的伦理关系

一、互联网平台企业与社会的伦理关系

(一)背景：互联网平台竞争模式形成

　　与一般企业相比，互联网平台企业有更多个性化的特点，所对应的社

---

　　① 王勇,张玮艺,伍凌智.论平台企业"开放中立"的治理原则[J].改革,2022,338(4):55—67.

会责任承担方面也应很多。

1. 主体多元

平台企业因其多边互动特征,常常并不是自身直接开展社会责任行动,而是协同多元利益相关者,达成共识,参与解决社会问题,甚至最后是由平台参与者担当社会责任的行动主体。因此,就平台企业履行社会责任来讲,相比一次特别的责任活动,促成平台内多元利益相关者的责任理念一致更为重要,对于社会福祉最大化也更为有利。例如,拼多多近年来表现抢眼,精准定位三四线消费市场蓝海,满足消费者"低价爆款"的消费需求。平台对消费者履行"低价、质优"的责任承诺,必须依赖众多入驻商家共同行动。当平台上出现仿冒、低价销售劣质产品的商家时,平台企业为百姓提供低价优质产品的承诺就会受到严重打击。因此,平台企业承担社会责任往往并不是一项具体活动,而应当是平台企业为引导平台上利益相关者共享同一责任理念所付出的大量努力。

2. 权责对等

社会责任是企业的重大命题。本着权责对等原则,企业做得越大,社会责任、道德责任就越大。在信息时代,互联网平台企业作为网络空间的建设者,应该承担起比一般企业、传统企业更大更多的社会责任。互联网平台企业要充分意识到如果只讲经济效益不讲社会效益,只讲企业发展不讲社会责任,那么网络空间就会进入碎片化、极端化、无序化的状态,互联网行业发展的基础将会不复存在。此外,互联网平台企业尤其是要注重个人信息安全,避免违规搜集数据和用户隐私泄露,以及可能给用户带来的人身财产安全。说到底,互联网平台企业在经营过程中必须守住道德底线,在此基础上积极承担更多的社会责任,为互联网建设乃至社会发展添砖加瓦。

3. 内涵丰富

在经历漫长的企业发展过程后,企业的社会责任理念也在不断地更新和演变。随着互联网的出现和中国市场的繁荣发展以及大数据、人工智能等现代信息技术不断取得突破,数字经济随之蓬勃发展,互联网平台企业的社会责任也有了新的时代内涵，涵盖内容生产责任、经济责任、数据信息责任、法律责任、生态责任、社会公益责任等多个方面，已成为现代企业高度履行社会责任的关键指标。比如，内容生产责任层面，符合社会主义核心价值观精神和要求，建设好网上精神家园；经济责任层面，互联网平台企业要为经济社会发展贡献力量；数据信息责任层面，互联网平台企业在为公众生活便捷性、娱乐性带来利好的同时，也增加了个人信息在收集、存储、使用过程中遭到泄露乃至带来经济损失、危害人身健康安全的风险，要做好两者的平衡；法律责任层面，《民法典》《个人信息保护法》等一系列法律法规的出台，为互联网平台企业规范发展提供了遵循；生态责任层面，推动绿色发展，助力生态修复治理，提高公众环保意识，保护生物多样性，促进人与自然和谐共生；社会公益责任层面，互联网平台企业并不是独立运营的单个市场组织，其在市场经济中扮演着重要角色，应该承担起更多的责任，助力社会整体发展。

（二）现实：社会责任水平与自身地位不匹配

近年来，我国互联网平台企业除做大做强自身之外，还需积极参与社会共建共治，履行企业社会责任。尤其是抗击疫情期间，不少互联网平台企业充分发挥便捷性、及时性、平等普适性等优势，从信息传播、知识普及、物资运输、数据挖掘、精准防控、在线教育、在线办公、人工智能等方面为社会和公众筑起一道防护墙、暖心墙。

与此同时，不容忽视的是互联网平台企业社会责任的履行严重滞后于互联网行业的发展。相较于国外互联网平台企业，中国互联网平台企业整体的社会责任意识并不强烈，某种程度上缺乏"反哺社会"的商业伦理，社会责任还远未成为互联网平台企业发展的内生的底层逻辑。就现状而言，中国互联网平台企业在社会捐赠、支持公益事业等方面的投入无论是与国际同行，还是与国内同等规模的公司相比都存在明显差距，在产业互联网创新、核心技术突破、填补"数字鸿沟"等方面，没有承担起应有的责任。

从互联网平台企业责任缺失主体划分而言，平台企业自身社会责任缺失导致诸多突破法律和道德边界、侵害用户的合法权益、破坏正常市场秩序的社会责任缺失与异化现象,既包括平台企业个体的数据与算法责任缺失、平台企业安全运营底线责任缺失等平台个体社会责任缺失问题,也包括平台内用户的产品服务质量与合规运营等用户层面的社会责任缺失问题,还包括平台企业与用户形成的责任寻租、流量寻租、信用寻租、价格寻租等社会责任缺失与异化的嵌套性问题。[①]

从互联网平台企业责任缺失维度而言,平台企业目前的环境治理履职水平与其在平台生态系统中的权力之间差距显著。平台企业领导着多达数以亿计用户构成的生态系统。调研发现,目前碳中和减排方面,我国仅少量互联网平台企业主动做出承诺,其他生态环境方面的履职信息披露不及时不充分。平台企业现有的环境管理、环境保护、环境研究、舆论营造等还有很大的改进空间。在电商、旅游、生活服务等各领域平台生态发展过程中,非法野生动物交易、销售有毒有害产品、过度包装、食品浪费等现象时有发生。

(三)期望:实现企业社会责任进阶

随着新经济时代的到来,互联网平台企业的社会公共属性越发明显,社会公共舆论的影响以及政策法规规制的变化也必将推动互联网平台企业走向新的方向。虽然互联网平台企业的商业属性造就自身以盈利为首要目标的理念,但其社会责任属性亦不容忽视。只有一个积极承担社会责任的互联网平台企业,才能够长远赢得用户的认可,从而获得更大的发展。将互联网平台企业的商业思维匡在法律法规、社会责任之中,反对垄断和不正当竞争行为,在一定程度上是为了更好的市场秩序、为互联网平台企业发展的长远考虑,避免"劣币驱逐良币"现象的出现。

互联网平台企业应适应社会和公众对互联网平台企业社会责任的期望。大众对企业的伦理期待,既包括"守法""不作恶"等基本伦理要求,又有"行善助人""保护环境""关爱社会"等较高的伦理要求;既有避免为社

---

① 肖红军,李平. 平台型企业社会责任的生态化治理[J]. 管理世界,2019(4):120-144.

会带来负面效应，又有希望主动积极参与社会公共问题治理等，例如，贫困问题、就业问题、环境恶化问题等。互联网平台企业社会责任实践范式应聚焦多主体的生态系统建设。

互联网平台企业应积极参与所在社区的治理，积极回应相应的利益诉求，在就业创业提供、税收创造、服务保障、志愿参与等方面，不断增长社区福利，同时可以打通社区"围墙"，把互联网平台企业的价值观、方法、工具融入社区，赋能社区治理，打造智慧社区，探索解决社区治理难题，使得人们找到更多认同、安定和归属。

互联网平台企业应推进自身商业价值与社会价值和谐统一，比如，在企业基本价值观基础上，应有卓越的目标，如"如何让这个社会变得更好"。在全球化背景下，互联网平台企业追求共性价值的同时也应有更多本土化的思考、本土化的议题。例如，共同富裕是国家战略，我国互联网平台企业应主动参与、主动支撑。作为社会资源配置平台，平台型企业要充分考虑社会整体福利。

互联网平台企业社会责任应主动承担环境治理责任。日益增长的负面环境外部性和强大的平台聚合客观上对中国互联网平台企业相应地扩大其生态环境主体责任提出要求。平台企业拥有庞大的平台生态系统，具有巨大的数字技术创新和数据收集能力，但其生态环境治理的不到位与其所具有的巨大权力形成鲜明对比。对于生态环境影响巨大的互联网平台企业而言，保护环境不能停留在口头或文本上，也不应只是公益慈善活动，更应为预防、记录和减轻与环境深度关联的亿万用户的环境影响负责。互联网平台企业要建立系统的、前瞻性的环境管理机制，尽快制定并发布碳中和减排的目标承诺，并积极赋能其他产业、行业的生态环境保护工作。

二、互联网平台企业与政府的伦理关系

(一)背景：平台企业触及政府权力领域

与一般企业相比，互联网技术、数字技术的发展打破了现代社会权力

结构既有的平衡,信息和数据已很大程度上影响到权力的分配。互联网平台企业日益增长的社会影响渗透力让其无形之中兼具了很多公共属性,并逐渐具备了影响社会公共权力运转的能力。时至今日,人们已经很难简单地用技术或者工具来定义互联网平台企业的作用,它更是信息发布平台、交互平台、利用平台和交易平台,具有媒体属性、商品属性、社交属性。随着移动互联网的深入,互联网平台企业借助数字技术发展,不断增强整合和吸附能力,权力不断向外延展。规模化发展的互联网平台企业有更为明显的社会属性,在很大程度上代替了原本应由国家承担的部分公共服务功能,打破了公权力形塑的既有格局,触及传统政府的权力领域,甚至涉入社会、政治、文化的传统权力领域,与这些领域产生张力和摩擦。而且一旦规模化的互联网平台企业出现经营波动或风险,其负面溢出效应也将更为明显和突出。

与互联网平台企业发展初期相比,受益于国家的大规模基础设施的投入、良好的发展政策环境、整合的大市场、庞大的人口等多重因素,也是作为社会基础性要素为社会提供信息基础设施建设,部分用户规模达到亿级的超级互联网平台,更是一跃成为新时代非常关键的信息基础设施,诸如微博、微信、支付宝、抖音等为社会搭建了信息交流、电子支付的超级平台。与此同时,平台经济领域"大数据杀熟"、资本无序扩张、限定或排他交易、劳动保障缺位、网贷平台乱象横生等不公平竞争和损害消费者利益的行为日渐增多。我国对互联网平台企业 2021 年由弱监管转化为强监管,通过近两年的系统治理,现已形成相对完整的平台经济治理体系。2023 年互联网平台企业治理进入常态化监管新阶段。我国"强监管"政策的目的,是本着维护国家安全、人民利益和促进市场公平竞争,是做强做优做大平台经济,是限制平台不合理的数字权力,立规矩,明底线。然而,由于缺乏系统性、创新性的监管体系以及统一的政策框架,实践中对平台经济的"强监管"往往表现为多部门同时出击,且沿着传统的反垄断和监管政策思路施政,忽视了数字技术和平台经济区别于传统经济的特性,对平台经济发展预期造成较大打击。

与国外互联网平台企业相比，互联网平台企业的迅速扩张以及相应的反垄断监管，并不是中国所面临的独特问题，而是全球反垄断监管的难点和挑战。随着规模的不断扩张所导致的互联网平台企业各类问题已经在全球范围内引起了人们的广泛关注，各主要经济体实际上均在同时调整反垄断法和加强直接监管。在几大经济体平台监管上，美国以博弈为主，政府、法院、平台企业、社会公众多方参与角力，达到一个各利益群体都能接受的妥协结果，但整个过程相对漫长；欧盟在"数字主权"战略框架下制定法律法规，试图以一种更具前瞻性的方式监管数字市场，实施强制算法透明性和中立性以及数据共享规则，同时对在欧盟的数字企业加强执法，提起反垄断诉讼或进行市场违规处罚，对美国 Google 公司等频频开出天价罚单。近年来，我国也明显加大了数字经济领域的反垄断力度，监管机构对阿里巴巴、滴滴、京东、蚂蚁集团、知网等平台企业实施了反垄断处罚，并依法补偿消费者的合法权益。

（二）现实：平台企业合规问题突出

平台企业与政府的关系复杂多样。近年来，我国互联网平台企业在反垄断合规、个人信息保护和数据安全、反不正当竞争、广告合规、产品质量和消费者权益保护、价格行为规范和知识产权保护等方面的问题较为集中。企业合规和数据隐私安全成为互联网行业监管的重点。

一方面，诸多合规问题的背后是互联网平台企业屡屡突破权力边界。随着数字技术日益渗透到人们的日常生活中，数据之上俨然已附着一种新型权力，由资本和技术联姻下的互联网平台企业不断崛起，它们获得的权力远远超过了所应明确承担的责任和义务，甚至比许多国家政府的权力和影响力更大。因为权力的失衡和治理能力的严重不对称，其拥有的超级权力越来越成为双刃剑。接二连三爆出在消费者权益、隐私保护、数据安全、虚假信息等方面的问题清楚地展现出这种权力和责任的不对称。如果这种不对称达到不平衡的极致，则往往导致权力的任性与行为的越界，甚至于形成一种超国家化、超政府化的权力。例如，在 2021 年特朗普支持者冲击美国国会大厦事件后，美国社交平台纷纷禁言或者限制使用特朗普账号,导致特朗普及其竞选团队的社会性死亡。这一事件在部分网民心中可谓"畅快淋漓",但也引发全球性反思:谁赋予社交平台这一权力。因此,如何规范权力运用,防范平台滥用其权力,已成为世界各国的一大治理难题。

互联网平台企业在经济和社会生活领域的任性与越界更加普遍。作为一种新的资源组织形态,互联网平台企业已成为零工经济的主要载体,但也对传统的"政府—企业"二元治理结构下劳动者权益保护产生巨大的挑战,"被困在系统里的外卖骑手"就是典型情况;在互联网平台企业治理实践中,存在基本的程序标准不被遵守的情况,比如,在"淘宝十月围城"事件中,淘宝平台未履行必要的正当程序调整淘宝规则,大幅上浮对商家的技术服务费和违约保证金,引发中小卖家的强烈不满,3 000多个中小卖家围攻淘宝商城,震惊整个电商界。此外,平台"二选一"的垄断行为、字节跳动与腾讯的纠纷涉及信息过滤权的越界等体现出互联网平台企业在公共和社会领域行使了过大的权力,公民权利也逐渐被限制。

另一方面,个别互联网平台企业将自身利益置于数据安全和国家安全之上。近年来,针对互联网平台企业的监管浪潮,其中部分情况聚焦于数据安全和国家安全之上。2020年11月,蚂蚁金服在上市之前被叫停,主要原因之一是其花呗、借呗等业务存在着高达百倍的金融杠杆。一旦上市,这种高杠杆易演变成金融系统风险。2021年7月,国家网信办连续发布了对"滴滴出行""运满满""货车帮""BOSS直聘"实施网络安全审查的公告。[1] 上述互联网平台企业的共性特点之一是均掌握大量用户的隐私数据,并且业务与关键信息基础设施相关联。基于生态事件运营发布平台和大数据、AI技术,在收集、存储、使用数据的过程中,滴滴积累了海量的数据,所拥有的数据包括乘客主动产生的数据和被动留下的数据,其中不乏关乎国家数据主权的敏感信息数据,比如,国防、军工、外交、金融、科技、化学、核设施等领域的数据,大型工程活动、人口普查、经济统计、国土测

---

[1] 李云舒.数据安全关乎国家安全[N].中国纪检监察报,2021-07-07.

量以及敏感地理信息数据等,科学家、重要科研人员和相关单位人员等相关数据。Boss 直聘则牵涉到敏感的国企信息、劳动力结构信息、就业市场信息,以及背后隐含的宏观经济形势的变化、国内重大决策等。

互联网平台企业带给公民、国家等某些方面的压力也日益凸显,其垄断性地位对国家网络空间治理现代化提出了挑战,与之对应的是数据流动的业务需求和相应的安全风险的矛盾,是相应数据关系到国家安全、国民经济命脉、重要民生、重大公共利益等,是可能对国家安全、公共利益和社会稳定产生系统性的影响。

(三)期望:实现创新与监管的动态平衡

互联网平台企业与政府之间的伦理关系重点在于实现企业创新与政府监管的动态平衡,防止用相对静态的监管思维回应高度动态的互联网平台企业发展。

1. 坚持监管规范和促进发展并重的原则

畅通沟通、促进共识、争取双赢,进而促进高质量发展。政府采取常态化监管的方式,进行必要的监管,是确保人民群众权益得到必要保障的前提;与此同时,要以引导和规范化的手段,循序渐进地推进平台经济市场结构转型,释放其中的技术和模式创新。互联网平台企业则要主动配合政府部门,并以技术助推实际行动,减少监管摩擦,实现治理良性互动。

2. 坚持法治原则

互联网平台企业监管工作应在依法行政的框架之下,在法治原则的轨道内运行,在充分尊重市场主体的程序性权利的前提下展开,通过法治化、常态化、规范化监管,避免执法理念、执法尺度和执法措施大起大落,稳定市场主体预期,使其可以预测自身经营行为的法律后果,确保监管工作合法、适度和有效。

3. 坚持伦理治理

涉及消费者保护、个人数据隐私的伦理体系是互联网平台企业自我约束的外在要求,也是相关国际认证的重要指标内容之一。对于互联网平台企业的常态化监管,应对的是海量的数据信息、人流、物流、资金、技术等,需要具备全局意识和系统观念,需要与平台快速成长相匹配的监管手段和监管效率。但监管部门囿于经费、体制等方面的原因很难实现,监管机构必须借助平台才能更好地做好监管工作。

4. 坚持科学审慎

在监管过程中,监管机构要辩证地看待并处理政府与市场的关系,对市场中出现的尚未有明确应用结论的新模式、新应用应保持包容审慎的态度,留有一定的空间或观察期,避免应激式或过度监管对数字经济的市场竞争机制和创新激励机制造成干扰破坏,要寻求在发展中解决问题,推进构建稳定的市场和发展预期,要确立安全与发展的平衡理念,即要将国家核心数据纳入科学、合理的数据类型限度内,建构体系严密、内外贯通的国家核心数据识别机制和退出机制,避免将国家核心数据的外延无限放大,导致非国家核心数据在数字经济市场难以自由流动。

5. 加强合规管理

合规建设对互联网平台企业而言是一种责任和义务,互联网平台企业要充分意识到企业合规建设的重要价值。互联网平台企业在日常运转中要始终坚守合规守护和创造价值的理念,不断加强企业合规文化建设,将监管要求内化到企业经营管理中,实现从"要我合规"到"我要合规"的转变,及时预见、防范和化解合规风险,坚持依法合规经营,强化自我约束管理,主动进行有效的自律规制,追求社会效益和经济效益相统一,共同促进数字经济健康规范发展。

第四节　互联网平台企业与第四圈层的伦理关系

本节所述内容为互联网平台企业与世界的伦理关系。互联网的跨时空性、虚拟性决定了互联网平台企业应具有全球视野,"世界""地球""全人类"应成为其伦理规范对标的终极追求。

一、背景：平台企业成为国内外市场共治者

在新一代数字技术推动下,以互联网、大数据、云计算、人工智能、区块链等数字化知识和数据为核心要素的产业快速发展,对应数字经济产业以及产业链的发展;以数字技术与各领域融合的更大市场规模、更多行业领域的产业数字化也在如火如荼推进,对应数字技术深度融入传统产业,发展成为产业互联网企业,全球加速迈进数字经济时代。两者交织前行,已成为数字经济未来发展的重要方向,也将对现有全球化经济格局和范式产生重要影响。《全球数字经济白皮书——疫情冲击下的复苏新曙光》显示,全球主要国家数字经济规模在 2020 年达到 32.6 万亿美元,较上年名义增长 3.0%(0.9 万亿美元),在国内生产总值中的比重达到 43.7%,发达国家更是高达 54.3%。[①] 数字经济正在成为重塑全球经济结构、改变全球竞争格局的关键力量、推动经济增长的重要引擎。新冠疫情期间,互联网平台企业较传统企业所展现出来的增长性已然证明。

在全球经济格局中,互联网平台企业是非常重要的载体。包括资本逻辑、贸易规则、竞争法则、纠纷解决等在内的治理体系为互联网平台企业的跨国跨地区行为设定规范。以往消费者投诉和赔付主要基于消费者权益保护委员会等机构的渠道和程序,现在平台企业上的各方则可以按照平台规则来沟通,效率更高、成本更低。因此,互联网平台企业现在已成为国内市场和国际市场的共同治理者。

在全球竞争格局中,数字经济领域的全球竞争正在进入白热化阶段。各国都在争夺全球数字经济市场和全球治理的未来话语权。世界各国特别是主要经济体,纷纷出台中长期数字化发展整体布局或战略规划,加大数字科技领域投入,加快数字经济发展和产业数字化转型,谋求赢得这一战略机遇期以及未来发展的主动权。与此同时,作为数字经济的支撑、头部和链主的互联网平台企业,战略性作用逐渐显现,甚至具备左右政治、

[①] 《全球数字经济白皮书——疫情冲击下的复苏新曙光》,腾讯网,https://new.qq.com/rain/a/20210923A0FWQH00。

经济趋势发展的地缘政治影响力。

二、现实：平台企业存在"新"问题

满足全人类对美好生活的向往和追求，是数字经济发展孕育的重要动力，也是互联网平台企业应秉承的核心伦理价值。但现实中，不同国家和地区存在明显的差异，呈现出数字鸿沟、数字壁垒等诸多问题。

1. 数字鸿沟问题

在全球贫富差距悬殊、贸易保护主义抬头的当下，随着全球互联网突飞猛进，除一国或一地区内部存在占有和利用大数据资源而导致的数字鸿沟之外，国家间或地区间的数字鸿沟问题逐渐突出。贸易保护主义、新冠大流行使得全球产业链、产业格局进一步重塑，凸显了各国面对 ICT 使用挑战的脆弱性，其中包括区域之间和国家内部发展的不平衡。新信息通信技术的不均衡接入会在个别国家内部和国际层面造成紧张局势，并阻碍国家和地区的经济复苏。然而，确保"数字包容"（即无处不在的 ICT 接入）面临着诸多困难，如国家和地区之间教育水平的差异、国家和国际层面 ICT 监管框架的差距以及政府和 IT 对信息的操纵等。全球经济一体化下，数字鸿沟使得世界范围内的财富分配、贫富分化等社会现象更加突出。

2. 垄断及不公平竞争问题

借助数字技术在全球扩张，互联网平台企业尤其是美国互联网巨头通过资本渗透，不断扩张构建出一个跨界跨领域、与现实世界平行的数字世界，并竭力成为其规则的制定者。相较于传统的垄断工业集团，互联网平台更类似于集中数据、资本和技术的超级权力体，其社会权重与影响性巨大。在平台经济快速发展的同时，互联网特性使得其"虹吸效应"远超其他行业，平台经济下的垄断与治理正在成为全球关注的焦点问题。欧盟委员会连续 3 年以"反垄断"为由对 Google 做出巨额裁罚，Apple、Facebook、Amazon 等美国企业也是欧盟反垄断的主要调查目标。

3. 网络霸权问题

互联网平台企业以及与之而来的技术创新、劳动力生产、数据安全等已成为关联影响未来全球化发展方向的核心因素,事关网络主权。虽然标榜价值无涉,但美国互联网巨头的意识形态属性与美国政府并无二致,并凭借技术先发优势、平台优势、传播优势而成为当前以西方国家进行意识形态输出的重要载体。通过"肆意"地对用户数据信息的收集、处理和分析,互联网平台企业便可"精准画像",定向信息"投喂",利用潜移默化的方式传播西方的意识形态,引导用户习惯并接受所接触到的西方意识形态价值观,在实现"话语霸权"的同时获得经济垄断。"阿拉伯之春""茉莉花革命"等事件中,西方国家利用了互联网巨头对于意识形态领域渗透的高效性、隐蔽性,在网络空间中利用信息不对称误导当事国国民以及国际社会,进而从思想深处动摇了当事国国民的凝聚力与认同感。

4. 中国互联网平台企业国际竞争力有待进一步提升的问题

对于一些已经"走出去"、实现跨法域经营的中国互联网平台企业来说,国际环境正在迅速变化,各国以国家利益、公民隐私保护等为切入点,通过制定本国本地区法律,保护个人信息、重要数据等,逐渐加大本国互联网市场的进入壁垒,尤其是在个人信息保护领域,类似欧盟制定的GDPR之类的法律法规正成为一种常态。如果这些企业采取的是一体化的网络架构和数据治理模式,如统一的数据中心,则必然会面临数据/个人信息所在国法律有关数据出境的约束。此外,保护主义、单边主义不断抬头,中美关系、地缘政治、贸易冲突等非常容易给企业带来冲击和影响。

三、期望:推动数字经济造福全人类

数字经济是全球未来的发展方向。中国互联网平台企业要积极参与全球数字经济竞争,以平台思维、中国视角、世界眼光为全球数字经济发展贡献智慧和力量,积极参与相关国际规则和标准的制定,打造全球引领性的互联网平台企业,为全人类共享数字经济发展做出贡献。

1. 坚定维护国家网络主权

要深刻认识到虽然网络空间信息传播能突破传统的国土疆界,但网

络空间有主权。"安全可控""网络安全审查""数据本地化"等就是国家网络主权的基本要求。我国在涉及网络信息安全的核心攻防技术和制度保障方面仍相对薄弱,互联网平台企业对于"卡脖子"技术的突破仍需努力,这对于国家重要信息、核心数据、整体安全至关重要。面对世界范围内网络渗透、网络攻击、推行种族主义、网络恐怖主义活动等,互联网平台企业应主动承担责任、积极创新、有效应对和抵御网络空间负面性因素对国家安全各方面的影响。

2. 积极向上地参与数字经济的国际竞争

互联网平台企业的规范有序发展,既是中国数字经济发展的一面镜子,也是中国科技公司具有国际竞争力的证明。《关于加快建设世界一流企业的指导意见》强调,要加快建设一批产品卓越、品牌卓著、创新领先、治理现代的世界一流企业。我国一批互联网平台企业在数字经济发展进程中快速成长。这些企业拥有经得住考验的成熟的商业模式,并依托中国这个超大规模、超级活力市场作为试验场,获得了宝贵的发展机遇和基础积累,理应在国际市场上有更大作为和更多贡献。

3. 为构建网络空间命运共同体贡献智慧

面对当前互联网空间发展不可持续等越来越突出的问题,其突出形式为网络空间霸权主义和强权政治依然存在。因此,构建和平、安全、开放、共享的网络空间至关重要,保障网络空间可持续发展更加紧迫。互联网平台企业既是数字经济建设当仁不让的主体,又是网络空间治理的重要参与者和实践者,还是互联网行业发展和数据安全的践行者和引领者,理应在网络空间命运共同体构建上有所作为。

第五节 小 结

企业是其利益相关者的总和,主要利益相关者是企业实现可持续发展的核心和关键。互联网平台企业伦理规范的构建必然要充分考虑与利益相关者的关系。本章通过背景、现实、期望的三重分析逻辑,系统阐述了中国互联网平台企业的伦理关系及规范的应然内容。

一、互联网平台企业利益相关者的四个圈层

第一圈层是核心圈层，是互联网平台企业的根基所在。无论是互联网平台企业还是传统企业，作为供给侧企业，其核心利益相关者均是在需求端，也就是互联网平台企业的用户。互联网平台企业的价值很大程度上来源于其用户量的多少，一定程度上也随着使用或关注人数的增加而提升。相比传统企业，互联网平台企业更需要维系好与用户之间的关系，比如，通过物质和精神手段吸引、留住、激励用户创造更多内容来为平台增加价值，进而吸引更多关注和流量，形成的正向效应反过来又会吸引更多的内容创作者和消费者，最终实现良性循环。这种产消融合的形式，创造了新的商业模式，也改变了企业对用户权利的理解。

在企业的发展过程中，员工发挥着极为重要的作用。尤其对于互联网平台企业而言，员工是其创新驱动的发动机。标准化作业方式、较高品质的产品或服务、高度集中的管理模式、相对固定的对外联系渠道是一个传统企业具有的必备因素。平台企业打破了这种传统体制机制的桎梏，其高效组织架构大幅缩短了上下层级的沟通时间，其数字技术手段可以使企业宽域式面对用户并节约成本，这一系列都可以为平台企业赢得市场主导地位提供助力。

第二圈层是互联网平台企业所进行的正常经营的各种要素支撑所在，包括产业链、资金链、供应链以及所对应的行业市场，解决的是互联网平台企业与市场的伦理关系。互联网平台企业通过数字技术打通地域、行业等，链接起上下游的生态体系。

第三圈层是互联网平台企业应该秉承的企业社会责任，以及应该推动建立的合规管理体系，解决的是互联网平台企业与社会、政府的伦理关系。互联网平台企业从自然界、社会获取资源，实现发展，也理应对自己的行为和选择承担责任，及时关注并回应社会期望与关切，发挥模范带头作用，引领全行业甚至全社会的履责行为。

第四圈层是互联网平台企业应具备的世界格局与眼光。互联网是人类的共同家园。中国互联网平台企业理应在为全人类增加福利、创造价值、提供便利的同时，为充满不确定性的世界注入一种新的正向的伦理精神，为构建网络空间命运共同体做出应有贡献。

二、互联网平台企业社会责任三个层次的构建

企业社会责任主要基于利益相关者理论，对于互联网平台企业的伦理构建，企业社会责任应重点关注。互联网平台企业具有"二元性"，即它既是公司又是准市场，涉及的利益相关者越来越复杂，利益协调难度大。与传统的企业社会责任相比，互联网平台企业的社会责任可以划分为三个层次，即平台企业作为独立个体，作为平台开发者、运营者和管理者，作为涵盖诸多利益相关者的生态系统所应承担的社会责任。平台企业社会责任的多重关系也决定了治理不能一概而论，必须分层、分步、有针对性地进行管理。

从实践层面来看，不同互联网平台企业进展不一，大型平台相对规范，中小互联网平台企业较为薄弱；利益相关者的伦理治理体系缺乏，以互联网出行平台为例，其利益相关者不仅包括股东、投资者与员工，也包括网约车司机与出租车司机，还包括司机与乘客，甚至还包括同行业竞争者。这些利益相关者之间的利益并不总是一致，有时彼此矛盾，甚至冲突。例如，平台企业要按照股东或投资者的诉求进行迅速扩张时，就可能会以牺牲服务质量，甚至最基础的安全性为代价，而这就必然会侵犯到乘客的利益。当不同利益相关者之间发生冲突时，权衡取舍就非常必要。因此，谁来制定伦理规范、怎样制定伦理规范等问题就很关键。

三、互联网平台企业与利益相关者伦理规范构建上的跃升

(一)由强制性社会责任到自愿性社会责任

作为嵌入市场、融入社会的新型经济组织，互联网平台企业的经济责任和首要职责是为社会提供高质量并且符合社会期望的产品和服务。产品和服务及生产过程也必须符合行业规范和国家的相关法律法规，达到社会公众的道德底线，这也与其强制性社会责任相一致。强制性社会责任强调的是法律底线，互联网平台企业要严格遵守《中华人民共和国反垄断法》等法律法规，相关市场行为合法合规、操作正当、公开透明。从权责对应角度而言，互联网平台企业的社会责任不应是简单的达标及格，而是应该将社会责任内化成平台自身的运行规则，即达到自愿性社会责任。对于破解社会难题、创造社会价值，主动开展具有价值创造性、公益性的社会活动，互联网平台企业不仅要参与其中，还要发挥社会公民引领作用，增强整个生态系统的履职自愿性与积极性。

（二）由单边互动转为多边互动

传统企业往往可以清晰地识别出互动最为频繁、利益最为紧密的一个或少数几个核心利益相关者，比如客户、供应商等。抓准这些核心利益相关者的期望诉求，就容易取得商业成功。而互联网平台企业所面临的情况则要复杂得多，其需要同时与供给侧用户和需求侧用户进行互动；更重要的是，买方与卖方之间不止双边，也可能多边，互动结果也可能会对互联网平台企业的经营业绩产生直接影响。例如，滴滴平台因司机与乘客间发生的伤害事件而面对业务停摆和整顿。因此，互联网平台企业不能仅与少数核心利益相关者进行单向互动，而且必须关注整个平台上乃至平台外众多利益相关者的差异期望诉求，并进行有效的沟通、协调、平衡，为自己赢得更好的经营环境。

（三）由短期关系转为长期关系

传统企业与多数外部利益相关者之间建立的普遍是短期交易关系，例如，供应商履行合约交付产品，企业向客户提供指定服务等。双方各自后续发展不会受到对方的显著影响。相较而言，互联网平台企业由具象优势转为抽象优势，与利益相关者之间则表现出明显的长期导向关系。利益相关者因为对互联网平台企业的整体品牌和美誉信任，因此也往往会选择认可该平台上第三方的产品与服务。互联网平台企业本身也反对

"一锤子买卖",倡导与利益相关者间构建起长期共生关系,实现"你中有我,我中有你"的深度捆绑,以期转化为长期良好的平台生态系统。

四、互联网平台企业与利益相关者伦理规范构建的着眼点

利益相关者共同创造价值。就一般企业而言,其治理模式包括治理结构、治理规则、治理机制等"显性"方面。这种相对透明的治理模式可以帮助利益相关者更好地参与到企业的治理之中。但互联网平台企业通过运用 AI 算法、内容理解等数字技术,可以实现"隐性"治理,一定程度上削弱了利益相关者参与企业履责的途径和话语权。刷屏全网的"外卖骑手,困在系统里"正是互联网平台企业"隐性"治理的代表性现象。作为其直接利益相关者之一的外卖骑手,很大程度上要通过"和交警较劲,和红灯做朋友"来参与平台企业的外卖业务和保证高绩效;作为直接利益相关者之一的用户,面对"我愿意多等 5 分钟/10 分钟"功能,感受到的是外卖平台通过制定规则"甩锅",用户面临的则是消费的品质下滑甚至道德绑架。

互联网平台企业已经深深嵌入现代市场经济的运行过程之中,规模化发展的互联网平台企业有着更为明显的社会属性。新时代互联网平台企业利益相关者构建应秉承网络空间命运共同体理念,妥善处理好盈利和规范的关系,积极参与社会治理,积极参与国际竞争,营造开放、健康、安全的数字生态,共同推进互联网技术发展与创新,把自身建设成为发展共同体、责任共同体、生命共同体、价值共同体,确保人人共享互联网发展成果。

第五章　中国互联网平台企业伦理规范的构建向度

伦理规范不会凭空出现,需要主观努力的同时借助一定的客观环境才能生成。在资本主导的企业中,资本挟企业以令市场,资本所主导的价值观不仅无法满足市场的基本运行,反而暴露出各种伦理失范问题,更无法满足社会对企业的期望。劳动与资本、发展与责任、技术与安全、监管与规范、劳动者与投资者之间的关系已成为当下互联网平台企业伦理规范面对的需要平衡的关系。在权衡分析上述几对关系的基础上,互联网平台企业伦理规范可以从理论向度、实践向度、文化向度、环境向度、政策向度进行综合考量(见图5—1)。

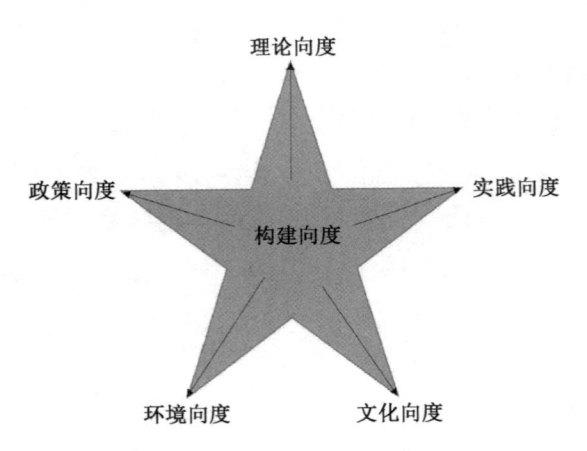

图5—1　中国互联网平台企业伦理规范构建向度

相较于传统企业,互联网平台企业的利益相关者甚多,其成长和发展需要有效的外部协作和内部协作作为保障,这也就蕴含着互联网平台企业为利益相关者和社会服务的道德性。中国互联网平台企业伦理规范的构建,需要在对利益相关者群体等西方学术话语辩证分析的基础上,用鲜活、丰富的当代中国实践来推进。综观与利益相关者的伦理关联,共同的底层逻辑指向的和最后的落脚点均在于人、人的发展以及对人的尊重,这与马克思主义"人的全面发展理论"的哲学逻辑相契合。

第一节　理论向度

理论对伦理规范具有指导作用,伦理规范构建必须要有理论支撑。互联网平台企业伦理规范源于鲜活的治理实践,需要不断地从某个微观现象、某个具体问题,运用理论范式去思考、提炼和建构。互联网平台企业伦理规范事关经营活动的善与恶、应该与不应该,需要契合数字经济、数字技术、数字劳动、数字资本等价值理念与实践需求,而这一系列数字要素不应被简化理解,而应有理论支撑。

一、坚持以马克思主义伦理思想为指导

马克思主义伦理思想是人类伦理思想发展的必然产物,以辩证唯物主义和历史唯物主义为指导,研究道德的本质、起源和发展,对现代道德现象和道德规律全面地理解、阐释,是人类伦理思想的经典理论成果。马克思主义伦理思想的传播和发展是中国特色社会主义伦理道德演进的重要推动力量之一。

马克思主义伦理思想具有鲜明的价值取向。"共同富裕""精准扶贫""集体主义""人的全面发展""民族平等"和平共处五项原则等内容深刻呈现这一伦理本质和伦理立场。马克思主义伦理思想具有鲜明的批判性,在深刻揭示、剖析西方伦理思想与理论所暗含的伦理逻辑的基础上,强调以道义为核心的人伦文明,具有道德高度和道义优势,深刻回应了以人的自由全面发展为主旨的马克思主义理论。中国互联网平台企业伦理规范构建应秉承这一点,坚持以人民为中心、促进人的全面发展的思想,坚持把增进人民福祉、增进人类福祉,坚持消灭贫困、朝着共同富裕方向稳步

前进作为平台企业的重要社会责任之一。

当代中国马克思主义伦理学具有强烈的时代意蕴和价值意蕴，其重要理论成果社会主义核心价值观建立在对社会主义市场经济科学认识的基础之上，与中国特色社会主义发展要求相契合，与中华优秀传统文化和人类文明的优秀成果相承接，与经济全球化和全球数字经济浪潮背景对互联网平台企业伦理的要求相匹配。中国互联网平台企业伦理规范构建要按照社会主义核心价值观的价值标准推进建设，进行相应的宣传教育、示范引领。

二、坚持中国特色社会主义市场经济伦理

自1978年实行改革开放，生产力得到解放和发展，计划经济逐步向市场经济转型。经过多年发展，中国特色的社会主义市场经济，顺应时代发展和人民呼应，取得了举世瞩目的伟大成就。这得益于坚持和完善我国社会主义基本经济制度，毫不动摇地巩固和发展公有制经济，毫不动摇地鼓励、支持、引导非公有制经济发展。

在社会主义市场经济条件下，互联网平台企业在追求经济效益的同时更应注重企业伦理道德的规范和社会责任的承担。互联网平台企业要像所有经营主体一样，越是发展壮大，尤其是有的平台企业已经成为数字社会的准公共基础平台，就越要建立起更加广泛的社会责任意识，越要与社会主流价值体系相"对标"，越要铭记自己是社会主义民营企业的初心与来路。

互联网平台企业要深刻践行习近平经济思想，在数字技术创新中深入推进创新、协调、绿色、开放、共享的新发展理念，以"不断推动高质量发展"而非功利性为逻辑终点，以"不断满足人民日益增长的美好生活需要"而非平台企业独善其身为逻辑旨归，坚持推动社会公平正义，在道德和法律框架内顺势而为。其伦理规范构建要坚持理论与实践相结合、认识论和方法论相统一，遵循新时代经济社会发展规律，倡导公平竞争、包容发展、开放创新的市场经济伦理。

商业是解决当前人类共同难题的重要因素。近年来,中国互联网平台企业的创始团队基本上是由志同道合的创业者组成,共同目标包含为人们的生活带来积极改变的理想初衷。广大利益相关者眼中的互联网平台企业也不能是没有灵魂的赚钱机器,必须是基于人的需求,基于人类共同价值的"人的组织"。这种诉求包含在利益相关者与互联网平台企业的各种伦理关系之中。

三、坚持传承中华民族优秀传统商业伦理

我国历来重视伦理道德,自古以来从商业实践中都可以看到和感受到传统伦理的影响,无论中国传统的儒家思想、老庄思想、阳明心学等传统伦理,还是某些大家族所制定和家规家风等家庭伦理,抑或人力资源管理上的德才兼备、以德为先,经营管理上的义利兼得、见利思义等。"诚信义利"自古以来就是中华民族推崇的道德准则,是社会关系中最根本的伦理范畴和价值取向,是人们所推崇的做人经商的终极追求,对企业伦理规范构建具有重要启示。比如,儒学核心思想带有诸多深邃的管理精髓,其管理智慧的基本精神是:以人为本,以德为先,以义为重,以和为贵,以中为用。[①] "义"作为一种"应该"的伦理规范,是人们在社会关系中遵从的应然之则,而"利"则是一种对经济效益和物质的追求。从义利发展的趋势看,义利统一最终会发展为道德应然,这也是义利关系最高层次的理解。从"重义轻利"到"义利整合",从"重农抑商"到"农商兼举",中国传统商业伦理始终沿着一条自己的道路在波折中不断创新、发展,也不断滋润着中国商业发展。

中华民族优秀传统商业伦理涵养着当代中国的企业家精神。在以"唯利是图,追求利润最大化"为本质的资本主义精神传播的当下,儒商对于互联网平台企业伦理规范构建有种正本清源的意蕴。儒商的出现并非简单的商业现象,儒商精神根植于本土的优秀商业文化,发源于2 500多

---

① 洪修平.论儒学的人文精神及其现代意义[J].中国社会科学,2000(6):64—72+206.

年中华民族文化的历史积淀。儒商既追求合理的商业成功,又反对不择手段地发财致富,还有超功利的最终目标,有"天下兴亡,匹夫有责"的崇高社会责任感,有救世济民的远大志向和追求兼善天下的理想情怀。儒家大多主张"均平"思想,重视利用分配制度对于经济发展的积极作用,这一点对于现代市场经济制度的构建必须有"公平之维"便有借鉴意义。

互联网平台企业伦理规范构建需要基于文化和精神维度,吸纳传统文化中"善"的精髓和哲学思维,为中国企业注入经济伦理和道德理念。伦理规范应具有鲜明的时代性的同时,还应特别注重历史的传承与文化的积淀。伦理精神的自觉构建恰恰来源于此。新时代讲好中国互联网创新与传统文化融会贯通的故事,提炼出既符合中国具体实际,又能与世界其他国家形成对话的伦理规范非常迫切和关键。

四、坚持吸收国际社会合理的伦理规则

现代企业组织起源于欧美,西方对商业伦理的管理思想和伦理构建也起步较早。通过对中西方文化中涉及商业伦理的相关文献的系统梳理发现,早期的西方商业伦理主张理性"经济人"假设,追求效用最大化,强调自利性与功利性;工业革命后期,西方商业伦理开始重视"人"的社会属性,强调人文伦理、以人为本、关怀行动等;20世纪80年代以后,利益相关者理论深刻影响了西方商业伦理,股东利益、员工成长、顾客满意度、环境保护、慈善公益等逐渐成为新的核心构成要素。这一系列思想观念、理论研究和研究视角为企业的发展提供了有力的伦理支撑。

改革开放以来,中国企业的发展从西方汲取了很多现代的管理思想,既包括对市场竞争、产品竞争、规则竞争的理解,又包括对它们的科学精神、创新意识、伦理规范的吸收。新时代中国互联网平台企业伦理规范的构建,需要批判地借鉴义务论、功利论、契约论、正义论、美德论等西方伦理思想合理的成分,需要借鉴西方市场经济实践中形成的经济伦理思想及其发展变迁、实践经验,将有益的思想资源为我所用,夯实理论基础。

在当今全球经济格局中,欧美企业以及国际组织形成的现代市场和企业伦理仍然居于主导地位,因此以欧美跨国公司为代表的国际商业伦理规范不容忽视。中国互联网平台企业应对照不同国家和地区互联网平台企业的伦理原则,汲取合理成分,为伦理规范构建提供镜鉴与启示。有效解决跨文化沟通与伦理冲突已经成为跨国企业经营的关键。近年来,在国际商业实践中逐渐形成且遵循的道德准则主要有:对人类共同利益负责;充分尊重当地文化,并通过各种方法促进东道国的利益增长;不应该参与任何不符合道德和法律的活动;尊重并平等地对待每一个为其服务的雇员;保护并在可能的情况下改善环境。① 对标世界一流企业的商业行为准则,往往包括信义原则、产权原则、可靠原则、透明原则、尊严原则、公平原则、公民原则、响应原则。② 这些原则值得中国互联网平台企业在伦理规范构建中学习、借鉴、融合。

在中国互联网平台企业伦理规范构建的理论向度上,上述四种理论方法并非单独的孤立存在,彼此之间紧密关联。互联网本身就是全球化的产物,它的存在和发展进一步推进全球化。互联网平台企业理所当然面对的是全球市场和人类社会整体,中国互联网平台企业也不可能脱离这一现实。中国互联网平台企业伦理规范的构建必然要站在更高的层面,统筹考虑和吸收借鉴古今中外理论要义,洞察全球经济伦理规则,在推进技术衔接的同时,实现伦理层面的衔接。

第二节 实践向度

伦理规范并非凭空从某一种伦理学理论中演绎出来的原则或观点,而是基于实践经验、教训的归纳和总结。互联网平台企业伦理规范构建的实践考量,也就是在实践中应遵守什么、平衡什么,有助于互联网行业的发展。

---

① 陈燕.国际商务伦理:基本原则与一般共识[J].伦理学研究,2010,49(5):124-128.
② 丁继华.央企合规管理体系建设迈上新台阶[J].企业管理,2023,499(3):14-19.

一、纳入中国特色社会主义经济制度体系考量

改革开放以来，经过不断探索和发展，我国形成了以公有制为主体、多种所有制经济共同发展的总格局和"两个毫不动摇"（即"毫不动摇地巩固和发展公有制经济""毫不动摇地鼓励、支持和引导非公有制经济发展"）的所有制理论，构成了中国特色社会主义经济制度体系，既体现了鲜明的价值导向并在实践中证实了社会主义制度的优越性，又同我国社会主义初级阶段的社会生产力发展水平相适应并推动了生产力的跃升。尤其是对于民营企业而言，"两个毫不动摇"以及一系列扶持民营经济发展的改革举措，为民营企业发展营造良好的法治环境和营商环境。新时代要继续坚持"两个毫不动摇"，积极发展社会主义经济制度实现的有效形式，健全支持民营经济发展的整体环境，从认识层面和实践角度健全支持中小企业发展的政策法规保障，围绕市场准入、行业监管、公平竞争等方面营造各种所有制主体相得益彰的市场环境。互联网平台企业的迅猛发展即受益于中国特色社会主义经济制度体系。正是这一基本经济制度的框架结构使得市场预期明确，正是这一基本经济制度的推进实施使营商环境良好，以及一以贯之、毫不动摇地执行，有力地稳住市场和增加互联网平台企业的信心。

中国互联网平台企业如同一般类型企业，面对国际和国内两个市场，其发展是在摸索中前行，商业模式的创新与数字资本泡沫、外生风险、出海受阻等相伴而行。得益于"积极利用、科学发展、依法管理、确保安全"的方针，中国互联网平台企业在发展现状和趋势上总体健康有序。互联网平台企业要从推动构建新发展格局、推动建设现代化经济体系、构筑国家竞争新优势的战略高度出发，深刻理解监管的内在价值，自觉接受监管。规范发展、加强监管并非为了单纯限制，而是为了规范化，夯实发展的基础，这对于支持相关企业更好地参与国内外竞争、实现发展壮大与可持续发展具有重要作用。互联网平台企业要知道什么能干、什么不能干，将监管要求内化到企业经营管理中；要明确自身定位和使命，服从和服务

于国家大战略和经济社会发展大局;要在谋求自身发展的同时在推动科技创新、便捷人民生活、赋能传统产业、参与国际竞争中发挥积极作用。

互联网平台企业受益于中国特色社会主义经济制度体系,理应深刻理解、遵循、维护这一制度体系,并融入伦理规范体系之中。

二、纳入改革开放的伟大实践考量

我国改革开放并没有照搬西方主流理论倡导的"休克疗法",推行"私有化、市场化、自由化",而是解放思想、实事求是、与时俱进,逐步建立起完善的社会主义市场经济体系,实现从高度集中的经济体制到充满活力的社会主义市场经济体制的伟大历史转折。在 40 多年的改革开放和社会主义现代化建设中,我国坚持以经济建设为中心,把发展作为增进人民福祉、推动社会进步的硬道理,极大解放和发展了生产力,奠定了人们生产生活最基本的物质基础。作为经济社会发展的重要力量,非公有制经济改革开放 40 多年来,从被允许存在、鼓励发展,到被确认为社会主义市场经济的重要组成部分,其发展实践特色鲜明,活力不断迸发。

从 1995 年"中国第一家互联网公司"北京瀛海威科技有限责任公司成立,到今天中国涌现出一批世界级互联网平台企业,短短 20 余年,我国互联网走出了一条从学习者、模仿者、追随者,到齐头并进者甚至局部领先者的发展之路。中国在互联网领域里的大步前进和赶超,完成了从无到有、从小到大、从弱变强、从边缘到核心、从配角到主角的深刻变革。近年来,以互联网为代表的数字经济规模已数年稳居世界第二。据测算,从 2012—2021 年,我国数字经济规模从 11 万亿元增长到超 45 万亿元,数字经济占国内生产总值的比重由 21.6% 提升至 39.8%,在完善新型基础设施建设、推动信息技术与制造业融合应用、发展壮大数字产业、释放数据要素活力、强化数字经济治理、深化国际合作等方面取得了一系列成果。[①] 新冠疫情冲击之下,互联网平台企业和数字经济体现出的行业特

---

① 《中国数字经济发展报告(2022 年)》,搜狐网,https://www.sohu.com/a/585164672_416839。

色和结构优势更加明显。

中国互联网平台企业受益于改革开放的伟大实践,正如腾讯董事会主席兼CEO马化腾曾表示:"腾讯成功有很多因素,但改革开放的历史机遇是我们最大的财富。"阿里巴巴集团董事局原主席马云也表示:"过去四十年中,中国打开了市场,无论是国际还是国内市场。没有改革开放政策的话,就没有今天的我们。"实践是产生精神的基础。改革开放的实践铸就了"解放思想、实事求是、敢闯敢试、勇于创新、互利合作、合作与共"的伟大改革开放精神,成为当代中国人民最鲜明的精神标识,也理应成为中国互联网平台企业的成长特质,并激励互联网平台企业家弘扬企业家精神,加快建设世界一流企业,激励互联网平台企业健康规范持续发展。

三、纳入中国互联网平台企业发展历史考量

相较于其他国家,我国互联网和互联网平台企业的发展可以用跳跃成长来形容。在发达国家,互联网带来的进步是渐进的,在原先良好的基础上逐步升级产业。以移动支付为例,在移动支付兴起之前,欧美发达国家则早已有成熟的信用卡生态体系,业务精细化程度不断加深。反观中国等发展中国家因金融服务下沉不足、相关基础设施滞后、信用卡持有率低、消费者尚未形成信用卡使用习惯,仍较多采用现金方式的线下交易为主。这在另一个方面意味着,我国移动支付的行业市场普及率和成熟度较低,留有市场空白。互联网平台企业则通过解决这一痛点,通过支付宝、微信、百度钱包等智能手机支付工具,得到了跳跃成长的机会,在某种程度上甚至成为主导移动支付市场的力量。

相较于其他国家,我国互联网和互联网平台企业的国内发展环境相对较好。中国互联网行业的发展在很大程度上也高度依赖于互联网基础设施的完善。改革开放之后,连续的宏观经济高速增长带来整体经济环境红利,保障了基础交通建设,促进了快递物流发展,为互联网应用发展提供基础条件。经济增长对应的还有人民收入水平的提高。我国互联网普及率与智能手机渗透率都比较高,这为数字平台随时、随地连接海量用

户提供了技术基础。我国庞大的人口基数和整体大市场，使得许多互联网平台企业在发展初期获取用户的成本较低，为互联网公司发挥网络效应提供了天然便利，还可以实现对产品、服务和商业模式进行快速的试错和改进。此外，国内宽松的政策、与国际市场的相对分隔也为弱小的中国互联网平台企业提供了适合成长的环境。以百度、阿里巴巴、腾讯为代表的互联网巨头企业通过投资布局、孵化、裂变拆分等方式，培养带动了一大批互联网的新生力量，不断催生出新产业新业态、新模式。

中国互联网平台企业的发展受益于完备的基础设施、庞大的人口和市场、宽松的监管政策、与国际市场的相对分隔等各种因素，这些因素归因于稳定的市场环境、社会环境。因此，互联网平台企业在发挥数字技术对经济发展的放大、叠加、倍增作用，推进发展创新、创造财富的同时，更加积极、主动地承担社会责任，做好数据保护、反垄断、反不正当竞争和劳动者权益保障等相关工作。中国互联网平台企业伦理规范也理应做好中国实践、中国道路、中国模式、中国经验的提炼总结与话语提升。

四、纳入人的全面发展的实现路径考量

(一)尊重和保护人的基本权利

互联网平台企业既要着眼于自身的成长，也要立足于"人"的发展。包括互联网平台企业在内的各种经济主体发展的最终目的在于人本身。美好生活、人类福祉的追寻与人性的实现息息相关，发展可以看作是扩展人们享有的真实自由的一个过程。"人的全面发展"的道德律令包含肯定主体的社会发展旨趣，人的发展是社会发展的目的而非手段。无论是"高质量发展"的价值导向，还是"实现共同富裕"的伦理目标，抑或"坚持人民的历史主体地位"，都是把"人"放在了发展位阶中的第一位，凸显了对于人的尊重以及应秉承的人民获得感、幸福感、安全感的价值逻辑。在规范化监管频繁落地、劳动权益理念逐渐强化、企业发展转型升级的背景下，包括互联网行业在内的各行各业都应秉持长线发展视角，回归以人为本，才有可能为自身可持续、高质量发展夯实基础。

一方面,自觉维护用户的基本权利。人类社会正快速进入一个数字时代。这个时代颠覆性的变化就是数字权力的崛起,部分传统政治权力和公民权利让渡给互联网平台企业。互联网平台企业依托数字权力,正在深刻影响甚至颠覆着传统的政治运作、经济发展、社会治理以及人们工作与生活的模式,并成为国家乃至全球治理的重要力量。平台经济的发展逐渐兴起,不仅给国家乃至全球治理带来巨大挑战,也严重影响甚至威胁着人们权利的实现。比如,互联网平台企业依托用户账号权重机制,通过连续监督、推荐、评价、引(限)流等数字技术手段,可以实现对用户行为的影响、引导、预测、塑造、规训,进而达到隐性治理和数据统治。

互联网平台企业应坚持用户导向。保护用户的基本权利与互联网平台企业发展可以实现统一。用户导向不仅不排斥互联网平台企业的盈利需求,反而有助于提高平台的盈利能力。如今,中国网民规模已突破10亿。谁坚持了用户导向,谁就有机会继续享有网民规模的红利。一方面,权责益相统一原则下的利益分配,可以更好地服务用户,增强用户对于平台服务的付费意愿;另一方面,还会增加用户数量和使用黏性,提升平台活跃度,提高平台在广告谈判中的议价能力。

互联网平台企业在追求经济利益的同时不仅要避免垄断和资本无序扩张,还要对广大利益相关者负责,包括但不限于用户、员工、股东及投资者、合作伙伴。对利益相关者的履职情况反映的不仅是社会责任,还包括具体鲜活的社会个体。与传统企业不同,互联网平台企业因其社会公共属性,所承担的企业义务和社会责任更大,应涵盖从消费者权利到用户权利,再到人的基本权利。

另一方面,重视互联网平台企业从业者的合法权益。劳动力要素是企业正常运行的微观基础之一,保护员工的合法权益是企业社会责任的重要内容之一。社会责任的本质在于社会发展实现由物本到人本的转换,实现企业市场行为中的公平与正义。互联网平台企业的社会责任的人本性维度重点体现在能够重视员工的权益上。

这些年来,"快递骑手""外卖小哥""网约车司机"等平台灵活用工人员社会保障问题、职业伤害问题等引发社会广泛关注。加班也被视为互联网平台企业特有的文化基因,"互联网民工""互联网码农""996""007""脱发"等词语在网络舆论中勾勒出一幅幅鲜活的加班文化场景。高强度加班几乎成了互联网从业者的日常,"单休双休交替"的大小周也成了行业标配。畸形加班文化在互联网平台企业初创时期尤为常见,很多互联网平台企业都想靠增加工作时长、人海战术获得更大的边际收益。此外,简单、粗暴的裁员以及"末尾淘汰""人员优化""组织整合"等话术也往往成为互联网平台企业被诟病的地方。从属性上讲,这些情况跟互联网行业的高质量发展要求背道而驰。向来追求"向创新要效率"的互联网靠人力榨取增效,无论是绩效目标对员工的控制,还是算法对灵活用工人员的控制,都造成人力资本效能和员工幸福感双输的局面,已违背了初心。

把人的发展视为目的,而不是单纯的手段,这是互联网平台企业应有的价值观。面对激烈竞争与快速迭代,互联网平台企业应进一步提高人力资源配置效率,并积极转变用工方式,用创新变革撬动提质增效,应就工作时间、劳动报酬、劳动保护等建立制度化、常态化沟通协调机制,给员工提供一个适合发展的良好环境,实现员工与企业的"双向奔赴",激励员工成为创造源头活水、不容忽视的"利润源"。对于以功利主义为主要基础的数字技术的发展以及随之而来的科学至上、技术至上观念等,要考虑通过人文力量给予平衡,将它规范在一定的限度内而不再任其无限膨胀,通过人文科学与人文教育的作用构建互联网平台企业伦理规范,维持人类社会的基本价值准则和伦理原则。

(二)支持弱势群体跨越数字鸿沟

越来越多的互联网平台企业将社会责任融于自身发展,越来越多的互联网平台企业家身体力行地践行着社会责任理念,并将更多的资源和精力投入民生领域,将资本和技术投入非营利的项目。互联网平台企业的社会责任所彰显的人本性还体现在企业对社会弱势群体的态度上。人生而平等,享有同样的人格尊严,享有宪法和法律规定的各项权利,但就个体自然禀赋而言,人生来不平等,身体、智力、能力都有差异。履行起扶困济弱的社会公益责任理应是互联网平台企业发展进程中必须关涉的伦理责任。

"基于伦理的设计"和"基于公善的平衡"是包括互联网平台企业在内全部企业应当肩负的伦理道德责任。当现实世界被数字权力牵引而行、大量社会资源涌向虚拟世界时，非智能手机用户、老年人、儿童、残障人士等技术外围人群因"低经济价值"，客观上非常容易被互联网平台企业所忽略所淡漠，与数字生活之间犹如隔了"一堵墙"，不能充分体验数字技术所带来的种种便利，这就形成了一种新的形式上的不公正。作为诸多主体数字权力让渡之后的享有者，互联网平台企业应秉承信息无障碍的理念，通过技术创新弥补身心机能、成长环境、家庭条件、性别因素等差异，使任何个体都能平等、方便、安全地获取和使用信息。

科技进步理应普惠大众。互联网平台企业要重视老年人、残疾人等群体的生活需求和互联网社会的公平性，推进互联网网站和移动互联网应用（App）适老化及无障碍改造，消除老年人、残疾人等群体所面对的"数字鸿沟"和"数字排斥"，帮助老年人、残疾人等群体适应数字化的生存方式，将老年人、残疾人等群体平等地纳入互联网社会的日常生活中，增进包括老年人、残疾人等群体在内全体人民的福祉。例如，微信推出的"关怀模式"文字更大更清晰，色彩更强更好认，按钮更大更易用，有助于提升老年人、视障群体等人群使用微信的便利性。此外，在便民类基础设施和偏远地区互联网建设上，互联网平台企业也要积极布局，主动承担社会责任，把公共价值和共同利益作为发展目标。

第三节　文化向度

互联网平台企业伦理规范构建需要文化考量。文化与伦理之间存在双向融通、相互耦合的内在机理。综观全球企业发展史可以发现，任何一个企业要真正构建成长的坚实基础，价值观不可或缺，成就伟大企业的核心力量必然是价值观。没有价值观的成长，不可能走长久，也无法实现从

"大"到"强"的跨越。而价值观的根基,则来源于文化的力量。

互联网平台企业受益于互联网、大数据、云计算等数字技术的突飞猛进,技术的力量在驱动社会进步方面体现得"淋漓尽致"。但如果缺少了文化的力量、价值观的力量,缺少对数字技术的反思与批判,将技术进步本身当成目的,将技术进步等同于人类社会的进步,则十分荒谬且危险,这必然导致个人隐私被侵犯、市场秩序被扰乱、社会公平正义被破坏、人的异化发生等。

经过多年成长,中国互联网平台企业目前距离规范发展仍有差距,还没有真正实现基于文化的成长、基于文明的成长、基于符合人性的成长。部分互联网平台企业对文化及价值观层面的社会责任履行还停留在概念层面,部分互联网平台企业存在以低俗内容收割用户、以科技为名收割互联网金融资源等问题。这些企业的发展理念、发展模式及产品服务,一定程度上缺少了文化根基及对数字技术的探究和伦理追问,对整个社会伦理及社会价值观造成了严重冲击,不利于中华优秀传统文化的传播、良好伦理秩序的建立和社会主义核心价值观的确立。

互联网平台企业伦理规范构建必须要有明确的价值观体系、长期价值主义思维,要回归到文化的力量,回归到人类生存的人文环境塑造。只有依靠价值观和文化才能走远。互联网平台企业伦理规范要从文化自信中汲取力量,注重文化对伦理规范的涵育,让文化自信成为助力互联网平台企业的强大基因。文化考量的具体角度要基于价值观、要有顶层设计。

一、立足于优秀传统文化

一方面,互联网平台企业要从优秀传统文化中汲取守正创新的伦理力量。优秀传统文化是企业文化和企业价值观的根与魂,缺少传统文化滋养的企业文化和企业价值观,无法扎根,很难长久存活。中国古代工商业经济的持续发展甚至出现繁荣局面,领先世界,与商业文化和商业精神同频共振,相互激荡,从另一个侧面展现了中华优秀传统文化经邦济世、富国裕民、利以和义、守信践诺等价值取向和行为准则。中国文化自古以来崇尚以人为本，对于内省的修身格外重视，习惯于以人为出发点并以人为落脚点来认识客观世界，并将这种思维框架和道德规范引入社会经济活动之中，直至与传统文化道德高处的"家国情怀"释放到"人类命运共同体""人与自然和谐共生"的视域，这与西方传统中的"人—物"的思维框架和认知框架明显有别。中国互联网平台企业伦理规范建设扎根于中国市场，必然受中国传统文化影响，也就必须从继承和弘扬传统文化中寻找伦理根脉，并与时俱进，赋予新的时代内涵和特殊使命。

另一方面，互联网平台企业要通过将文化因素注入伦理规范，进而重视文化、传承弘扬优秀传统文化。无人传承、无法传承，是许多非物质文化遗产目前遇到的最大梗阻。无人问津、临近破产，是许多老字号企业在发展中遇到的现实窘境。随着数字技术的深入发展，互联网平台企业可以在推动传统文化和现代科技深度融合上赋能更多，为兼具优秀传统文化的非遗、老字号企业插上发展的"翅膀"，把品牌"擦"得更亮。目前，越来越多的中国互联网平台企业加入保护和传承传统文化的行列，以数字技术的力量赋能，通过开辟出更广阔的空间，推进优秀传统文化的记录与传承。

二、立足于数字文明

文明是人类社会发展到一定阶段的产物，文明的产生与生产力发展紧密相连，正如马克思所强调的"文明的一切进步"就是"社会生产力的任何增长"。互联网是新生产力的代表，并迅速而深刻地改变人们的思维方式和生产生活方式，引发全世界政治、经济、社会变革。数据、信息蕴含了大量的企业盈利模式的可能，数字技术推动了数字文明的出现，数字经济为数字文明提供强大的物质效能。数字文明超越了原有的信息文明，是人类文明发展到新阶段；与数字技术的充分融合，是现代文明的最新形态。这就要求互联网平台企业坚持文化创新和文明创新，深谙人与自然和谐共生和绿色发展的理念，所提供的产品或服务顺应美好生活的需求，而不被功利思想束缚，不为短期利益蒙蔽，让伦理与道德、秩序与制度为数字技术发展护航,更好地服务社会、造福人类。

数字化让社会的透明度越来越高,也对互联网平台企业伦理规范提出新的要求。相较于传统企业间此消彼长、非此即彼的零和博弈,互联网平台企业间的竞争正转向共赢发展。正如时任阿里巴巴集团董事局主席兼CEO张勇所讲,数字化时代的新商业文明,本质是要回到人本身,从关注流量、交易量,到关注包括客户、消费者,一个个具体的人,关注全社会的效益。"让天下没有难做的生意",就是让商业体在成长的过程中关注人本身,履行好社会责任,尊重他人、利及他人、成就他人。

数字技术既是先进生产力的代表,也应是先进生产关系的践行示范者。数字技术以其强大的渗透性、创新性,改变、解构了工业时代原有的生产方式、消费方式、产业格局以及相应的伦理体系,创造出全新的商业模式和产业形态。除技术创新和应用创新之外,互联网平台企业还应推进与实体经济、传统行业的融合,助力经济转型升级。中国互联网平台企业要坚持"对资本主义数字文明的政治经济学批判"[①],主动承担起数字文明创新的责任。

三、立足于数字文化

随着数字技术的发展,数字文化正成为文化发展的重要形式。数字文化是数字化的文化形态,依托于互联网和数字技术从供给侧、消费端对传统文化产业进行升级改造,涉及文化观念、文化产品、文化活动、文化方式等多个方面。数字文化的外延表现为文学、动漫、影视、短视频、游戏、直播、演出及周边产品等。以"文化内容+"形成粉丝认同从作品思维到ip思维,正是互联网时代数字文化生产模式最重要的升级之一。

互联网平台企业应积极支持基于知识传播、经验分享的创新平台发展,建设数字文化服务平台,促进数字文化与社交电商、网络直播、短视频等在线新经济结合,推出众多高品质的数字文化产品。数字文化产品或

---

① 吴艳东,廖小丹.人类文明新形态视野下数字文明的本质意蕴及建构反思[J].重庆社会科学,2023,338(1):34−45.

服务具有传播网络化、消费个性化等特点。与年轻消费者的消费习惯相一致,随着移动互联网和数字技术的广泛普及以及网民付费习惯的养成,数字文化发展的动力和潜力不断增加。随之而来的是,文化传播效率不断提高,数字阅读用户规模不断壮大,以及 4K/8K 超高清、互动视频、沉浸式视频、VR 视频、云游戏等高新视频新业态大量推出,群众的数字文化体验不断丰富。

随着互联网和数字技术的普及,中国数字文化产业与相关产业深度融合、快速发展。数字文化发展需要互联网思维和文化思维,尤其是需要文化引领。只有成为文化创新的主导方式,数字文化产业才能发展壮大。因此,互联网平台企业要植根中华优秀传统文化,同时又要不断融入新的文化成果、技术成果,提升数字文化建设水平,实现创新发展。互联网平台企业要将生产经营中呈现出来的数字理念、思维、制度、文化、素养等凝练提升,并与企业伦理交融提升至企业文化层面,助推数字文化层级提升。数字文化的繁荣发展离不开与培育和弘扬社会主义核心价值观的紧密融合,离不开与弘扬中华优秀传统文化、革命文化、社会主义先进文化的有机统一。因此,互联网平台企业要积极运用社会主义核心价值观和人类优秀文明成果滋养人心、滋养社会,不断丰富人民的精神世界,增强人民的精神力量,增强文化自觉,坚定文化自信,这才是长远发展之道,也是数字文化价值引领所在。

四、立足于内容生态

作为社会信息传播的枢纽和互联网信息传播技术的提供者,互联网平台企业既是网络空间建设者,又是清朗网络空间的守护者,应坚持正确的平台责任导向,认真履行信息内容管理主体责任。

相较于传统企业,互联网平台企业的商业模式更容易引导公众的价值取向。凭借自身强大的信息控制力和影响力,这种引导作用主要体现在两个方面:短期看是平台企业开展的业务对公众、对消费行为的改变,长远来看则是平台企业构建的商业模式对公众心智成长环境的塑造,进而潜移默化地塑造着社会公众。互联网平台企业要以真善美为依归,坚决摒弃"平台工具化""内容快餐化",在产品或服务中把握好价值取向输出的方向,发挥积极引导作用,预防潜在负面影响,积极履行社会责任,为广大网民特别是青少年营造一个风清气正的网络空间。互联网平台企业要把握文化娱乐和价值导向之间的平衡,着力营造良好的网络生态,培育积极健康、向上向善、诚实守信的网络文化,让更多打动人心、启人心智的优质文化产品丰富网络空间,不断压缩各类不良信息生存和滋生蔓延的空间。

互联网以其传播及时、获取信息便捷的优势而逐渐成为"思想文化信息的集散地和社会舆论的放大器",内容审核就成为国内外互联网平台企业面临的重要事项,也成为互联网平台企业保障内容合规的重要自治手段。只有立足和确保信息内容健康、文化安全的互联网平台,依托其存在的互联网文化新业态发展才具有可持续性。因此,互联网平台企业应立足成为宣传社会主义先进文化的有效渠道、社会文化服务的沟通途径、百姓精神文明生活的宣教领域,不断强化自身的技术供给、内容审核和安全管控,改善内容推荐算法,及时排查不良隐患,不断加强行业自律和自我监管,通过审核机制,规范平台上的主体行为,创造良好的平台生态和社会形象。以抖音为例,其通过"机器检测、人工检测、用户反馈、叠加推荐"等多重机制,努力实现对视频内容的把关,优荐劣汰。[①]

五、立足于摒除资本干扰

目前互联网平台企业在运转过程中,资本逐利性使得"饭圈文化"出现并偏离设计初衷,没有把主要精力用在提升文艺作品的品质上,反而在"资本—偶像—粉丝—商业平台—娱乐经纪—营销机构—广告商—厂家"产业链条上利用粉丝应援甚至是裹挟青少年来赚取高额利润,严重冲击社会主流价值观的乱象频发。与此同时,一些互联网平台企业为了追求

---

① 江小涓,黄颖轩.数字时代的市场秩序、市场监管与平台治理[J].经济研究,2021,56(12):20—41.

流量和企业利益，漠视基本的道德观念，放任网络暴力、网课爆破、侵犯知识产权等情况发生，默许造谣诽谤、侮辱谩骂、侵犯隐私等违法信息及其他争议性事件信息传播。

　　谨防数据主义和资本对人的冲击。在互联网经济时代，数据是新的生产要素，也是数字经济的重要驱动力。人类用于改造自然的生产工具、劳动对象以及包括人类本身都将被数据所武装，整个经济和社会运转被数据所支撑和驱动。在资本驱动和技术支撑下，互联网平台企业为了获取最大的投资回报，往往会不择手段获取用户隐私，并将人数据化。人与人、人与内容、人与媒介等各种关系被转化为数据，被量化、被计算、被分析，深陷其中的个体的所作所为并不是个体的真实意愿而成为"工具人"，数据主义和工具理性成为主导。当互联网平台企业成长为一个具有垄断性力量时，它的短视会更加暴露无遗，会用资本来掠夺流量、催熟市场、确立垄断，会将用户的个人信息、价值偏好、使用行为、信息传播、内容生产甚至私人化的身体与情感都吸纳进其资本链条中，持续不断地攫取超额利润。无论过程还是结果，都会存在漠视人的发展，对人产生冲击。作为数字经济时代的领跑者之一，中国互联网平台企业有责任有义务探索规制这种经济伦理现象，找到解决方法。

　　社会主义市场经济与资本主义市场经济的根本区别之一在于是以资本为中心、为垄断资本服务，还是以人民为中心、为人民服务。在中国，包括互联网平台企业在内的广大民营企业是在社会主义基本经济制度的环境下产生、发展和壮大，因此，它们的性质、地位和作用及经济活动都与资本主义制度下的有显著区别。它们的价值观和组织原则可以反映出中国特色社会主义经济伦理。保护个人信息、做好数据安全与数字经济发展并不对立。与国外互联网平台企业不同，中国互联网平台企业的发展目标和社会责任是一种借助对数据收集、筛选、分析、调控等中介，来实现经济共享运营、人民共同富裕。

　　正如有学者所关注和研究的"数字平台中人的地位""数字公用事业与电力等传统公用事业的区别至关重要：数据化作为数字平台的权力来

源,不仅有赖于算法、技术和'非人'的自然资源,而且更关键和更密集地依赖于人类自身。"①互联网平台企业要守住人类共同价值观的底线和核心,牢固树立人文主义精神,秉持价值理性与工具理性的协同平衡,维护人类社会的可持续性发展。关键之一在于正视个人信息保护的多元化诉求,以保护个人权益和促进信息合理流通为准绳,找到解好隐私难题的最大公约数,从数据主义回归人本主义,维护人的尊严,尊重人的权利。

互联网平台企业要切实履行主体责任,更要约束自身的行为,不提供滋生不良倾向的土壤,不开发、不应用有悖公序良俗的 App 及时调整和优化社交平台功能设置、管理策略,对明星榜单、群圈打榜等重点环节进行管理,强化问题早期管控,不断完善工作手段,有效保障广大网民的合法权益,维护文明健康的网络环境;要切实加大网暴治理力度,建立健全网暴预警预防机制,切断网暴信息传播扩散路径,强化对网暴当事人的信息保护,依法从严处置处罚"按键伤人",切实增强网暴问题治理能力和水平,健全完善的长效工作机制。

互联网平台企业要善用数字技术手段。以具有典型的公共事务属性的知识产权保护为例,在平台发展早期,知识产权侵权纷争不断,且呈现出巨量、高频、多态。尤其是短视频的迅速崛起,知识产权保护的迫切性更加彰显。防止侵权等成为互联网平台企业治理面临的巨大挑战,多数平台依托强大的技术优势、智能化系统、明确的版权和搬运规则等进行知识产权保护,取得了良好的效果。

互联网平台企业要坚持从内容建设到生态治理,再到网络文化发展的探索实践,助推网络生态持续向好,数字文化创新发展,不断满足人民日益增长的文化需求。

---

① Chen, J. Y, Qiu, J. L.. Digital Utility: Datafication, Regulation, Labor, and Di Di's Platformization of Urban Transport in China[J]. *Chinese Journal of Communication*, 2019, 3(12): 274－289.

第四节　环境向度

环境向度以自然生态问题为导向。自从人类出现以来，人与自然的关系始终是全人类所必须面临的哲学命题，它事关人类存续和人类社会发展，以及世界各国、各类经济主体、各种组织的发展方向和模式选择。绿色、低碳、集约、高效的发展原则是数字经济发展的重要原则，绿色发展和环境向度是互联网平台企业的基本法则和文化内核，也必然是互联网平台企业伦理规范不可或缺的组成部分。

绿色发展是构建现代化经济体系的内在要求，是人类对美好生活需要的重要内容，也是互联网平台企业社会责任的重要部分。对自然保持尊重和敬畏是每个人、每个组织都需要秉承的。互联网平台企业面对自然生态的时候更要保持伦理意义上的敬畏，不能使其凌驾于自然生态之上。

一、践行绿色发展理念

作为资源消耗和污染物排放的重要主体之一，企业带给自然环境保护压力的同时，必然也是绿色发展的关键承载者和行动者。相较于传统企业，互联网平台企业在污染问题上明显不同，比如，顺风车、共享单车等产品和服务可以节省资源和更好地配置资源，对绿色发展有促进作用；外卖、快递需要使用大量无法自然降解的一次性餐具和包装，给绿色发展带来挑战。

互联网平台企业应秉承绿色发展理念，自觉将低碳发展和可持续发展等更美好的生活体验融入企业愿景、使命、价值观和章程中。互联网平台企业应基于绿色发展理念，结合法律、法规规定的环境保护责任要求，不断完善平台企业的治理架构和管理体系，确保绿色发展制度的科学性及其实施和更新；加快数字化、绿色化融合技术创新研发和应用，在数字产品和服务的全生命链条中融入绿色理念，优先选择对环境影响最小化的产品和服务,提供环境友好型的产品和服务,助推构建零碳产业链和供应链;推行绿色评价与考核,应把生态目标责任纳入考核体系,加强数字产品和服务配套设施建设中的环境评估和生态保护,鼓励资源的高效利用,使企业的经营行为真正符合绿色发展的大方向。比如,京东积极探索绿色电商发展模式,让"绿色"发展理念贯穿到企业各个领域,近年来,重点推进绿色制造、绿色包装、绿色仓储、绿色运配,积极响应国家节能减排和蓝天保卫战的号召,为美丽中国做出"京东贡献"。

互联网平台企业要积极承担绿色发展主体责任,认真学习并严格贯彻落实《电子商务法》《固体废物污染环境防治法》等法律法规及政策性文件中关于电商行业绿色发展的相关政策要求,做好降低一次性塑料制品使用、定期报告塑料制品使用、回收情况、推进快递包装绿色转型、培育优化新业态新模式、打造绿色品牌等方面工作;推动平台内商家商品外包装减量以及循环利用,推广可降解材料的利用,减少运营中固体废物的产生。废弃电器电子产品回收产业在我国尚处于起步阶段。据统计,我国智能手机销量巨大,同时废旧手机闲置量逐年增长。目前,我国废旧手机资源回收利用率仅约为4%,每年新增闲置手机进入正规回收领域的还不到1/3。[①]

互联网平台企业要通过加强数据、算力和以电力为代表的能源之间的协同联动,不断加快技术创新和模式创新,不断减少资源闲置与浪费,实现绿色高质量发展。作为互联网"心脏"的数据中心为平台企业承担了庞大的碳排放重担。我国数据中心尚处于早期发展阶段,技术应用水平还不高,能源使用效率比较低下。2020年,数据中心占中国用电量的2.7%,随着容量和需求的持续增长,这一比例预计仍将继续增长。从数据中心运营成本来看,电力和折旧成本则占到运营支出的70%以上。其中,电力成本占比高达57%,主要电力消耗来自IT设备(50%)、冷却系

---

① 《100台旧手机仅4台被回收利用!为何人们喜欢让手机"吃灰"?》,新浪科技,https://baijiahao.baidu.com/s?id=1729770230685005739&wfr=spider&for=pc。

统(35％)、配电、照明和其他消耗。① 在"双碳"背景下,互联网平台企业亟待向绿色化、集约化、智能化发展。一方面,新建的数据中心要提高门槛和标准,提升算力能效;另一方面,已建的数据中心要通过技术改造降低能耗,提高节能水平。此外,互联网平台企业积极推进共建共享的数据中心建设模式,避免重复建设和资源浪费,提升集约化水平。

与传统企业的很大区别在于,互联网平台企业已形成一个生态系统,这个生态系统不是内置的,而是通过平台进行资源整合形成。互联网平台企业生态系统涉及平台内经营者、上下游合作伙伴、用户等诸多利益相关者。互联网平台企业应发挥资金、技术、平台优势,做好绿色发展方面的引导和推动。通过发挥连接纽带作用,可以让更多市场主体参与进来,引导其商业生态中的生产企业、物流企业和用户进入更加绿色低碳的经济循环,实现整个生态系统的减碳效应。

二、推动绿色发展协同推进

除了自身运营以及供应链的碳中和,互联网平台企业在中国迈向碳中和的进程中还应发挥自身的资源优势以及平台力量,带动其他非数字经济行业实现自身经营的低碳转型,赋能千行百业节能减碳;基于平台企业自身,应大力发展绿色数据中心、算力中心、超算中心等,挖掘重点环节的节能降耗潜力;基于赋能传统行业,应提高全要素生产率,加速农业、制造业、服务业等传统产业的数字化和智能化改造,为非数字经济行业数字赋能;基于服务人类,积极发展数字和绿色融合的新技术和新产业,推动人类生产生活方式的深刻变革以及经济社会发展的全面绿色转型。通过数据科学、人工智能和数字化技术帮助全球客户减少碳足迹,与客户建立新的合作伙伴关系,开发低碳解决方案,以应对碳减排问题。如开发可持续的智能建筑解决方案来降低能耗,推动跨行业的合作和联盟以开发新的标准和工具。作为数字技术的枢纽,可以积极发展数据清除与保护等

---

① 《2021 中国数据中心报告》,搜狐网,https://roll.sohu.com/a/525500909_121015326。

相关技术,不断促进与减碳相关的信息、数据和技术的自由流通。

三、引领示范碳达峰碳中和

推进碳达峰碳中和与贯彻新发展理念、构建新发展格局、推动高质量发展的内在逻辑一致。数字技术的不断创新,有利于碳达峰碳中和目标的有序推进,同时反过来也会带来技术上的系统性变革,很可能催生新的技术创新与应用。数据中心、云计算领域的脱碳发展是中国实现碳中和目标的重要一环,互联网平台企业首当其冲。面对严峻的生态问题与气候危机,美国互联网巨头均已很大程度上实现自身运营碳中和,下一步就碳达峰碳中和纷纷作出新的、更为严格的承诺,加码"脱碳"技术,助力实现碳消除。中国互联网平台企业应充分发挥技术与产业模式的创新潜能,对标美国互联网巨头,积极向100%可再生能源转型,成为实现中国碳达峰碳中和目标的"排头兵",以满足人民群众日益增长的优美生态环境需求、带动中国产业结构和能源结构的升级转型、促进人与自然和谐共生的迫切需要,推进落实主动担当大国责任、推动构建人类命运共同体的迫切需要。据华信设计研究院统计,包括阿里巴巴、腾讯、百度等互联网平台企业大多承诺于2030年前实现自身运营碳中和,相较国外互联网头部企业碳中和进度整体相对落后。

四、积极塑造国民碳素养

互联网平台企业要充分运用影响力,倡导低碳消费和低碳生活。作为目前全球第一排放大国,我国作出了"2030年碳达峰,2060年碳中和"的庄严承诺。但目前来看,国民碳素养还有待提高,人们过度消费、铺张浪费的现象比较普遍,绿色环保理念尚未充分融入百姓的生活学习、企业的生产经营。

过度消费、奢侈消费、攀比消费等种种不合理的消费行为显而易见违背了基本的环境观,也导致对自然资源的浪费和环境污染问题。大力提倡绿色、健康的消费方式已成为推动社会发展的应有之义。这就要求人们在日常消费活动中遵守伦理规范,运用伦理观念,正确认识和评价消费对象、消费行为方式、消费过程等,规范自己的消费行为,引导人们树立生态道德消费观念,遵循自然生态规律,在进行消费活动时限制和规范个人行为,将环境道德作为履行消费者环境消费责任和社会义务的伦理道德基础。

互联网平台企业大多是与老百姓生活息息相关的企业,一端是海量的商家(供给端),另一端是数以万计的消费者(需求端),它们的企业文化是否注重传播绿色生态理念对整个社会形成绿色生态文明意识至关重要。这就要求互联网平台企业必须通过行为、制度、文化等向人们展示其生态保护和绿色发展的意识与理念,激发公众参与低碳生活,在人们触手可及的生活场景和应用场景中充分运用技术创新优势,助力每一个人参与应对气候变化以及其他环境问题。以支付宝蚂蚁森林为例,它用科技把人和环境连接起来,让每个个体都能参与到保护地球的行动中,实现互联网平台企业伦理观念的辐射。

第五节　政策向度

伦理规范与政策法规在内容上功能互补、相辅相成、相互渗透。伦理规范是不成文的法律,政策法规是最低限度的伦理。伦理规范可以引导人们尊重和信守政策法规,避免尚未发生的违法行为发生,而政策法规可以作为维护伦理规范的威慑力量,用来惩罚已经发生的违法行为。在市场经济中,如果没有政策法规的明令禁止,经济活动便无法得以正常开展。但如果没有伦理规范的软性约束,缺乏相应的引导和规范,经济活动则一样会陷入负面循环。两者均是企业赖以生存和发展的重要因素。

作为利益相关者之一的政府,其与互联网平台企业的主要互动来自监管,监管最主要的依仗则是政策法规。在互联网平台企业监管问题上,政策法规由于其手段、方法、模式等自身的局限性,也需要伦理规范来滋养和补充。相较传统企业,互联网平台企业所具有的庞大体量以及与其业务相匹配的准公共治理和服务,决定了互联网平台企业伦理的自律性约束更是不可或缺。因此,互联网平台企业伦理规范的构建也必须与政策法规相衔接,必须将伦理自律与法律他律相结合。

一、互联网平台企业伦理规范构建与政策法规相衔接

在互联网平台企业发展前期,我国监管政策、监管力度相对宽松,相关政策法规存在滞后、不完善的情况。正如美国计算机科学家尼古拉·尼葛洛庞帝(Nicholas Negroponte)在《数字化生存》中写道:"我觉得我们的法律就仿佛在甲板上吧嗒吧嗒挣扎的鱼一样。这些垂死挣扎的鱼拼命喘着气,因为数字世界是个截然不同的地方。大多数的法律都是为了原子的世界,而不是为比特的世界而制定的。……电脑空间的法律中,没有国家法律的容身之处。"[1]随着数字经济的迅猛发展,所有权归属、知识产权保护、隐私保护、伦理和反垄断以及平台竞争引起的问题,频繁侵犯着个人权益,扰乱着市场和社会秩序。

面对新形势发展需要,我国政府相关部门近年来开展了一系列制度建设和创新工作,不断弥补数字经济发展过程中出现的一些制度漏洞和市场失灵问题,在反垄断、数字素养、数据保护等方面,出台了一系列法律和监管政策(如表5-1所示),逐步涵盖了数字经济发展的方方面面。同时,执法部门对互联网平台企业垄断、税收问题、严重影响国家安全问题、恶意逃避监管问题等进行了相应的行政处罚。这些监管制度与配套举措事实上是对互联网行业前20年无序发展的"补课",也是对全球互联网监管政策从严的呼应。

---

[1] [美]尼古拉·尼葛洛庞帝.数字化生存[M].胡泳,范海燕,译.海口:海南出版社,1997:278.

表 5—1　　　　　我国网络安全和信息化工作相关政策法规

序号	类型	相关政策法规
1	法律	中华人民共和国个人信息保护法、中华人民共和国数据安全法、中华人民共和国密码法(2019年10月26日第十三届全国人民代表大会常务委员会第十四次会议通过)、中华人民共和国网络安全法、中华人民共和国电子商务法、中华人民共和国电子签名法、全国人民代表大会常务委员会关于加强网络信息保护的决定、全国人民代表大会常务委员会关于维护互联网安全的决定
2	行政法规	关键信息基础设施安全保护条例、国务院关于授权国家互联网信息办公室负责互联网信息内容管理工作的通知、信息网络传播权保护条例、互联网上网服务营业场所管理条例、计算机软件保护条例、外商投资电信企业管理规定、互联网信息服务管理办法、中华人民共和国电信条例、计算机信息网络国际联网安全保护管理办法
3	部门规章	网信部门行政执法程序规定、个人信息出境标准合同办法、互联网信息服务深度合成管理规定、数据出境安全评估办法、互联网用户账号信息管理规定、互联网信息服务算法推荐管理规定、网络安全审查办法、汽车数据安全管理若干规定(试行)、网络信息内容生态治理规定、儿童个人信息网络保护规定、区块链信息服务管理规定、互联网域名管理办法、互联网新闻信息服务管理规定、互联网信息内容管理行政执法程序规定、网络出版服务管理规定、外国机构在中国境内提供金融信息服务管理规定、电信和互联网用户个人信息保护规定、规范互联网信息服务市场秩序若干规定、互联网文化管理暂行规定、互联网视听节目服务管理规定
4	司法解释	《最高人民法院最高人民检察院关于办理非法利用信息网络、帮助信息网络犯罪活动等刑事案件适用法律若干问题的解释》《最高人民法院关于审理利用信息网络侵害人身权益民事纠纷案件适用法律若干问题的规定》《最高人民法院、最高人民检察院关于办理利用信息网络实施诽谤等刑事案件适用法律若干问题的解释》《最高人民法院关于审理侵害信息网络传播权民事纠纷案件适用法律若干问题的规定》《最高人民法院、最高人民检察院关于办理利用互联网、移动通讯终端、声讯台制作、复制、出版、贩卖、传播淫秽电子信息刑事案件具体应用法律若干问题的解释》《最高人民法院、最高人民检察院关于办理利用互联网、移动通讯终端、声讯台制作、复制、出版、贩卖、传播淫秽电子信息刑事案件具体应用法律若干问题的解释(二)》

续表

序号	类型	相关政策法规
5	规范性文件	工业和信息化部 国家互联网信息办公室关于进一步规范移动智能终端应用软件预置行为的通告、关于实施个人信息保护认证的公告、互联网跟帖评论服务管理规定、互联网弹窗信息推送服务管理规定、国家互联网信息办公室关于开展境内金融信息服务报备工作的通知、关于印发《常见类型移动互联网应用程序必要个人信息范围规定》的通知、互联网用户公众账号信息服务管理规定、关于印发《网络音视频信息服务管理规定》的通知、国家互联网信息办公室 国家发展和改革委员会 工业和信息化部 财政部关于发布《云计算服务安全评估办法》的公告、微博客信息服务管理规定、互联网新闻信息服务单位内容管理从业人员管理办法、互联网新闻信息服务新技术新应用安全评估管理规定
6	政策文件	关于印发《关于加强网络直播规范管理工作的指导意见》的通知、关于印发《App违法违规收集使用个人信息行为认定方法》的通知、《关于不再指导企业主办的商业性网络安全会议、竞赛活动的通知》《关于推动资本市场服务网络强国建设的指导意见》《关于加强国家网络安全标准化工作的若干意见》《关于变更互联网新闻信息服务单位审批备案和外国机构在中国境内提供金融信息服务业务审批实施机关的通知》《关于加强党政机关网站安全管理的通知》《全国等级保护测评机构推荐目录》

资料来源：中共中央网络安全和信息化委员会办公室、中华人民共和国国家互联网信息办公室网站（http://www.cac.gov.cn/zcfg/zcwj/A090906index_1.htm，截至2023年5月3日）。

法治是推动数字经济高质量创新发展的关键，是数字经济治理的重要保障。不断健全的数字经济法律法规和政策制度为互联网平台企业伦理规范构建提供了基本遵循。这些政策法规不仅包括与社区团购、直播电商、主播带货等数字经济领域新模式直接相关的市场公平、消费者保护等方面，而且也包括网络安全、数据安全、个人信息保护等安全发展方面，此外还涉及我国国家大政方针的整体性升级，比如，乡村振兴、共同富裕。各项政策法规的落实相比以往采用的约谈形式有了更有实质性的进展，相关违法行为的认定程序严谨、有理有据。在国内外互联网行业发展的新形势下，互联网平台企业应当主动适应监管新形势，放弃粗放发展理念，走合规经营、有序发展的新模式。

以个人信息保护伦理为例，自2016年起，中国陆续出台了《网络安全法》《数据安全法》和《个人信息保护法》。目前,相关政策法规涉及信息安全、数据安全、网络安全等诸多方面,比如,《网络安全法》对于个人信息保护给出框架以及原则性条款;《个人信息保护法》进一步细化和完善了不同类型的个人信息安全保护规范;《个人信息安全规范》则给出了更加详细、明确的规则,对实务操作有很好的指引作用;《常见类型移动互联网应用程序必要个人信息范围规定》,明确了必要个人信息范围。如果把以上相关政策法规进行有效转化,将合法、正当、最小必要原则内化为企业行为规范,将个人信息保护推荐性国家标准内化为企业规章制度,则对于互联网平台企业伦理规范的落地无疑具有显著意义。

与此同时,互联网平台企业伦理规范也是相关政策法规的合理性基础,通过渗透于政策法规的制定、修改、执行等过程而实现伦理影响与价值重塑。

二、公序良俗为互联网平台企业伦理规范提供指引

互联网平台企业伦理规范构建需要统筹考量社会的公序良俗。公序良俗是指公共秩序和善良风俗。公序良俗不仅指涉法律价值之维,而且引领价值导向,指向国家和社会存在与发展所必需的基本道德要求。公序良俗原则作为民事法律行为的六项基本原则之一在《民法典》中正式确立。相对于法律滞后,辅之以公序良俗,有助于个体利益与社会公共利益的平衡,体现了数字经济时代的特色与人文关怀的价值理念。

近年来,除强迫实施"二选一"、漠视"假冒伪劣"、实施"大数据杀熟""信息泄露"等问题外,互联网平台企业及平台内经营者还存在着消费灾难、道德绑架、炒作争议性事件、发布不符合社会主义核心价值观与中华传统美德的言论等问题。这些问题占据网站平台头条版面、热搜榜单,占用大量的公共平台资源,其目的在于流量思维和资本逻辑,但是严重损害用户利益和社会公共价值,这也是互联网平台企业资本任性、无序扩张的突出反应之一。

以江歌母亲诉刘鑫案为例,法院的判决已明确了事件本身的是非曲

直、来龙去脉,尊重了人们内心那种朴素情感和公平正义观,也是社会公序良俗的必然要求。然而围绕法院判决的近70万元赔偿,刘鑫发起网络募捐,引发众多网友关注。网络的开放与自由,并不意味着可以无所顾忌,网络空间的良好秩序需要共同维护。对于互联网平台企业而言,无论基于法律尊严的维护,还是基于道德公正的衡量,抑或基于网络空间的构筑,都应该及时叫停这种充满争议、令人寒心的打赏行为,引导人们的行为遵循社会公序良俗。

公序良俗原则应成为互联网平台企业伦理规范的重要指引,在伦理范畴能够弥补政策法规的不足,以限制现行制度中未作禁止规定的事项。互联网平台企业要积极构建平台内容审核的长效机制,提升平台自觉的伦理审视,纠正"流量为王""畸形审美"的价值观,树立符合公序良俗的价值观,有效减少互联网平台企业模式创新或政府监管政策调整带来的制度摩擦。

三、平台规则应与政策法规和伦理规范相结合

正如曼纽尔·卡斯特(Manuel Castells)提出的,"知识和信息一直是生产力和权力的重要源泉"[①]。互联网平台企业的力量,很大程度上体现在平台规则的控制上。互联网平台企业通过占有数据、技术建构的权力还可以要求用户遵循平台规则来实现对个体的规训和支配,这种规则制定权可以内化为支配权。互联网平台企业还可以借助不断发展的数字技术来影响、改变公众认知,甚至推动法律吸收平台规则,从而也使得互联网平台企业的平台规则具有私法规则公法化的特点。对于中小企业而言,超级平台是连接用户和完成支付的重要渠道。但为了自身利益,超级平台可能会滥用制定和执行平台规则的权力,无正当理由封禁、限制其他经营者,通过优待自身以及生态系统内的经营者,打击其他经营者的市场进入与挑战。

---

① [西]曼纽尔·卡斯特.网络社会:跨文化的视角[M].周凯,译.北京:社会科学文献出版社,2009:46.

互联网平台企业平台规则的制定要实现内在平衡,除在伦理规范和商业利益之间找到稳固平衡点之外,还要在政策法规与伦理规范之间达到平衡。对于政策法规,互联网平台企业必须遵守和维护;对于伦理规范,互联网平台企业必须构建和落实。类似于传统企业的章程,互联网平台企业的平台规则也是私人主体自上而下制定并执行的规范,可以成为政策法规和伦理规范的融入点和结合处。在平台规则设定方面,互联网平台企业要遵循公开透明的原则,明确平台内产品或者服务提供者处理个人信息时应遵循的规范和保护个人信息的义务,吸纳利益相关者的多元参与与设计,有效地纠偏平台自身设定规则可能存在的误区,保障平台规则设定的伦理根基,增强规则的可操作性、可执行性、可接受性。

互联网平台企业要注意平台规则的柔性应用。网约车司机与乘客之间、外卖员与顾客之间、快递员与消费者之间的关系本应是平等、友善的关系,但在互联网平台企业这种新的商业模式和新型用工形态中,彼此之间时常处于对峙的关系,长此以往导致彼此人际相处模式异化,这与互联网平台企业的平台规则也有一定关系。众所周知,多次发生的恶性事件让网约车司机、乘客、平台之间的信任感变得脆弱,平台也寄希望通过技术手段加强对司机端的管理,在司乘发生纠纷时往往也会更加强调乘客权益。但这很容易造成网约车司机与乘客权利的另一种失衡,乘客端的任性差评、投诉、不合理、情绪化的行为以及随之而来的司乘隔阂也会带来新的风险。因此,互联网平台企业伦理规范应注意技术理性与人文价值相统一,在标准化系统与技术之外,伦理规范上多一些灵活性与温度。

第六节 小 结

如果基于利益相关者的伦理规范分析是微观、纵向、条状的话,那么本章基于五大向度的分析则是宏观、横向、块状的。两者宏微结合、横纵交织,共同构成了互联网平台企业伦理规范的基础,也为当代中国经济伦理建设提供了不可取代的重要方法论原则。

从研究现状来看,目前我国学界基于经济伦理的分析具有多重向度。比如,体制向度和机制向度,理念向度、价值向度和制度向度,生态向度、技术向度和经济向度,组织向度、社会向度和个人向度。马克思主义解构与建构相统一的方法论启示我们,对于互联网平台企业伦理规范的构建,必须要把对资本主义经济伦理的批判和对社会主义经济伦理的建构有机联系起来,要特别注意理论意蕴与实践要求之间的必要张力,保持对经济伦理"实然"的"应然"批判之张力,超越狭隘的资本逻辑、流量逻辑。

理论向度、实践向度、文化向度、环境向度、政策向度五个向度的综合分析,旨在为互联网平台企业伦理规范提供宏观辨识的架构和路径。五大向度来源于马克思主义经济伦理学的世界观和方法论,植根于中国特色社会主义市场经济的伟大实践,丰富于古今中外的伦理文化和伦理思想。五大向度是一个有机整体,其中,理论向度是指引,实践向度是本质,文化向度是灵魂,环境向度是基础,政策向度是前提。五大向度虽涉及不同领域,有各自特殊的聚焦领域和逻辑进路,但它们之间是相互交织、相辅相成、相互影响的辩证统一关系,它们统一于中国特色社会主义经济建设和互联网平台企业健康持续发展之中。在五大向度中,无论是个体、群体、人类,人始终居于核心地位,它对应的是人的自由全面发展,这既是社会主义优于资本主义的根本,也是社会主义的最高价值观。

在数字经济时代,互联网平台企业发展受益于社会,其也必须积极回报社会,并与社会发展同频共振,承担起应尽的社会责任。无论是美国的互联网巨头还是头部中国互联网平台企业,它们本身都是各自市场的先行者和规则制定者,担负着培养消费习惯和维护市场秩序的社会责任。这种社会责任必然应反映企业的方方面面,尤其是伦理规范。五大向度不仅与利益相关者的利益诉求相对应,而且是互联网平台企业伦理规范的指引所在,这种指引可以根据利益相关者群体的不同圈层进行。

在世界互联网领域务实作为和积极实践的同时,中国互联网平台企业应主动参与和推动经济全球化进程,积极阐释"创新、协调、绿色、开放、共享"新发展理念,为世界互联网治理贡献中国方案和中国智慧。理论向度的"以人民为中心""诚信义利",实践向度中的"两个毫不动摇",文化向度中的"文化自信",环境向度中的"绿色发展",政策向度中的"公序良俗"等,这些既是中国特色,也是中国经验,为当代中国数字经济活动和行为提供了不可或缺的价值理念和思想源流,理应对网络空间命运共同体建设做出中国贡献,为推动经济全球化朝着更加"开放、包容、普惠、平衡、共赢"的方向发展做出更多努力。

第六章　中国互联网平台企业伦理规范的生成样态

通过前述两章横向与纵向、微观与宏观的分析对比发现，中国互联网平台企业与社会已形成共生的伦理关系。无论是利益相关者的具象化分析，还是五大向度的构建视角，都是在呼唤中国互联网平台企业伦理规范的最终生成。

首先，中国互联网平台企业伦理规范的生成应基于网络空间的社会责任。互联网是人类的共同家园，互联网平台企业的发展也受益于互联网。作为数字经济的既得利益者，互联网平台企业理应对市场秉持敬畏之心，并主动与网民、政府、媒体、其他企业、社会组织、智库高校等一道承担起网络生态空间建设的责任。互联网平台企业既是用户获取信息的重要渠道，又是信息内容管理的首要责任主体，还是网络空间的重要建设主体，在坚持正确的价值取向、参与互联网治理、维护网民合法权益等方面责无旁贷，同时还应在营造风清气正的网络空间和维护好人民群众网络精神家园方面主动承担更多的社会责任。

互联网的出现，在原有物理空间的基础上创造出了新的空间形态，对原有的建立在物理空间基础之上的监管模式造成了冲击，因此，对互联网平台企业履行社会责任的要求更高。互联网平台企业要聚焦于风清气正的网络空间建设，不断加强网络伦理和网络文明建设，持续推动网络文化健康发展；要深耕网络安全细分领域，不断完善网络安全产业生态，筑牢网络安全防线，避免网络空间乱象，影响人们的正常生活；要注重弥合数字鸿沟，始终关心弱势群体的网络保护，自觉维护未成年人在网络空间的合法权益。

其次，对标新发展理念，推动高质量发展。中国互联网平台企业伦理规范的生成应基于社会责任的不断进阶。现代社会中，企业是最主要的市场主体。企业是应社会的需要而存在，社会又为其发展提供了生存空间。就内在逻辑而言，互联网平台企业与利益相关者之间存在一种连接路径。这种路径具有道德属性，在一定程度上会形成一种有利于双方的利益共同体，而互联网平台企业对利益相关者承担并践行社会责任就是伦理治理逻辑的具体实施路径。

企业社会责任已在全世界获得广泛认同，在中国也越来越受到企业的重视。中国企业从引入西方企业社会责任体系，从比较被动地履行社会责任，到现在越来越多的企业开始主动拥抱 ESG 准则，主动追寻社会创新和社会价值，中国互联网平台企业社会责任内在进阶也是如此。互联网平台企业通过实现经济、社会责任和环境的动态平衡，提升竞争力与社会责任，树立良好的品牌声誉和社会形象。因此，中国互联网平台企业伦理规范也必然与社会责任的不断进阶内在相通，这也契合"创新、协调、绿色、开放、共享"的新发展理念和高质量发展的必然要求。

再次，对标"以人民为中心"的理念。中国互联网平台企业伦理规范的生成应基于更深层面的哲学逻辑。利益相关者对互联网平台企业的期望是经济效益和社会效益并重、创新与伦理并重，传递的价值取向是"以人民为中心"的理念，是马克思主义的基本立场，体现出鲜明的人民性。在《资本论》中，马克思更加明确地指出，未来的新社会是"以每一个个人的全面而自由的发展为基本原则的社会形式"[①]。互联网平台企业在履行自身社会责任的同时对公民的经济、社会和文化权利理应起到相应的保障作用。

"经济人""理性人"等西方经济学理论一定程度上忽视了企业所处的社区、社会以及利益相关方等社会性元素的重要作用。在数字经济时代，互联网平台企业的社会属性要更好地进行发挥，以便社会资源的优化配置得以进一步实现。这就要求更大范围地构建价值共创网络，满足股

---

① 马克思恩格斯文集(第 5 卷)[M].北京：人民出版社,2009:683.

东及投资者之外的多元利益相关方的价值需求,回归"以人民为中心"的核心理念和价值取向。

最后,中国互联网平台企业伦理规范的生成应基于中国实践和中国智慧。正如习近平总书记在第三届世界互联网大会开幕式上所讲的,"互联网发展是无国界、无边界的,利用好、发展好、治理好互联网必须深化网络空间国际合作,携手构建网络空间命运共同体。"网络空间命运共同体的理念,是人类命运共同体理念在网络空间领域的具体呈现,是前瞻性责任原则的内在嵌入,也是让互联网更好地造福、增进人类福祉的必然选择。

树立人类命运共同体意识,是基于中国传统智慧及和合思维做出的深刻思考,是面向世界和面向未来的关于人类社会价值内涵的崭新理念。而积极构建人类命运共同体的诸多实际行动,不论是全球网络基础建设、推动数字经济发展,还是保障网络安全、构建网络治理体系,抑或打造网上文化共享平台、解决公共问题,都应基于前瞻性的责任原则,也离不开中国互联网平台企业的积极参与。

互联网平台企业是推动网络空间命运共同体构建的直接参与者,伦理规范则是构成网络空间命运共同体在技术层面的基础。从利益共同体、情感共同体到价值共同体乃至命运共同体,人类命运共同体每一个环节、每一个侧面都具有其现实和历史的合理性,中国互联网平台企业在价值引领等方面应有所贡献。中国互联网平台企业伦理规范构建,在基于中国国情、中国实践、中国智慧的基础上,可以从经济、技术、环境、社会四方面予以涵盖并对应人类命运共同体构建,最终实现对西方社会责任体系的系统性超越。

第一节　伦理规范的原则构建

在现实生活中,伦理规范广泛地存在于社会的各个领域,层次不同、领域不同、对象不同的伦理规范会出现诸多不同的道德规则和道德要求。

然而,不论各行各业的伦理规范存在怎样的差异,都要根据伦理规范的构成要素来展开。基于规范伦理学等相关理论和中国互联网平台企业伦理鲜活实践,在互联网平台企业伦理规范构建中应贯穿主体性原则、科学性原则、普遍性原则、价值性原则和稳定性原则(见图6—1),使伦理道德规范生成更加合理、有序。

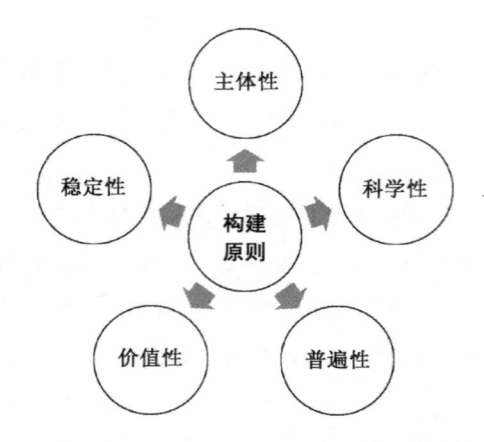

图6—1 中国互联网平台企业伦理规范构建原则

一、主体性原则

作为现代性的核心原则,主体性原则是从人的内在尺度出发来把握物的尺度的原则,是建构理论和审视社会一切现象、事物、秩序的出发点。

人的全面发展是人的自由发展的条件和前提。作为人主体身份的重要符号,隐私构成了人之自由的本质性前提,是人性中最核心的价值。从人与技术的关系来说,互联网平台企业的崛起得益于数字技术的进步,但数字技术在一定程度上侵蚀着人的隐私,威胁着人的主体性。

第一,主体性原则要求互联网平台企业回归马克思主义哲学主体性原则,确立人为道德的主体和道德价值存在的目的,而且这种行为应属于互联网平台企业的自发自愿行为。人自身就具有自在的最高价值,伦理规范即为所有人的自在、尊严、发展提供保障。人的尊严具有普遍性、不容侵犯性。人的尊严是超过一切价值、无等价物可替换的东西。① 技术本身不是目的,应该赋予人类尊严,帮助个人实现发展。作为互联网平台企业的核心竞争力,数字技术要以人的生命、尊严和价值为优先原则,数字技术的开发、应用不得凌驾之上,在人工智能迅猛发展的当下尤其要注意涉及人类生命、尊严和价值的重大事项不应轻易交由智能机器来判断与决策。知情同意、知情选择、要求保守秘密和隐私等均是尊重人格尊严及其自主性的体现。

第二,互联网平台企业的主体性源于其社会属性和市场地位。抽象地讨论伦理规范的主体性原则,并不是否认主体性原则的具体性。网络空间已成为亿万网民共同的精神家园,而互联网平台企业正是网络空间的参与者和构建者。因此,互联网平台企业伦理规范不应是被动选择,而应是主动战略。互联网平台企业理应承担起更多的社会责任,将社会责任内化为企业追求,使互联网更好地服务社会、造福人类。互联网平台企业伦理规范要坚持自觉性、选择性、创造性的统一,避免机械地照搬、执行伦理规范,而是把人的目的性和手段性统一起来,把人从技术理性的统治中解放出来。包括企业家、管理人员、研发人员在内的互联网平台企业员工要有是非心、敬畏心,以"科技向善"为价值旨归,认真考量所蕴含和可能触发的各种伦理价值问题,确保企业开展科技活动不侵害人的生命安全、身心健康、人格尊严,兼顾好科技和人文的辩证关系。

二、科学性原则

面对数字技术所带来的充满不确定性的伦理风险,互联网平台企业伦理规范在涉及对人的影响、对市场的影响、对社会的影响和对世界的影响整体分析判断中更要具有科学性。

第一,科学化原则要求伦理规范的确立符合人自身的发展规律。坚持以人为本和尊重人权是互联网平台企业伦理规范构建的首要要求,伦

---

① [德]伊曼努尔·康德. 道德形而上学原理[M]. 苗力田,译. 上海:上海人民出版社,1986:87.

理规范应源自治理主体的"内心的法则"和内在的"道德律令"。作为人自身的发展规律,首先就是生存的需要,这就决定了以生产力为核心的经济基础的先决性。其次是享受和发展的需要。以此为依据,确立人自身发展的内在尺度,制定人自身、人与人、人与技术、人与环境之间的伦理规范。伦理规范构建不仅要满足人的短期利益,更重要的是要满足人的长远利益和未来利益。互联网平台企业的一切行为、制度、文化等设计,都应围绕人自身的发展、尊重人的生命健康、满足人的合理需求展开。

第二,科学化原则要求伦理规范的确立符合市场发展的客观规律。在开放的市场经济条件下,在信息化、数字化成为不可逆的潮流下,传统经济理论框架对于数字经济无法进行有效的诠释和指导。但作为数字经济主体的互联网平台企业无论产品创新、模式创新、管理创新等都需要符合市场规律,不然将使创新大打折扣。这就要求互联网平台企业伦理规范构建面对消费者权益的损害、公平竞争与垄断、公平公正服务、抑制创新、创新活力、互联网金融风险等各类问题时,应适应平台经济发展规律。结合市场实际情况循序渐进、硬性约束、捆绑发展出来的伦理规范注定无法走远。

第三,科学化原则要求伦理规范的确立符合社会发展的客观规律。人类与自然界是不可分割的整体。近年新冠疫情带来的灾难和生态环境发生的变化值得人类认真反思。在人类与自然生态环境关系严重失衡的当下,一切形式的商业活动不能仅仅单纯去考虑自身的价值利益,必须综合性地考虑人类赖以生存的自然界以及一切有生命的利益。此外,伦理规范确立过程中要适当地改变其价值要素或者增加新的价值要素,以适应伦理价值本身的变化,比如,鼓励利益相关方参与,建立涉及重大、敏感伦理问题的披露机制;通过"数字沙箱""安全港""试点"等方式推动其伦理试验与应用落地。

第四,科学化原则要求伦理规范的确立符合世界发展的客观规律。互联网平台企业伦理规范确立要充分考量世界形势,顺应经济全球化大势和社会进步方向,着眼于国际数字经济发展形势、科技发展趋势、行业发展大势,以系统观念、辩证思维看待"自我"与"他者""多元"与"一体"的关系,坚持在开放中发展、在竞争中成长,积极参与国际合作和竞争,为人类命运共同体构建注入新动力、增添新活力、拓展新空间。

三、普遍性原则

现阶段,中国互联网平台企业经过多年累积在平台规则方面较为普及,从平台规则到平台企业价值观和伦理规范是亟须跨越的重要一步。平台企业相较传统企业,其"平台性"决定了应具有平衡和协调不同利益相关者的价值基础。与此同时,不同平台企业之间的规则林林总总,数字经济领域也迫切需要具有一定普遍性、共通性的互联网平台企业伦理规范。

普遍化原则首先要求伦理规范内容上的普遍性。不同国家、民族以及不同宗教、文明背景的人必然也存在伦理观念和伦理规则差异,然而无论有多大的差异,也必定存在人们能够共同认可、普遍接受的价值观念和伦理规范。增进人类福祉、尊重生命权利、实现公正公平、履行社会责任等基本伦理价值观在全球范围内越来越得到认可就是证明。

互联网平台企业伦理规范的建构应当体现出适应性。达到伦理共识或价值共识,首先与避免道德相对主义和虚无主义相联系。道德相对主义会引向价值的失落,导致价值取向在一定程度上出现迷茫,这样对于人类世界和社会发展而言,会出现负面价值和负面意义。就实践层面而言,伦理共识则试图摆脱相对主义和虚无主义的泥沼,从一个方面为正常的社会秩序和市场秩序的建立提供了指引。规范的普遍性原则要求其对规定对象的要求和约束也具有普遍性。同一市场,应遵守共同的伦理约定,面对相同类型的利益相关者,因此需呼唤共同的伦理规范守则。

互联网平台企业伦理规范的构建应当兼容整体与部分、一般与个别、当下与未来并在一定程度上体现,在伦理构建的过程中要保证伦理价值的相容性,就需在不同情境中考虑特殊性和一般性。就互联网平台企业伦理规范的讨论和制定而言,各国政府、国际组织、学术机构和企业界等利益相关者都积极参与进来,确保互联网平台企业及相关技术发展"以人为本"、技术向善,通过具有普遍性原则的伦理规范的形成,进一步规范互联网平台企业发展;通过制定伦理守则,组建伦理委员会,开展职业道德培训,建立行业伦理治理体系及共同的职业标准和行为模式,推动互联网行业的规范化发展。

四、价值性原则

互联网平台企业承载了形式多样、内容丰富的公共利益,其伦理规范的构建应及时回应数字经济发展所带来的痛点和难题,呼应经济社会发展内在的规律和变化,积极体现社会主义核心价值观的要求,从而为人类福祉和社会持续健康发展提供有力的伦理道德支撑。《中华人民共和国国民经济和社会发展第十四个五年规划和2035年远景目标纲要》明确提出:"坚持放管并重,促进发展与规范管理相统一,构建数字规则体系,营造开放、健康、安全的数字生态。"[1]良好的数字生态价值所在,一定是满足人民美好数字生活的迫切需要,这就要求互联网平台企业坚持经济效益和社会效益并重,在"有效市场"和"有为政府"的联动作用下使数字技术朝着有利于我国社会主义现代化建设的方向良性发展。[2] 平台企业应始终与人民同心、与时代同向、与国家同行,这种内在的伦理规范一致性应深入互联网平台企业发展的治理体系中。

底线伦理,即对标守住法律底线,指无论互联网平台企业还是平台内经营者,抑或用户,都应遵守社会的基本道德和基本的个人行为规范,其功能在于从社会和个人两方面维系社会生存的基础道德。承诺的责任应高于国家政策法规的要求,强调在行使平台权力或者道德评判权利时,也要遵守法律规范,避免对他人、市场、社会造成侵害。网络空间里搜索、收

---

[1] 中华人民共和国国民经济和社会发展第十四个五年规划和2035年远景目标纲要[EB/OL](2021-03-13)[2022-12-30]. http://www.gov.cn/xinwen/2021-03/13/content_5592681.htm.

[2] 吴艳东,廖小丹. 人类文明新形态视野下数字文明的本质意蕴及建构反思[J]. 重庆社会科学,2023,338(1):34—45.

集、公开传播被评判者的隐私信息,短视频中夹杂着低俗、粗劣,甚至攻击性、有害性、侮辱性的言论,或者进行"人肉搜索"、网络暴力等,这些已经突破了伦理底线,背离社会公共利益。

高线伦理,即对标崇德向善的高点,自觉履行造福人类、遵守伦理规范的高线。作为满足主体需要的一种活动方式,伦理必然要在伦理规范中制定出符合且满足人的创造性活动、自主性活动所需要的原则和内容,因此,可以将人的全面自由发展确立为最高价值目标。在社会主义市场经济条件下,我国可以依据时代的具体条件,提出符合社会主义发展要求的伦理规范标准,并通过伦理规范来提醒、引导、督促互联网平台企业落实相应的主体责任,以此为基础,积极推进人类命运共同体构建,在构建人类共同伦理的伟大事业中,可以充分吸收天人合一的宇宙观、和而不同的社会观、仁以为己任和修身齐家治国平天下的价值观等中华民族优秀传统文化价值观。

位阶伦理关注伦理冲突发生时各种伦理的优先次序。互联网平台企业的伦理冲突纷繁复杂,涉及个体、群体、社会、国家乃至全世界等各个层面,体现在各个方面和各个环节。不同伦理原则和伦理规范对同一行为提出不同的要求,必然使得行为主体在几者之间作出判断和抉择。在很多情况下,对各类伦理之间的位阶关系很难甚至无法作出明确区分,对不同伦理价值很难作出精确的高低、大小、先后的权衡,这就导致在善与善、正价值与正价值之间的选择方面十分困难,即使在可以区分伦理价值位阶关系的情况下,也不能否认那些未被选择的伦理价值和道德行为的正当性与合理性。西方伦理学界定量化的研究以及中华民族优秀传统文化中涉及轻重缓急应对的哲学观念或许可以开拓伦理规范构建的思路。

以上三者共构互联网平台企业伦理规范建构的价值性原则,期待从伦理的规范共识走向价值共识。

五、稳定性原则

伦理规范要适应现在以及未来社会历史条件的变化和发展的需要,

必然要做到动态调整与相对稳定相结合。目前,中国互联网平台企业尚处于发展初期,立足于现阶段进行伦理构建也必须基于这一基本现实,进而最大限度地实现在发展中创新和在创新中发展。

伦理规范虽然不是亘古不变的,但也需要相对稳定。伦理是人们经过实践的反复检验总结出的道德经验与行为方法,其存、废、立、改不应该随心所欲,而应该具有相对的稳定性。互联网平台企业追求的是可持续发展,其伦理规范建设也必然是一项长期工作,需要综合考量各种因素以及利益相关方,需要经过一个创新、发展、稳定、扬弃的过程。互联网平台企业伦理规范的构建需要凝聚广大利益相关者的共识,需要将经济、技术、环境、社会四个维度统一于人类命运共同体构建之中,需要始终遵循人类共同价值观和人类根本利益诉求。互联网平台企业在实践过程中,如果需要对伦理规范系统进行改造、完善或建构,则需要提供充分的理由、客观的根据与合理的程序。互联网平台企业伦理规范如果朝令夕改、随意调整,则会严重削弱伦理规范的权威性、严肃性,让员工无所适从,甚至丧失信心。

与此同时,伦理规范相对稳定并不意味着排斥调整。伦理规范是人类为了适应世界各种关系和建立良好关系而演化出来的,是立足长远、为广大利益相关方创造经济、技术、社会、环境可持续价值和共同价值的系统。但也并非一成不变,尤其是在数字技术飞速发展所带来创新和变革的情况下,技术操作层面的发展会导致涉及某些价值取向在变化着的关系世界中反思、修正、变化,互联网平台企业商业模式以及伦理规范也会因之改变或权衡。

第二节 伦理规范的内容构建

伦理是连接的律令表达,互联网的本质也是连接,两者的底层逻辑相通。企业存在之意义,是回馈社会以价值。从企业社会责任视角看,企业与其利益相关方的联结构成了"命运共同体"。互联网平台企业需要在决策和运营中充分考虑利益相关方的诉求,赢得认可和支持,保障商业的可持续性;利益相关方支持负责任的互联网平台企业,监督不负责任的互联网平台企业,形成对社会进步也对负责任的互联网平台企业发展有利的环境,从而形成共同体精神。世界面临百年未有之大变局,尤其是随着数字经济和数字技术的飞速发展,经济社会传统的运行规则、法律与监管出现边际失效,互联网巨头垄断和资本无序扩张屡屡出现,数字鸿沟、数字霸权不断加重等,给人类社会面临前所未有的挑战。"共同体"思维与精神,有利于避免互联网平台企业单纯从企业视角出发的局限性,从"共同""互鉴""共赢"的视角,为互联网平台企业伦理规范构建打开了更广阔的大门、迎来新的发展阶段。

人类命运共同体理念是回答和解决当今世界面临的时代之问的中国方案,也是互联网平台企业将伦理规范从约束到义务再到战略的总指引,体现了马克思主义"共同体"理论的基本原则和价值追求,也体现了中华文明和衷共济、和合共生的精神特质。在包容"不同"中寻求共识,在尊重"差异"中谋求互通,正是"共同价值"扬弃西方所谓的"普世价值"、文明交流互鉴理念超越"西方中心论"独断的价值所在。全人类共同价值将多种价值观的差异共存、价值追求充分延展,契合了世界各国人民的共同福祉与共同企盼,为解决人类社会面临的全球性问题挑战提供了重要基础和参考框架。

在数字时代,人类命运共同体理念指导下的互联网平台企业伦理规范,也是人类命运共同体理念在国际社会网络化领域的必然逻辑,需要通过互动、对话和融合形成,通过对互联网平台企业与利益相关方伦理关系的微观审视,以及基于理论向度、实践向度、文化向度、环境向度、政策向度五大向度的宏观考量,结合企业社会责任体系发展的最新趋势,以人类命运共同体理念为指引,明确经济、技术、环境、社会四大维度的互联网平台企业伦理规范构建的内容范畴(见图6—2)。

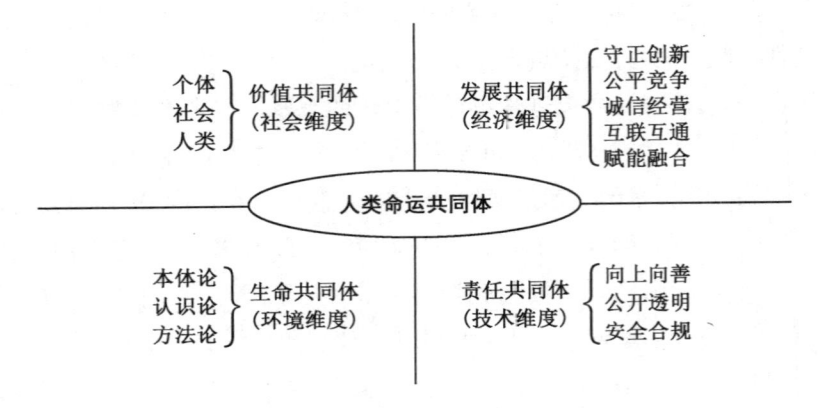

```
                          ┌守正创新
个体┐                发展共同体│公平竞争
社会│价值共同体      (经济维度)│诚信经营
人类┘(社会维度)              │互联互通
                              └赋能融合
              人类命运共同体
本体论┐                          ┌向上向善
认识论│生命共同体    责任共同体  │公开透明
方法论┘(环境维度)    (技术维度)  └安全合规
```

图 6—2 中国互联网平台企业伦理规范构建的内容范畴

一、经济维度：与利益相关者构建发展共同体

经济增长已经成为推动工业社会的世俗宗教[①]，对于信息社会和数字社会亦然。经济发展责任是互联网平台企业的主体责任之一，是企业作为经营性经济组织的本质属性所在。近年来，数字经济持续成为驱动中国经济增长的关键力量，互联网平台企业更是其中的根基所在。互联网平台企业在经济维度与利益相关者构建发展共同体，构建守正创新、公平竞争、诚信经营、互联互通、赋能融合的伦理规范，对于贯彻新发展理念、引领经济高质量发展意义重大。

(一)守正创新

守正创新是企业健康发展的不二法则。提供好的产品和服务、激发数据要素价值，是互联网平台企业立足的基础。

1. 产品和服务创新升级

相较于传统企业，这是整个互联网平台企业生态系统产品和服务的提档升级，尤其是提供更多优质的网络产品、增值服务以及回归到实体经

---

① Daniel Bell. *The Cultural Contradictions of Capitalism*[M]. New York: Basic Books, 1976: 237.

济的价值。

功利性是包括互联网平台企业在内的所有企业的价值诉求所在。通过为用户提供优质的产品和服务进而盈利,是企业存在的先决条件和必要条件。企业必须实现盈利才能持续发展,只讲情怀而不讲盈利的企业从本质上讲是不负责任的。

优质的产品和服务是互联网平台企业的立身之本。随着移动互联网、云计算、人工智能等技术的发展,当下人们的消费心理与消费行为不断发生变化,这就要求互联网平台企业积极创新来满足人民群众的迫切需求,进而赢得流量、赢得市场、实现利润;强化平台本身和平台内经营者商品和服务的质量管控和追溯以及安全保障等责任;通过互联网平台企业生态体系构建形式多样的线上消费场景,探索人机互动新模式,提升用户的网络消费体验。总之,互联网平台企业要为社会提供真善美的产品和服务,以满足人民群众对美好生活的需要。

数字消费成为主流的同时要契合公众的消费心理需求,警惕数字时代的符号消费。让·鲍德里亚(Jean Baudrillard)在《消费社会》中提到,随着生产力的不断提高,这个时代会出现物质生产过剩。资本家会抓住每一个获取利益的机会,特别是利用潜移默化的各类广告吸引人们,或者抓住人们的各种虚荣心,当成"上流社会"身份的象征。互联网平台企业借助网络技术的发展,进行符号编码与价值观注入,通过大众传媒运作,在潜移默化中固化消费者的意识形态,进而操作人们的消费行为,以控制资本市场。无处不在的网红就是网络时代符号消费的典型。

2. 激发数据要素价值

互联网平台企业相较于传统企业拥有巨量的链接和海量的数据,也正是数据这一关键要素,使得互联网平台企业在数字经济时代脱颖而。互联网平台企业生态链和价值链的数据化,重新定义了生产力系统,并对各种生产要素进行了优化重组,促进各类要素在生产、分配、流通、消费各环节之间的有效畅通和高效配置。

随着数字技术的广泛应用,数据作为要素在企业业务流程和组织架构的数字化、产品与服务的数字化、现实世界的数字化等方面的作用不断彰显。海量数据汇聚推进商业创新的根本转变,数据逐渐成为互联网平台企业发展的核心要素。正如英国《经济学家》所评论,"对21世纪来说,数据就像20世纪的石油一样是增长和变革的动力。数据的流动创造新的基础设施、新商业、新垄断、新政治,以及更关键的新经济"。

互联网平台企业应注重利用数据来提高产业链、供应链协同效率。随着数据应用的日益深入,智能化生产、网络协同、个性化定制等多种服务化延伸模式日渐清晰,带动技术进步、效率提升,打通生产与服务全流程,实现精准匹配,提高产业链协同效率;通过对供应链海量数据的搜集、分析,勾勒出用户需求,反映市场的真实需求。

我国区域、城乡、群体、行业间数字化发展不平衡不充分现象较为明显,数据要素价值尚未充分释放。互联网平台企业应发挥带动作用,推进实现市场资源优化配置,促进数据流通交易和开发利用,比如,在数据产权制度方面,积极推进与中小微企业的双向公平授权,共同合理使用数据,赋能中小微企业数字化转型。

(二)公平竞争

相较于传统企业,互联网平台企业往往具有市场参与者和平台组织者双重身份,与之而来的是互联网平台企业的竞争更复杂、更隐蔽以及更多动态变化。与此同时,互联网平台企业以及相应生态体系所产生的辐射作用更大。互联网平台企业承担了部分市场职能,理应承担更多构建平台经济领域合理的竞争秩序、开放的平台生态、市场公平竞争方面的主体责任。唯有不断地促进创新和公平竞争,唯有更高层面的价值追求,中国互联网平台企业才能从跟随模仿者成为开创引领者,其中伦理规范不可或缺。

1. 深刻理解公平竞争的意义

公平竞争是市场经济的大道至简的内在追求。互联网平台企业可以通过正当手段追求一种理性的、有规则的、和谐有序的竞争。社会主义市场经济本身就蕴含了公平、自由、竞争的基础理念和基本要求,公平竞争也是互联网行业的创新基因。2022年,国务院发布的《"十四五"市场监管现代化规划》提出要"完善竞争规制基础制度",更明确强调要"引导平台经济有序竞争"。[①] 中国互联网平台企业要充分认识公平竞争的价值,进而让更多市场主体共享数字经济发展红利,让用户分享创新和竞争红利,有效激发全社会创新活力,构筑经济社会发展的新优势和新动能,这也正是经济高质量发展的目标所在。封闭小市场、自我小循环的市场格局是市场经济的大敌,不利于实现优胜劣汰、优化资源配置,必然会损害消费者的合法权益,甚至损害国家和社会的利益。

2. 落实公平竞争的主体责任

公平竞争原则要求对所有市场参与者平等地适用治理规则。在公平竞争状态下,市场各方都是受益者,互联网平台企业通过技术创新等降低商品服务成本,形成自己的竞争优势,用户可以享受更有品质的商品、更好的服务体验。但现实情况是,互联网平台企业往往基于网络规模效应,并利用平台聚合优势和大数据优势不断"攻城略地",甚至横向扩张至其他领域和行业,形成市场支配地位,对市场公平竞争环境造成严重挑战甚至威胁。当某个互联网平台企业在某一细分领域具有支配地位时,滥用市场支配地位、破坏公平竞争秩序、伤害消费者合法权益的情况屡有发生。

互联网平台企业要积极落实公平竞争的主体责任,切实遵守法律法规,不断建立健全企业内部反垄断合规管理制度,积极追求主体向善中公平与效率的统一,共同营造公平公正的市场秩序,以弥补数字时代法律治理的局限。参照近年来平台领域处罚案件的《行政指导书》,互联网平台企业的主体责任包括:按照公平、合理、无歧视的原则与平台内经营者开展合作,不得从事向平台内经营者收取不公平高价服务费、对平台内经营者施加不合理限制或者附加不合理交易条件、歧视性对待平台内经营者等。

---

① 国务院关于印发"十四五"市场监管现代化规划的通知[J].中华人民共和国国务院公报,2022(5):8—28.

3. 积极培育公平竞争文化

近年来,"字节跳动诉腾讯""淘宝网络抢购服务""美团实施二选一等涉嫌垄断行为"等数字平台的诸多案例,不断出现且发酵引发社会关注,映射了互联网平台企业违反公平竞争行为的乱象。这与实现高质量发展不相符,需要互联网平台企业将公平竞争文化纳入价值建设体系,将社会公共利益、企业利益和用户利益"三元叠加"后综合考量。互联网平台企业要积极培育公平竞争文化,强化公平竞争意识,增强公平竞争理念,营造公平竞争秩序,建立健全竞争合规管理体系,促进形成依法合规、公平竞争的企业文化氛围,引导平台生态系统乃至全社会形成崇尚、保护和促进公平竞争的市场环境。

(三)诚信经营

诚信是我国优秀传统文化品质之一,是市场经济建构和运作的润滑剂,也是市场经济赖以维系的最根本的伦理准则之一。无论是单纯的商业往来还是企业社会责任的履行,最终都要内化为交易双方对规则与秩序、契约与法律的遵循,而遵循的核心价值所在就是诚信。相较于传统企业,诚信对于互联网平台企业的重要性非但没有减弱,反而日益凸显。

一方面,建立健全诚信自律机制。诚信是互联网发展的基石,没有诚信就没有数字经济的健康发展,就没有网络空间的良好生态。互联网时代,信息对称、信息透明正成为常态。互联网平台企业诚信与否很容易被用户窥破,事实也证明昙花一现的互联网平台企业大多败在"信"上。因此,互联网平台企业要把守法诚信作为企业的安身立命之本,聚焦网络诚信建设,厚植企业诚信文化,激发内生机制,增强诚信意识,维护信用秩序,自觉做诚信经营的实践者、倡导者、推动者;要打造诚实守信的网络空间,恪守信息真实性原则,完善信息发布审核制度、真实身份信息注册制度和从业人员诚信考核制度,让诚信真正成为互联网上的通行证;要加强对平台内失信主体的规制管理,对刷单炒信、网络欺诈、虚构交易、夸大宣传、身份盗用等不法行为实时监测和及时处置,切实保护平台、平台内经营者、平台从业人员和平台经济领域消费者的合法权益等;要积极运用数字技术,打造信用信息共享平台、联合辟谣平台、平台经济领域炒信失信信息共享平台等,在驱动互联网平台企业创新发展的同时,也推动企业营商活动信用建设的提质增效,提升网络内容信息治理效率,为平台经济赋能高质量发展保驾护航。

另一方面,助力社会信用体系建设,重塑数字社会的信任基石。数字技术既是社会信用体系建设的重要空间领域,也是推动社会信用体系建设的重要平台载体。数字技术与个体、社会之间的良好互动有助于社会信用体系建设。诚实守信体系因为个体间的信任而降低违约风险和交易成本,有助于提高社会总体运行效率,增加社会的总体福利。互联网平台企业可以基于数字技术创新,塑造和提升整体社会信用体系建设。比如,专门针对网络诈骗而开发的"国家反诈中心"App,以及支付宝的花呗、借呗,微信的信用分值,京东的白条等相应的规则创新,为社会信用体系建设进行了积极探索。此外,在数字时代,对于服务的主体——用户,互联网平台企业要以诚信为纲,用更积极更主动的社会责任担当,创造更多的优质内容和服务,引导全社会以诚信为本,养成文明的网络素养,自觉抵制不诚信的网络行为。

(四)互联互通

相较于传统企业,互联互通是互联网的精神所在,是信息文明的技术逻辑,也是互联网平台企业经济价值和商业逻辑的本质。只有尊重这一基本规律,秉持开放包容、互联互通,才能做大蛋糕,推进互联网行业的高质量发展,真正实现"人机物"相融合的智能互联互通。随着无序竞争的加剧,一些互联网平台企业基于用户规模、数据、技术等方面的优势地位,通过筑墙、设障、封禁等方式,无正当理由地设置平台间壁垒,限制用户选择自由,其本质是将公共流量变成自身平台的利益筹码,对互联网产业生态内的利益进行最大化攫取,这是垄断问题带来的巨大的负外部性问题。当互联互通遇到障碍无法实现时,必然导致互联网产业领域的割裂、碎片化,既会影响用户体验、损害用户权益,又会扰乱数据的正常流动和市场秩序,进而损害社会大多数人的利益。

互联网平台企业要将互联互通内化为企业发展理念。互联互通是为了推动开放生态,通过开放生态来推动数据要素流动、用户流量共享,为用户提供便利性。因此,互联网平台企业是否互联互通,事关用户权益、市场秩序和行业创新发展。《中华人民共和国电信条例》《中华人民共和国网络安全法》《中华人民共和国数据安全法》《关于促进平台经济规范健康发展的指导意见》等政策法规对互联网平台企业在应用层或数据层均明确提出了互联互通的要求,以给用户提供安全、可靠、便利的网络空间,让用户真正享受到互联互通的便利。在社会主义市场经济中,互联网平台企业之间的竞争,应该是创新能力、用户体验、治理水平、社会责任等的比拼。

互联网平台企业要推进利益相关者各方形成互联互通共识,要本着开放、协同、有序、平等的理念,建立良性的竞合关系,塑造良好的互联网创新生态,促进整个社会福祉的最大化。互联网平台企业的互联互通具有长期向好的愿景,利益相关者各方可以在可预期的法律规则中得到利益平衡。对于互联网行业而言,互联互通意味着更充分的市场竞争,企业将自发地精进技术、完善服务,促进形成良好的互联网产业环境;对互联网平台企业自身而言,通过平台开放,不仅可以吸纳结合第三方平台的业务,进一步充实其生态系统,还可以从数据的多样性和质量的提升中获益,进一步提升平台运行安全效率;对第三方平台而言,通过数据共享应用,可以帮助其更快完成用户的引流和数据的积累,让数据资源成为数据生产力,充分激发市场竞争活力;对消费者用户而言,当市场的进入和退出是完全自由和零成本时,互联网平台企业产品和服务的定价行为会被更好约束,数据共享和互操作也更加便利。

(五)赋能融合

相较于传统企业,互联网平台企业的核心价值在于其资源配置效率的跃升和交易成本的削减,得益于其平台、数据、流量、技术方面的独特优势。互联网平台企业重塑了市场和经济运行的基本规则,有效连接和聚集供需双方,实现企业协同发展、资源高度聚合、开放创新发展、生态共促共建,为生态系统各方精准匹配提供平台、资源和保障。

1. 进一步推动数字经济与实体经济融合

数字经济发展的源头活水其实也是实体经济的演变,互联网平台企业要实现更高的价值创造,需关注自身发展、行业发展转向与实体经济深度融合。面对百年变局和世纪疫情相互叠加的复杂形势,互联网平台企业要回归本源,充分发挥数字化优势,赋能传统产业转型升级,利用互联网新技术对传统产业进行全方位、全链条的改造,打通供应链、产业链、服务链的难点和堵点,提升生产组织效率、资源配置效率、物流流通效率、产业融合效率等,加快推动产业数字化的"数字蝶变";与此同时,积极把握数字化与智能化的未来发展方向,深化制造业、服务业、建筑业、农业等传统产业数字化转型,推动数字技术在教育就业、养老医疗、社会公益等民生领域的应用,提高全要素生产率,让实体经济充分释放创新发展的活力,发挥数字技术对经济发展的放大、叠加、倍增作用,更好地满足人民群众的美好生活需要。

2. 进一步促进中小微企业数字化转型

数字化发展的目标是全民普惠。从国际经验来看,发展数字经济,推动经济社会高质量发展,充分调动产业数字化转型的内生动力和创新活力十分关键,尤其是充分释放广大中小微企业的数字化生产力。据国家市场监督管理总局披露,2022 年我国市场主体总量"历史性地跃上了 1.5 亿户,个体工商户达到了 1 亿户"[①]的新台阶。它们在稳经济、保民生、稳就业等方面发挥了重要作用。支持中小微企业创新发展,保障互惠共生空间,事关经济社会发展全局和人民群众切身利益,也是高质量发展的题中应有之义。互联网平台企业要实现价值共创的更大化,就必须不断创新数字技术,带动提升社会整体数字化水平和效率变革,让每一个有需要的个体和小微企业都能共享数字化成果。比如,对于分散的、小规模的甚至在地理位置上都很难找到的中小微企业、低收入家庭和农村经济主体,

---

① "国家市场监管总局:中国市场主体总量历史性跃上 1.5 亿户",中国新闻网,https://m.chinanews.com/wap/detail/chs/sp/9759354.shtml。

可以通过推进数字化来提供精准的普惠金融服务,促进更多产业协作和价值创造。

二、技术维度:与利益相关者构建责任共同体

伦理规范与技术发展之间呈现的是一种非线性的关系。相较于传统经济,以互联网平台企业为主体的数字经济对技术的依赖,以及技术对经济的影响达到前所未有的程度。作为世界科技革命和产业变革的先导力量,数字技术大规模的融合应用、集成应用在发展数字经济、加速经济社会数字化转型过程中发挥着越来越重要的作用。技术创新的根本目的是增进用户的长期价值,整体增进人民福祉,促进人的全面发展。面对科技发展的不确定性,非人类主体参与的决策链路不断强化,互联网平台企业应在道德伦理层面做出正面回应,与利益相关者一道立足于人类整体,构建责任共同体,从向上向善、公开透明、安全合规的伦理视角深刻理解企业社会责任,从用户个人隐私和公共数据、算法设计、知识产权保护等角度合规管理构建"共同体",承担起技术创新健康发展的责任,确保技术创新尽可能多地让人类受益,这也与"以人民为中心"的发展思想和人类命运共同体的理念相一致。

(一)向上向善

向上向善是高度技术化社会的终极愿景。数字技术的不断革新是否能够真正带来"善的生活",这是数字经济正在面对的最核心的哲学追问。从王欣的"技术无罪"到张一鸣的"技术中立"再到马化腾的"科技向善",近年来中国互联网行业的技术伦理经历了一次又一次的冲击与升级,中国互联网平台企业的价值观也在不断"蝶变",从侧面也反映出人们内心对秩序和幸福的向往与追求。

1. 要实施负责任的创新,防范技术傲慢

每一次技术上的突飞猛进都会造成人类社会结构的历史性变革。研发设计相关数字技术不是单纯技术层面的要求,需要伦理层面的引导和规制。当技术探索与应用符合伦理规范,被引导至向善、负责任的方向

时，人类福祉得以提升，人类社会被整体"增强"。在人机共生的时代当下，倘若探索和应用违背责任伦理和技术伦理的底线，则可能给人类社会造成巨大危害。互联网平台企业本质上就是以数字技术为核心驱动力的企业，其崛起的前提和基础是数字技术的整体进步，得益于移动通信技术、大数据、人工智能、区块链等数字技术的快速迭代创新。数字技术在推进互联网平台企业业务模式不断创新的同时不可避免地会带来新的风险挑战，目前国内外均在围绕指引、标准和可落地的解决方案进行探索，其中，以伦理规范纠偏技术使用并促进技术向善，是一个重要研究方向。

作为创新中坚，互联网平台企业在数字经济领域的基础研究、创新能力、成果孵化、产学研协同中发挥着重要作用，既要以"创新"维持或再造核心竞争优势，在尽可能短的周期内获取丰厚的投资回报，又必须超越狭隘的技术向度和利益局限，认真履行法律规定的责任与义务，突出技术创新"善"的目的、动机与价值，确保技术研究与创新的"意义导向"与"正确影响"，推动技术应用的价值回归和理性回归；要通过技术弥补人与人之间的差距，通过伦理来纠正技术的偏狭和反噬，以更为宽泛的伦理责任提高社会可接受程度，树立"负责任创新"的企业形象；要把价值取向放在首位，深入理解数字技术与创新、与责任的辩证机制，在数字技术演进过程中因势利导，推动社会进步，促成人的发展。

作为市场主体，互联网平台企业在促进数字经济增长的同时要逐渐转换社会责任实现方式的逻辑，强调自身经营与广大利益相关者乃至整个社会发展的共生共益。企业的发展不能背离时代，互联网平台企业取得的成功根本上还是靠国家的政策红利、人口红利和时代机遇。互联网平台企业要尊重人的自主性，将人看作目的本身，而不能仅仅作为手段或工具，用科技真正造福人类，提升人类内心的幸福感，加强内心的感受，避免技术作恶或技术异化；要坚持人际平等、社会公正，积极依托创新性的技术或设计新的商业模式，聚焦被忽略的位于金字塔底层的低收入群体，将他们作为有价值的角色纳入市场体系来发挥作用，通过创新提供更多的就业岗位，帮助他们提高收入、缓解和消除贫困，以满足他们对美好生活的向往，这也是对工具理性过度追求的价值矫正。

2. 要超越资本逻辑，遵从人的逻辑

资本逻辑掩盖下的事实和数字，会让很多人形成一种错觉与假象，即认为自己正享受着或已享受到数字技术带来的便利，并最终乐于接受被技术所塑造所改变的生活。

从本质上讲，作为信息时代的产物，数字技术仅仅是一种工具和载体，在解放和发展生产力以及促进社会发展方面起到重要推动作用。但不容忽视的是，本应为人类追求幸福生活与人的自由全面发展服务的数字技术，在资本逻辑的驱动下，存在与资本把人异化为数字技术奴仆的现代性问题，而且这种被支配、被奴役的附属地位得以更隐蔽地加强，算法运行中可以不受干扰地实现资本的特定利益诉求。比如，基于大数据和算法的精准性，强化用户的认知甚至固化为信息茧房，最终发展成为价值导向的一种单向度思想影响、意识操控。盲目追求效率、技术拜物的倾向，致使"人"的存在和价值受到不同程度的轻视，这与人是价值的最终根源完全背离，也增加了凝聚社会共识的难度。因此，互联网平台企业要摆正盈利与社会责任之间的关系，坚决摒弃和超越资本逻辑。

互联网平台企业要遵从人的逻辑，推进技术发展和创新。任何技术都应有益于人类自身及其社会文明的改进和改善，这是技术伦理的普遍要求。互联网平台企业对数字技术的反思、对创新价值的追寻，有助于实现从短期利益关注到长期价值坚守，更多聚焦中长期收益和社会福利，实现具有引领社会进步和人类发展意义的创新实践。技术对人的尊严来说还起着一种二律背反的作用。技术治理能力的提高，有助于祛除隐私滥用的风险，以及维持和增进人的尊严。技术对于人类价值来说，在增进整体福祉的同时还存在两面性，技术快速迭代和普及可能短时间内会使很多人从习以为常的工作岗位上失业或者到低于以往社会地位的工作岗位上工作，必然会带给他们自我存在价值的质疑。从功利主义视角看，互联网平台企业首先关注自身营利性无可厚非，但不应忽视人类独立思考的维护，以及培养塑造用户正确价值观的责任履行，这对企业未来还是对社会福祉来说都是有益的。因此,互联网平台企业应重视价值引领,重视伦理对技术研发路径和行为的内化和塑造,避免短视性地依靠易成瘾的内容和算法来迅速获得经济上的收益,突出技术向上向善理念,突出技术对人类解放的价值塑造,强化伦理行为的道德正价值,实现人、技术、资本的良性平衡和互动。

3. 要兼具工具理性与价值理性,以真善美为旨归

作为工具,数字技术可以具有不同的价值指引,它既可以致力于人的美好生活、服务于人的自由和全面发展,又可以成为压制人、控制人、奴役人的发展的手段。数字技术的价值旨归是尽可能规避潜在的风险和滥用,让技术更好地服务于人。从近年我国科技伦理领域相关伦理文本来看,我国比较倾向于通过数字技术为弱势群体赋能的治理思路。互联网平台企业创新目标的逻辑起点应是工具理性与价值理性的协同。

互联网平台企业必须清醒地认识技术是有两面性的,甚至会出现技术上的膨胀和异化,即在被"赋能"价值创造的同时也会存在被"控制"的情况,这样会给平台利益相关者带去负面影响,比如,最近饱受热议的"饿了么员工深陷算法困局"事件就是一个典型案例。技术的工具性基因决定其必然朝着效率的方向持续演进,工具理性带来的效率至上理念具有正面作用,但一旦成为主导或压制性力量,将横扫社会生活方方面面,使人们生活在技术的支配下,并在很大程度上朝着"成本—收益"最大化的方向归一。人失去了想象力、创造力和批判力,人类的社会生活会变得狭隘和扁平。比如在互联网平台企业中普遍存在的不惜一切代价去绑定用户、毒瘾式延长用户使用时长行为,就是工具理性支配下的流量逻辑,这必然会对人的思想、价值观念、心理状态带来不可低估的负面影响,致使人类面对技术时缺乏伦理维度的思考和定力。

技术承载着人类价值,无形之中也塑造着环境力量。互联网平台企业要平衡好技术与价值两者间的关系,坚守人类的角色和作用,克服技术至上逻辑,避免陷入"数据利维坦"困境。在技术进程中,公平、正义等人类共同的价值观应尽可能地被嵌入前瞻性设计中,把技术向善的伦理观

嵌入平台的代码设计中,为其市场行为提供约束和保障,也为技术研发应用推广行为划定伦理边界。规避技术发展可能导致人的主体性缺失风险和工具理性带来的路径跑偏。作为嵌入价值观的技术人工物,其使用过程必将尽可能地调适人与技术之间的张力,使技术更好地服务于人、辅助于人,为企业技术向上向善目标的实现提供方向和路径。互联网平台企业要充分考虑现实的产业环境、政策环境和舆论环境,赋予算法人文主义精神,明确造福人类、可持续发展、公众利益优先、共享科技红利等科技伦理原则,为其健康有序发展趋利避害。

(二)公开透明

面对数字时代越发凸显的人工智能系统和技术范式难以理解、责任含糊等问题,公开透明是规范平台行为和实现平台责任的有效手段,也是各大经济体监管的重要指导理念。相较于传统企业,互联网平台企业掌握数量庞大、时效性强的信息资源。将不属于个人隐私、企业秘密、国家安全的信息予以公开,既是对网络用户知情权的尊重,又是互联网行业有效治理的应有之义。

1. 公开透明成为互联网平台企业的经营原则

互联网平台企业应秉承公开透明的理念,并融入职能管理和业务流程中,不断建立健全公正、公开、透明的平台企业治理规则,主动发掘自身可以向利益相关方传递有价值的信息,以行为的传递推动整个平台生态系统透明度提升和透明机制构建,以透明参与合作,实现价值共享。《互联网用户账号信息管理规定》的出台也是对互联网平台企业透明决策的外在要求。明确互联网信息服务提供者需展示用户账号、IP 地址,这对于遏制假冒账号、传播虚假信息、网络暴力等乱象的治理以及接受公众监督,确保在热点事件发生时传播内容的真实、透明。

(1)透明决策应成为互联网平台企业的内在价值追求。透明决策可以提升互联网平台企业的市场关注度,有利于识别风险,降低不确定性,营造公开、透明的市场竞争环境。透明度的缺失,则会阻碍用户产生自己是否真的受到尊重和公平对待,进而产生隔阂,提升交易成本。比如,网约车和道路货运新业态平台公司应放弃急功近利的价值观，向社会公开计价规则，让抽成在"阳光"下计算，才能获取公众理解和整个行业的良性共治。

（2）安全透明应成为互联网平台企业技术发展的主线。新一代数字技术的研发设计、营销服务、生产制造等各个环节和场景应用，以及技术产品的算法、参数、性能、限制、设计目的等相关信息，都应当接受社会监督，让用户可以放心接纳并使用该项技术，不应当基于过时、不准确、不完整或带有偏见的数据进行研发，以免研发的底层设计对特定人群产生偏见和歧视。

（3）公开透明有利于互联网平台企业利益相关者形成思想共识。相关平台规则或伦理准则应避免冗长的条款和晦涩的术语，应重视并助力利益相关者的理解、认知和判断。重大管理决策广泛征询利益攸关方的意见，尤其是用户群体。互联网平台企业要增强平台的公开性、透明性和参与性，允许用户等利益相关方代表参与平台规则的制定，交给用户包括退出在内的选择权，让用户决定其看或不看什么内容，真正让用户诉求融入企业运营与决策中。同时，对于互联网平台企业从业人员而言，公开透明是防止其违反职业伦理、科研伦理等不端行为的伦理规范前置环节，也是利益相关者监督互联网平台企业进行伦理和法律治理的有效办法。

2. 主动提升算法透明度，谨防算法黑箱

算法是应用数据的大脑，已成为互联网平台企业的重要技术架构和核心组成，甚至成为部分互联网平台企业的制胜法宝。算法在有力提升互联网平台企业经营效率和管控信用风险的同时也无形中削弱了人类社会进步所需要的好奇心和想象力，并实实在在地影响到个人的信息接收和日常生活。在算法应用过程中，资本通过技术转化为权力和对公共资源的控制，容易导致市场失灵。无论是算法黑箱、算法面纱，还是算法共谋、算法歧视，均隐喻表达了人类对算法不透明而引发"算法支配"等系列伦理失范问题的担忧，从另一个角度凸显了算法伦理、技术伦理的紧迫与必要。全球各国通过立法和标准制定等手段对算法应用的相关领域进行实质维度的治理与监管,算法透明缺乏实践指引、算法透明标准不明以及如何化解算法透明与商业秘密之间的冲突等难题是各国面对的共性难题。

算法伦理的本质是平台的价值取向,相当程度上体现了算法推荐服务提供者的伦理观念,能够引导甚至一定程度上支配人们的思维与行为。因此,互联网平台企业应将社会责任内置于算法逻辑之中,让算法设计促进技术逻辑与社会逻辑的内在统一。在数字经济中,劳动者成为算法自动化决策的对象,社会伦理规范理当成为算法的优先选项,这也是互联网平台企业基于算法承担社会责任的内在依据。当前,针对与算法相关的政策法规相继出台,旨在鼓励互联网平台企业从源头上加强自律意识,在尊重社会伦理和商业道德的基本前提下提供合理、合法的算法推荐服务。《关于构建数据基础制度 更好发挥数据要素作用的意见》还首次提出要建立"算法审查"制度。

互联网平台企业应主动提升算法透明度,推进算法伦理的道德创新,破解关键性道德难题或悖论,建设技术与道德协同并进的可持续发展的良性生态。① 算法透明的目标在于保护用户的自主选择权,化解人类对算法决策可能失控的风险的忧虑。为实现算法透明从可能性到可行性的跃迁,可以通过算法透明度机制的建立与完善,借助制度性力量从伦理风险可能衍生的源头对算法权力进行前瞻性、强制性和全程化的约束。就约束形式而言,告知义务、标示义务、向监管部门报备参数、向社会公开参数、存档数据和公开源代码等都是可选择的方式,算法解释权也可以看成是算法透明原则的具体化体现;就约束手段而言,以监管制度完善与落实为中心的强技术监管和秉持"开放伦理"协同多元主体的协同治理。透明度工具的使用方式非常复杂,以及以 ChatGPT 为代表的新一代人工智能技术所带来的相应冲击与挑战,再次验证透明度的提高应与保护知识产权、商业秘密、数据信息等相契合。

---

① 闫瑞峰.算法设计伦理治理的立场、争论与对策[J].自然辩证法通讯,2023,45(6):1—9.

（三）安全合规

当前，安全合规越来越受到普遍重视，甚至成为互联网平台企业生存发展的关键。在这个复杂不确定的大环境下，发展与安全的关系问题，企业、用户、国家三者如何协同，网络安全、数据安全、个人信息安全三者如何平衡，是需要着力解决的突出问题。安全合规应成为技术的"先行"，通过"嵌入"，实现技术治理方面的积极预防。以维护国家数据安全、保护个人信息和商业秘密为前提，强化互联网平台企业的竞争合规、数据安全合规、个人信息保护合规，促进数据安全合规高效流通，更好地规范数字经济发展，方能更好地促进全体人民共享数字经济发展红利。

1. 技术发展必须符合人的安全需求

随着面向个人用户、生活场景的消费互联网蓬勃发展，大量的个人信息被互联网平台企业掌握和使用，隐私保护和个人信息安全问题也随之而来。在保障个人信息安全的同时，互联网平台企业要充分尊重人的主体地位，并保护作为数据主体的个人享有个人信息的知情权、决定权、可携带权、删除权等众多权益。

在充满了不确定性的复杂社会环境中，安全是生存的第一需要，安全感是人的生命中最踏实、最温暖的感觉。技术是为了人的安全而产生并且不断发展的，必须符合人的安全需求。数字技术的深度应用是互联网平台企业的诞生本源，也是其区别于传统企业的一大特征，比如，以ChatGPT为代表的人工智能数字技术已经达到可以帮助甚至代替用户做选择和决定的程度。AI领域高度复杂，其内在的演算逻辑与进化逻辑对于技术专家等业内人士也是挑战。数字技术是以互联网平台企业的价值尺度和目的向度为先在逻辑，事关人的价值主体地位。在新一轮科技革命浪潮中，技术发展必须安全、可靠、可控，必须经过严谨、审慎的权衡与取舍。互联网平台企业只有深入把握数字技术的内在逻辑结构，把握数字技术发展的指向路径，才能在技术与安全的统一中寻找"平衡"。

互联网平台企业应深刻反思数字技术对人的认知与行为的影响，时刻警惕数字技术带来人的异化和数字歧途，促使技术真正服务于人，成为数字技术的最底层逻辑，确保其可控性。近年来，数字技术在造就美好生活的同时损害人的身心、人的基本权益问题也时有发生，比如，短视频沉迷等现象带来的注意力缺失、心理与行为失调等情况；再比如人脸识别技术被滥用等情况严重冲击个人隐私等。这些问题展现出数字技术对人强大的"塑造"性，影响思想，改变思维。互联网平台企业要充分维护人类业已形成的作用和角色，充分尊重用户的知情同意权，依照目的限制原则、必要性原则和严格保护原则处理个人信息，坚守合法、目的正当、最小化、公开原则收集数据，充分保障个人隐私与数据安全。

互联网平台企业应为技术确定合乎人性的发展原则，通过创新，捍卫人文主义和道德关怀。数字技术在发展过程中应推进实施信息分发限制、技术前置设置等原则，建立有害信息的过滤机制，对网络游戏、网络视频、网络社交、网络购物等网络成瘾现象进行有效限制，比如，把避免沉浸式感官快感等上瘾作为重要的技术开发指标，防止沉迷和造成信息茧房，此外，不断优化隐私政策，努力满足用户需求，并以简洁、清晰、易懂的方式告知用户；充分保障用户知情权，不以"默认同意"等方式强制用户接受产品自启动进行弹窗或提供相关服务，以更严要求改善影响服务感知的关键技术环节，进一步提升人民群众的获得感。

2.统筹数据安全与释放数据价值

在数字经济发展中，数据流通是互联网平台企业实现数据交换价值、促进数据要素市场发展的重要方式，但数据流通和数据安全有时会存在摩擦和矛盾。日趋复杂的数字技术应用引发出数据泄露、数据滥用、数据贩卖、数据污染等诸多问题。保护数据中的个人隐私，不能单纯依靠法律和行政监管手段，因为过多的禁止、约束、干涉，会妨碍数据的流通和使用，而数据只有在流通和使用中才具有价值。要使数据要素真正顺畅地流动和活跃起来，安全是基础，制度是保障，在安全、合规的前提下让数据流通并最大化创造价值。

对于互联网平台企业而言，数据安全、数据价值在当下有着更为丰富的价值内涵和更为深刻的政策底蕴。数字安全意味着超越传统的组织视域,不仅要聚焦在企业发展的微观层面,而且要对个人隐私保护、民生福祉乃至国家治理进行宏观考量。数据的价值在于流通和使用,尤其是多元数据的融合碰撞和共享流通,只有动起来、用起来的数据才能产生价值、发挥作用,才能实现从数据资源化到数据资产化的跃升。数据价值的发挥依赖于数据。因此,数据安全与数据价值,可以在目标指向和实现路径上实现内在的平衡统一。

数字认证、隐私计算、区块链、新型密码技术等新技术的发展为统筹释放数据价值和保证数据安全提供技术实现可能性。互联网平台企业应积极推进前沿科技的迭代升级,打造可信数据流通架构,以确保数据在安全的前提下实现"可用不可见"的流通。类似于"伦理制度化"和"道德物化",隐私计算被视为确保数据安全有序流通的解决方案之一。其核心理念是在整个设计过程中以价值为原则,将数据可见的具体信息部分和不可见的计算价值部分进行分离,以技术内化的方式消除各相关方对于数据安全和隐私泄漏的顾虑,以技术应用的手段有效破解"数据孤岛"困境,有效促进数据价值的流通和协同,最终形成可持续提升的数据安全治理体系能力。

3. 践行国家安全和社会公共利益

国家安全和社会公共利益优先应成为互联网平台企业在内的整个行业的伦理共识。随着信息时代的深入,大数据、云计算与人工智能技术等有机结合,已经能够从海量数据中挖掘、分析出很多能够威胁到国家安全和经济社会发展的信息,利益和诱惑之下安全的风险也就更大,安全的需求与逻辑已然进阶到数字安全的高度。社会公共利益维系于个体间的共同利益,损害社会公共利益,也就损害了个体的正当利益。互联网平台企业拥有大量用户并掌握海量数据,对数字技术等的开发和利用,对数据的收集、分析、共享、存储能力也远超以往,如果没有类似航空等领域严格的内控安全标准,没有网络安全技术和产品服务的系统创新,不加区分地将具有公共属性的数据和关系资源私有化与商业化,甚至跨境流动,则必然会危及个人数据安全、产业经济安全、国家和社会总体安全。近年来,数据安全事件造成的影响越来越严重,已逐渐深入扩展到国家政治、经济、文化、生态、民生不同层面,涉及国家关键信息基础设施、宏观政策调整、商业系统乃至个人生命等各个方面,暴露出的是互联网平台企业数据安全的治理与合规问题,对国家的数据生态治理水平和安全治理能力提出全新挑战。

维护国家安全是互联网平台企业的红线和底线。系统、全面、有效的数据安全对于总体国家安全观的贯彻落实、数字经济治理的体系建构具有突出的基础性战略价值。相较于传统安全,数据安全更加复杂、不确定、多元,包括数据窃取、数据篡改、数据攻击、数据垄断等。互联网平台企业应当高度重视数据安全治理工作,加强数字技术与其他前沿技术的融合,建立中国的通用大模型,切实维护国家安全;在业务运营的同时充分考虑数据的安全使用场景和需求,尤其利用生物特征进行个人身份认证的,应当对必要性、安全性进行风险评估,涉及关键信息基础设施等重要数据和算法的,要通过相关部门的确认与审查,建立风险防范体系。

互联网平台企业要坚持管理制度与技术措施相结合,落实好主体责任,将制度要求转化为技术要求;建立健全数据全生命周期安全保护管理措施,加强出境数据全生命周期的备案、防护、检测评估和安全监管;建立健全网络安全分类分级管理制度,针对不同级别的数据,围绕数据收集、加工、使用、传输等全生命周期,提出相应的安全管理和保护要求。

互联网平台企业要坚持发展与安全并重,自动对标《网络安全法》《数据安全法》和《个人信息保护法》等相关法律法规要求,自觉提升数据安全保护能力。针对可能发生的数据泄露及其他安全事件,要有应急处置预案、手段和程序;针对防范手段,要通过持续创新,运用数据安全审计、数据安全防火墙、数据脱敏和数据加密等方式,不断提升数据安全,纾缓对因不合规而承担伦理和道德责任的恐慌。

三、环境维度:与利益相关者构建生命共同体

人与自然的关系是人与社会关系的基础,两者在自然生态系统中不可偏废。人与自然是生命共同体,良好的生态环境是最普惠的民生福祉。随着时代的发展,信息技术和数字技术对人与自然的影响愈加复杂、深刻。互联网平台企业作为数字经济的主体,其发展和环境治理责任受到人们广泛关注。中西方互联网平台企业所选择的路径、范式一定程度上代表了中西方现代化发展的道路。

近代西方资本主义的现代化,是"以人对自然的支配为前提"的,片面追求物质财富的增长而忽视生态利益。这种以资本为中心、以盈利为目的的发展方式,不仅带来了沉重的资源环境负荷和生态环境的破坏,还导致人与自然关系的对立。这种人与自然的非和谐的冲突与矛盾,倒逼着人类不得不寻求一种现代化发展的新方向。中国式现代化是人与自然和谐共生的现代化,是一个以积极的态度去解决经济发展和生态环境矛盾的过程,倡导人与自然、与其他生命之间保持和谐状态,倡导"生命共同体"的生态理念。

中国互联网平台企业的环境维度问题,也定然与中国式现代化相呼应,需要以马克思主义生态思想为理论依据,用哲学的思想方法和思维方式去重新反思,从本体论、认识论与方法论三个理论层面实现伦理规范的建构,推进互联网平台企业及生态系统从传统的注重经济利益走向生态环境保护和经济发展双赢,实现人与自然和谐共生。

(一)本体论层面:基于感性实践活动深化人与自然的关系

在马克思主义自然观中,基于实践去把握人与自然的关系是其基本内核。人所面对的不仅是人的世界,而且是一个客观的世界。在马克思来看,人与自然的"对象性"的关系实则也是一种在实践基础上产生的主客体的双向关系。随着当今数字化技术的发展,互联网数字化生存方式和虚拟现实出现的问题层出不穷,这些都不能取消世界的客观实在性。互联网平台企业不能忽视客观世界的存在,要积极承担主体责任,弥补数字化时代社会治理带来的缺陷。人只能正视精神自觉的内省状态,在实践活动中认识客体和主体。

1. 以生命共同体理念为指引

构建人类命运共同体的物质基础是人与自然的生命共同体，实现人与自然的和谐共生。作为"人类命运共同体"重要建设力量的互联网平台企业，也必须把人与自然生命共同体理念融入企业发展。

互联网平台企业伦理规范构建离不开对人与自然生命共同体理念的深刻理解。"人类命运共同体"思想蕴含的生态价值给予人类全新的生态理论基础，是马克思历史唯物主义理论在生态领域的具体应用，无论从逻辑上还是价值观上看都比西方资本主义多了科学性与客观性特质，是新时代下中国特色社会主义生态理论的创新性发展，理应成为包括互联网平台企业在内各种主体秉承的哲学观念。"生命共同体"理念把人与自然的关系从"生产"视界推进到"生命"视界，从"生命"的意义和价值来理解和把握人与自然的关系。无论是人还是自然，都是"生命共同体"的有机组成部分；人与自然、与其他生命体是共生共存共荣的辩证统一关系。人类的生存依赖于地球的生态系统。要保持生态系统的完整性、独特性和稳定性，作为人类社会的重要组成部分，互联网平台企业在塑造方面应发挥更大作用。

人与自然生命共同体理念与数字经济时代的要求相契合。作为马克思主义关于人与自然关系的理论逻辑与人类文明发展的历史逻辑的统一，人要及时反思人与自然的关系或者人对自然的态度，解构一种更加符合人类本性与自然本性的全新关系。互联网平台企业作为时代产物，其伦理既具有人文向度，又需要自然向度。数字经济发展的各种要素一样来源于自然，在工业文明跃升的过程中也仍然存在生态问题。生态伦理的缺失，会使互联网平台企业的外部性负面效应加重。因此，人与自然生命共同体理念应成为互联网平台企业应对全球性生态危机和建设新型生态文明的理论内核。互联网平台企业具有明显的伦理价值负荷，在履行环境责任方面需要履行前瞻性与系统性，构建和谐共生的"大伦理观"。以整体视角、系统思维把握人与自然的关系，为人与自然、与其他生命个体的共生伦理关系，为互联网平台企业伦理规范构建提供了价值导向与实践方案。

互联网平台企业要正确把握人与自然的辩证关系,积极回应人类对绿色产品、绿色空间的期待,切实处理好经济发展与环境保护之间的关系。人与自然生命共同体理念揭示了人与自然的共生关系。生命共同体使得人与自然在和谐共生中有着某种契合性、一致性与通约性,从更深层的系统性角度倡导生态环境的"代内正义"和"代际正义",强调当代人在生存和发展的同时应有责任保障后代的伦理生态链。

2.坚持人与自然和谐共生

在人与自然生命共同体理念中,人首先作为生物人存在,人与自然和谐共生是其首要之义。在马克思看来,人与自然同为对象性的存在物,应始终处于对象性的共生关系之中,并且只有将这种关系"当作实践去理解"才能走出人与自然"非此即彼"的误区,实现"人向自然而生"与"自然因人而美"的动态平衡和真正统一,实现人与自然和谐共生的中国式现代化。人与自然共栖,两者高度关联并在物理空间上、生态整体上相互耦合,这是对自然界生态开放性现实图景的呈现,是对自然界产生、存在与变化在本体论上的界定。它表示人类对待自然应秉持的道德理性与科学思维。也正如恩格斯所说:"人因自然而生,人与自然是一种共生关系,对自然的伤害最终会伤及人类自身。"[1]

互联网平台企业伦理规范构建必须正确认识和反思西方的人类中心主义,同时要反思以生态整体主义为主要内容的非人类中心主义。人与自然的关系是一种相互联系、相互作用、相互影响的有机整体,而非控制与被控制、利用与被利用或者传统意义上的主客体二元的对立关系。西方式现代化受资本主义制度的资本逻辑"束缚",功利主义思想渗透到企业中,既造成了人的异化和个性的泯灭,也造成了自然的异化及由此带来的社会发展的内在张力。在自然资源总量保持一定、自然生态环境的自我修复能力一定的情况下,数字技术的广泛应用必然带来对自然资源获取和使用能力的加速,社会福祉增加的同时可能带来一种风险,即各种自

---

[1] 习近平.习近平谈治国理政:第2卷[M].北京:外文出版社,2017:209.

然资源被过度开发和过快损耗，碳排放量急速提升，比如，数字技术所需要的基础设施建设和数据信息计算活动需要消耗大量的稀土资源和电力能源，与之相伴的是电子垃圾难以处理和碳排放量过大等生态问题，与资源、环境等不相协调，致使经济社会发展的矛盾与挑战加剧，这并不符合人与自然和谐相处的"绿色""低碳"发展原则，也背离了人与自然和谐共生的未来愿景。

互联网平台企业应将与自然和谐共生作为企业社会责任的重心之一，同时要反思人类社会得以建立与发展的基础。互联网的本质是共生共享，环境问题与企业的社会责任和治理状况密不可分。当公司不受任何管制和监督时，其行为往往是不负责任的、不公平的或不公正的，因为他们在追求价值时没有充分考虑"公地悲剧"那样的外部性——经济活动对不相关第三方产生的附带影响，"其结果是导致环境退化、供应链上的经济社会腐败、盗窃以及其他违法行为"。积极践行社会责任，将数字技术创新这一立身之本用于自然的保护、环境问题的解决和生物多样性方面，成为生产力提升与环境友好之间的新平衡点，为可持续发展贡献力量。

3. 践行生态文明思想

人与自然共生共存，"生命共同体"更加侧重于人与自然之间的关系。习近平总书记所提出的"人与自然是生命共同体"的重要理念，从本体论层面超越了现代西方环境理论。"生命共同体"是"人类命运共同体"在生态文明中的集中体现。生态文明既是统筹推进"五位一体"总体布局和协调推进"四个全面"战略布局的重要内容，又是互联网平台企业应积极参与的一项战略性的系统工程。

致力于人们美好生活的基础性价值实现是互联网平台企业的社会责任所在，人的生命价值不仅来源于物质层面，更重要的还有对良好的生态环境和良好的生态产品的享有，生态文明所要达到的效果恰恰是这一点。人与自然"生命共同体"与建立"美好生活"紧密相连。强调人与自然是生命共同体与建设生态文明，源自社会主义的根本原则，其目的就是满足人民群众日益增长的美好生活需要。美好生活不是抽象的，而是具体的，既包括物质生活,又包括政治生活、文化生活、社会生活、生态生活等,互联网平台企业所提供的产品和服务也嵌入其中。只有这些生活需要都得到满足,才能称得上"美好生活"。因此,互联网平台企业要理性认识人与自然的关系,致力于真正实现人与自然和谐共生,共建共享美好生活。

互联网平台企业发展要遵循生态规律,履行环境责任,以实现经济效益和生态效益相统一。在资本主义社会工业革命时期,人与自然的关系"尖锐对立",导致对自然资源的肆意开发,社会呈现出一种极端的"物化"状态。"数字化生存"是人类历史发展进程的产物,其对应的数字文明理应超越工业文明,厘清"真实世界"和"虚拟世界"的双重境遇,形成以哲学为窗口的人类认识世界、改造世界的存在与思维,实现人与自然的和谐共生。互联网平台企业要处理好人与人、人与自然的关系,以及处理好这些关系的规则总和,探寻更持久、更深远的生态伦理发展力量,更大范围地参与碳达峰、碳中和等行动。强化数字经济的生态标准,建立环境保护行为准则和奖惩机制,及时披露重要的环境信息,通过竞争、供求等积极推动技术进步,使生态环境成为推动互联网平台企业发展的重要导向指标。

(二)认识论层面:将生态问题的理解上升到生产力的高度

人民群众是社会历史的主体,是社会变革发展的决定性力量。人与自然是生命共同体思想的历史唯物主义基础,在构建过程中要紧紧依靠人民群众的力量,确立在"以人民为中心"的生态政治哲学基础上使人与自然和谐共生。互联网平台企业应遵循"实践—认识—再实践—再认识"为基本范式的唯物辩证的科学认识论,把马克思主义认识论基本原理运用于伦理规范构建中。

1. 正确认识人、互联网平台企业与自然的关系

自然界作为生产力的基本要素,是人类社会发展的物质源泉,因此必须保护好自然界,妥善处理人与自然、经济发展与生态环境之间的多重共生关系。人与自然具有同等的能动属性,具体表现在以下两个方面:第一,人本身是自然界的产物,人与自然融为一体。良好的生态对于人类和互联网平台企业而言,是最基本的公共产品,它维系着人以及人类命运。

第二，必须辩证地处理人、互联网平台企业与自然的关系。无论是人还是互联网平台企业，既可以保护和改善生态环境，又可以破坏生态环境，人、互联网平台企业掌握着与自然和谐共生的"钥匙"，尤其是警惕互联网平台企业的全球辐射效应以及累积效果可能带来的代际伦理与人类中心主义等。

互联网平台企业并非孤立存在，在治理的过程中除了法律法规的约束外还需要伦理的约束，不管是自身主体或"被动"主体，其中，生态伦理是弥补互联网平台治理缺陷的迫切需要。人类生存于自然生态系统之内，包括互联网平台企业在内的人类社会经济系统是自然生态的子系统，一旦生态系统遭到破坏，互联网平台企业也无法独善其身。因此，我们要认识自然，正确认识人类，正确认识人类与自然的关系、企业与自然的关系，在发展的过程中注重人性与生态性的全面统一。

2. 辩证认识互联网平台企业发展与生态环境保护的关系

从哲学角度而言，生态环境保护可以赋予生产力发展、经济社会发展以科学的辩证法则，"生命共同体"理念既是马克思主义关于人与自然关系理论的认知与深化，同时又有利于互联网平台企业在面临人与自然的关系问题时，拓宽平台发展思维和生态思维，提升对于自然界的认知，从发展先进生产力入手来探索"人同自然和解"的科学路径。

然而对这一问题的理解以及解决路径的探寻长期以来拘泥于抽象的生态价值观之中。自然界是人类赖以生存的家园，二者的统一关系与"生命共同体"理念高度契合，继承了马克思恩格斯"两个和解"思想的科学内涵，超越了以往割裂人与自然关系的思维局限。互联网平台企业发展与保护环境并不冲突，良好的生态环境在本质上就是生产力，也可以称之为生态生产力，它有利于生态环境保护而防止自然异化。从生产力的高度来理解生态环境保护问题包含两个层面：一是要辩证看待生态保护与平台企业发展的关系。以生态保护为核心特征的自然界对人类社会有着非常重要的影响和制约，对生态环境的维护与改善一样可以成为互联网平台企业的重要发展模式。但这种模式不是超出自然承载限度的资本逻辑,而是合理利用、友好保护自然的生态逻辑。这意味着互联网平台企业应秉承"绿水青山就是金山银山"的生态理念,平衡好生态环境的经济价值和生命价值,实现用生态环境优化经济增长,生态保护与经济发展相互促进。二是要将生态问题的解决寄托于经济结构和发展方式的转变,发挥互联网平台企业应有的作用。人与自然的和谐统一离不开高度发达的生产力。生产力的发展能为解决生态问题提供坚实的物质基础,但应引起重视的是要坚持走绿色发展的可持续道路,这关系到人类生存和发展的基本需要。

3. 深刻认识绿色发展是高质量发展的必然要求

绿色发展是中国式现代化的本质要求,以人与自然和谐共生为基本价值取向。互联网平台企业要坚持把绿色发展、循环发展、低碳发展作为基本途径,建立在资源得到高效循环利用、生态环境受到严格保护的基础上。互联网平台企业在生产的过程中要注重降低能耗、减少环境污染,也需要通过技术的进步帮助解决环境问题,促进可持续发展,具体且不限于:遵循绿色循环的理念对废旧电子设备负责任地回收处理,降低环境污染;在生产活动时降低电子产品折损率,提高电子产品生命周期,减少资源浪费;通过提高科技水平降低生产能耗,减少资源消耗,提供生态产品;倡导绿色低碳的生活方式等。

互联网平台企业追求的发展应是人、自然生态、经济社会的协同发展,而非经济维度单向度的发展。现阶段,部分互联网平台企业并没有遵循绿色发展模式来规范经营行为,而是按照工具理性思维,不断向大自然攫取甚至掠夺,忽视了平台企业作为自然变迁的重要责任主体。这种伦理关系上的短视给平台企业可能带来利益上的获得感和满足感,但是长此以往造成的生态问题必然会逐渐衍变为人类的生存问题。以 Apple 为代表的国际互联网平台企业已关注气候变化和可持续发展议题并开展行动。中国互联网平台企业也应通过发挥自身对供应链、行业和用户的影响力,撬动更多力量,在更大维度上推动应对气候变化,实现绿色环保理念的引领。

(三)方法论层面：坚持系统整体的科学方法

在资本主义生产关系下，追逐资本增殖的资本逻辑导致个体在生产、分配、交换和消费中对自然资源的过度开发与生态环境的严重污染，呈现不确定性、不可预测性和不可控性，人与自然的关系共同体成为一种"虚幻共同体"。在数字经济时代的中国，资本的无序扩张也会带来某种程度上对自然及生态环境的破坏，因此，亟须探讨如何破解资本逻辑下人与自然的对立性困局，并基于生命共同体的维度辩证思考构建人与自然的关系，修复和疗愈人与自然的和谐性关系，进而探索一条通往"自然必然性王国"的科学路径。

环境维度事关系统性、全局性，需要统筹各要素，形成一个有机体，必须用整体主义的方式去统筹协调生态文明建设。以共同体的方式解决生态问题是"生命共同体"从方法论层面上对生态哲学的拓展与创新。生命共同体以共同体的方式关照生命个体的有机属性以及生命群体的共生特征，蕴含着事物普遍联系的哲学意蕴，这决定了它必须坚持系统整体的科学方法，运用生态唯物史观审视人与自然的关系。在数字经济突飞猛进的当下，包括互联网平台企业在内的各类市场主体更应顺应自然规律，担负起生态文明建设的主体责任。一方面，要将生态文明理念与原则融入数字经济的各个方面以及生产、交换、分配、消费等各个环节之中，平台企业首当其冲；另一方面，要突出生态效益与生态平衡，围绕生态文明推进人类社会在价值观念、生产方式、生活方式、消费方式等方面的系统性变革，平台企业责无旁贷。

系统观念是马克思主义"社会有机体方法"在数字时代的新发展，对于破除西方"非此即彼""零和"式的传统生态理论至关重要。系统治理不仅符合人类社会生态系统发展的基本规律，而且同我国实现社会主义现代化的目标方向一致，是合规律性和合目的性的统一。[1] 一个良性运转

---

[1] 任铃.系统观念视阈下的生态文明体系建设[J].思想理论教育导刊，2021,269(5):69—73.

的系统,要坚持人与自然之间的相互作用和相互联系,构建合理、稳定的结构,促进人与自然和谐共生的现代化发展。互联网平台企业要汲取传统企业和西方工业化发展道路的经验教训,从环境发展的本质、要素、阶段和层次等动态性的完整系统研究,全面、深入地认识和把握事物,更加注重发展的协调性、均衡性和可持续性。

作为生命共同体构成要素之一,互联网平台企业与自然等其他要素相互依存、相互影响,并在遵循自身演化规律的基础上和谐共生和发展。第一,基于生态环境治理、生态资源保护,互联网平台企业要运用整体论方法进行规范性与制度性的宏观设计,凸显人与自然总体性辩证法;要运用系统论方法进行综合性与平衡性的中观推进,减少无效或低端粗放式供给;要运用协同论方法进行使命性与责任性的微观执行,推动绿色低碳理念的落地生根。第二,推动数字经济与绿色经济协同发展。当下,我国数字经济蓬勃发展,互联网、大数据、AI、6G 等新兴数字技术与各行各业深度融合,日益成为传统行业绿色转型的"加速器"和绿色经济发展的"强引擎"。数字技术的赋能,不仅能够改进生产方式,实现资源溢出的正向效应,而且能够精准识别、有效追踪生态问题,为持续提升生态环境领域的民生福祉提供有力支撑,还能够为提升生态环境智慧治理和治理能力现代化水平提供新的范式选择。

从全局、长期和战略高度来看,数字经济和绿色经济是相辅相成的。这是因为数字经济本身具有的低碳属性与绿色发展理念相呼应,数据要素所具有的特有的重复使用特性不仅避免了使用过程中的损耗,还可能促进数据存量增加和价值提升,充分体现了绿色低碳的生产方式特征。同时,绿色经济的关键在于降低能耗、实现生产方式的转型,而这很大程度上取决于数字技术的支撑与运用。数字技术赋能高耗能产业也是绿色发展的路径之一。数字技术能够促使能源行业在生产、储存、运输等各个环节都实现降本增效,扩展绿色发展空间,助力智慧能源建设,实现能源行业低碳发展。

现阶段,中国互联网平台企业已成为连接数字经济与绿色经济两大方向的重要枢纽,中国特色社会主义生态文明理论理应成为其指导原则和基本遵循。数字经济与绿色经济已成为引领中国经济实现结构转型的两大重要方向,也将成为推动中国式现代化的主要力量,这两大方向在数字技术支撑下相辅相成、协同发力。

四、社会维度:与利益相关者构建价值共同体

不同于ESG评价体系中的社会维度,旨在评估企业经营的可持续性与对社会价值观念的影响。本章的社会维度聚焦于人(个体)、社会、人类三个层面。互联网平台企业在强化赋能的同时,应充分认识信息数据带来的"两面性",积极秉承相应的伦理规范,最大限度地消弭伦理失范带来的风险和压迫。

价值在本质上是主客体之间的意义关系,关乎对生产方式与生活世界的阐释与建构。互联网平台企业利益相关者彼此之间的相关关系,可以进一步拓展到彼此之间的共生关系,这样的内在逻辑要求系统表现出共同的价值创造,即互联网平台企业应与利益相关者构建价值共同体。价值共同体一般都具有相似甚或共同的价值观,紧密联结、共生共荣,讲求"和而不同",共同推进构筑人类共生共存的底线。

(一)第一层面:个体——以人民为中心

为什么要发展,为什么人发展?这是经济伦理学乃至整个经济学的一个根本性问题。为少数人发展、为资本服务的资本主义国家单向度的"经济迷失"带给我们很多经验启示。

马克思始终把"现实的人"作为经济学研究的出发点,马克思主义的人的全面发展理论更是直指"人是发展的目的"。人不是经济发展的手段,而是经济发展的终极目的,也是人类历史对其自身存在的"绝对命令"。以人民为中心,以人民福祉为旨归,将不断满足人民的美好生活需要和改善人民生活作为衡量发展"质"的标尺,这彰显中国特色社会主义制度的优越性。重视人的发展、增进民生福祉不仅可以为经济发展创造更多有效需求,而且能够发挥伦理在经济发展中所具有的价值取向和动力支撑的作用,有助于推动经济发展和人的发展的良性循环。

在数字经济兴起之初,数字资本起到重要推动作用,推动技术、劳动力等生产要素向以互联网平台企业为主体的数字经济领域集聚。数字资本主导之下,资本逻辑取代了现实的人的理性和个性。前文所述,互联网平台企业发展中所带来的包括劳动和身心在内的人自身、人与人、人与技术、人与环境等各种问题频发正是有力的证明。数字资本运作的基本逻辑也必然带来了数字身份、数字劳动和数字消费三重异化,并直接影响到人的数字权利。

在资本主义社会,大多数国家的政府和企业在决策时基于自己国家和企业自身的利益和短期利益。在资本主义企业内部,大多数企业老板在决策时基于的也只是自身的利益和资本的利益。在我国,社会主义国家性质决定了互联网平台企业要坚持经济效益和社会责任相统一,促进数字经济和实体经济相融合,助推高质量的数字经济发展,不断满足全体人民日益增长的美好生活需要,促进人的自由全面发展。

1. 数字身份:回归数据主体

第一,深刻认识数字身份的伦理意义。数字身份简单地说是指现实身份基于数字化世界的转化,用于描述和证明一个人的一组代码,用于在数字化世界证明或标识自己的"数字化实在"。相较于传统电子身份,数字身份借助大数据算法等数字化技术与手段给人精准"画像"与识别,以确认虚拟社会中的"我"和实体社会中的"我"为同一个个体,同样可以赋予个体相应的尊严与权利。以数据形式存储于电子媒介,涵盖个人信息,都属于数字身份范畴,比如,微博账号、微信账号、个人公众号、游戏账号等。新冠疫情期间的健康码、行程卡、核酸检测记录等也属于数字身份,不仅勾画出一个人的行程轨迹,还包括隐藏在背后的职业、工作场所、生活习惯、社交网络。

数字身份的出现,正深刻改变着经济社会的发展模式和发展方向。与传统身份系统相比,高效、便捷的数字身份可以最大化释放用户价值。可信的数字身份可以大幅度提高社会运转效率,使包括互联网平台企业在内等社会各领域获益。目前,数字身份已成为数字经济生态的核心元素,在虚拟空间代表的"人"与现实世界的人以及其他形式的主体相对应。

在数字化世界,一旦个体的过往、经历、观点等隐私"裸露"于虚拟世界之中,那么带给个体的有可能不是心灵上的自由,而是精神上的压力与负重。数字身份事关个人生物信息、内心情感和偏好的推断,数据安全一旦出现纰漏,可能会直接导致个人在网络空间的"裸奔",甚至直接导致身份信息被他人冒用,严重扰乱市场交易秩序和社会公共秩序。作为复杂多样的情感动物,数字技术的出现并没有解决甚至一定程度上放大了人类脆弱性问题,个人隐私的"裸奔"常常会给个人和家庭的生活之"善"带来挑战,有时甚至会导致伤害和歧视。因此,随着数字身份逐渐成为人们在互联网上的身份标识,人们对隐私保护的需求越来越大,数字身份的真实性、使用安全性和确权问题渐渐成为社会关注的焦点。面对这种"两难选择",目前,互联网平台企业对于个体身份认证方面的伦理思量相对不足,实施手段相对比较简单,背后隐藏着较大的个人隐私控制权的丧失风险、社会"善"的道德良知准则被弱化的风险。

作为数字生态的核心,数字身份的有效和合理开发利用是保护公民信息安全、维护社会公共秩序和市场交易秩序的根本保障。因此,数字身份的健康发展对互联网平台企业建立健全、严密的管理体系提出了更高的要求:在保证高速高质量发展的同时,推进可信数字身份的长效构建,将数字身份的优势最大化、将风险最小化。

第二,重塑以用户为中心的数字自主权。数字身份为何对互联网平台企业具有如此大的吸引力,以至于不惜以违法的方式获取数据信息。其原因在于数字身份涵盖了个体偏好、生活习惯等极具"商业价值"的信息,夯实了个体"虚拟空间"的"现实维度"。与此同时,数字身份与互联网平台企业的深度关联与捆绑,数字身份的控制权往往并不在个体手中,个体在虚拟世界中的各种行为依托于信息服务提供商、CA中心等平台企业,并且会"越陷越深",平台企业可以借机了解用户的所有身份信息,还可以决定账号禁用、服务终止,这导致整个互联网范围内出现了严重的可用性和安全性问题。此外,不同互联网平台企业宏观层面拥有不同的生态体系,微观层面对应于不同的建构逻辑与账户规则,各种账户规则相互独立,且不尽相同,容易形成"孤岛"。但囿于各种需要,用户又常常需要管理诸多账户以及所对应的密码,这不利于虚拟社会整体生态的形成和高质量发展。

隐私权已经成为一项受法律保护的公民权利,数字身份现有问题的凸显呼唤管理模式上的突破,基于技术革新、政策法律、道德自律等多种手段和规则来实现虚拟空间主体之间的相互识别。数字身份管理是一个"中性表达",其中涵盖网络环境下的各种规则,既包括强制性的规则,也包括自愿性的规则;既有真实性的身份,又有虚拟性或者匿名的身份;既包括政府机构、公司单位等各类数字身份,又包括公民个体的数字身份。

数字身份管理政策设计理应以用户为中心,不能逾越公民个体对自身合法权益的控制。当前网络环境下的身份管理界面并不"人性化"。用户在使用不同的网站或网络服务时,登录的账号和密码不能通用,且在注册的过程中要填写很多个人信息,这些信息会存在泄漏的风险。因此,在互联网平台中,应该以用户为中心的数字身份管理政策必须主要强调自愿,针对不同的信息或者身份验证、信息填写有选择权;其次要让用户便捷,即要加快提高不同领域、不同业务之间的数字身份认可度,减少隐私泄漏。

可信数字身份建设已经成为保护网络安全、支撑数字经济发展和提升国家治理能力现代化的重要基础工程。数字身份的控制权理应返还给用户,赋予个体权力并为用户提供控制自己数据的方法,赋能用户对身份数据行使选择、授权、删除和恢复的权利,以保障账号的安全。一般来说,数字身份的发展被分为四个阶段:中心化身份、联盟身份、增强社交网络身份和自主主权身份。互联网走向去中心化的过程是社会需求催化的自然结果,与"熵增"一样,是自发、不可逆的。可以说,分布式是数字时代发展的必然方向,分布式数字身份是数字身份发展的最终形态。

第三,构建数字身份生态系统。区块链为重新定义数字身份带来了可能性。移动互联网时代，互联网平台企业成为进入数字世界的实际入口。在区块链构建的新世界中，分布式数字身份会是一个真正的入口，而且只要遵循开放的协议，这个入口就不再会为某一家企业或者机构所垄断。通过这个入口，数据才可以真正围绕数据的所有者（个人主体）来可控地流转和使用，区块链上映射的价值对象也才能被有序地确权和转移。区块链构建需要以数字身份为基础，数字身份需要区块链技术来保障，二者相辅相成，相互依托、相互促进。加强数字身份的认证和管理，减少在线互动带来的欺诈和身份等"感性感知"，实质在于回应技术理性，确保虚拟化身背后真实主体的"安全"，减少虚拟空间对个体主体性的渗透。元宇宙应强调隐私保护的基本原则，充分利用数据混淆、加密和聚合等数字化技术，提升个人数据安全存储的创新力，探索契合元宇宙的个人数据规则，以确保为尽可能多的用户提供具有控制、安全、隐私和便携性的信息验证。

  区块链技术为个人数据的存储和使用提供了范式转移的机会，能够解决中心故障点问题，使个人能够控制自己的数据并从中获利。网络极大地提高了底层数据的安全性。此外，区块链技术可以防止任何单一实体控制信息，消除了这些实体出售个人数据或使数据货币化的能力。相反，用户可以使用独特的数字签名的方式来加密交易数据，类似一把私人密钥，通过解密他们的交易记录和个人数据，从而为广告商和品牌商提供信息而获利。

  数字身份生态系统的构建能够以一种保护数据的方式在多个互联网平台企业之间存储和共享，同时还能够以更有效和简化的方式验证信息，可以摆脱对庞大、冗长和昂贵的身份证明机制的依赖。在全球范围内，越来越多的国家正在投资数字身份生态系统。例如，2021 年 6 月，欧盟根据其修订后的 eIDAS 法规，提议使用欧洲数字身份钱包，该法规涵盖了欧盟内部市场电子交易的电子身份识别和信托服务。互联网平台企业应该开始考虑它们在这些数字身份生态系统中可以发挥的作用，并实施为新世界设计的战略。

2. 数字劳动:保障劳动权益

当前数字经济构成我国重要的新经济形态,互联网平台企业用工日益成为重要的新就业形态。应看到,平台经济从业人员普遍工作时间长、工作强度大、社会保障体系发展滞后,尤其是平台外包式用工对劳动者保护欠缺问题凸显。数字劳动者在与平台企业的劳动关系中处于事实上的从属性,以及平台用工法治建设的现代性与法治性相对滞后,是平台用工劳动保护不力的原因所在。对平台用工应按照顺势而为、促进健康发展的思路,从"无为而治"式注重鼓励转向"有所作为"的积极规范,实现平台企业经济效益和社会效益的统筹协调发展。

第一,尊重数字化时代劳动者的权益。在数字经济发展初期,平台企业从利润最大化出发,依靠技术转型和更新来提高效率,但这一操作无形之中加大了从业者的职业风险。与此同时,一些平台企业利用法律法规的空白缝隙,不去全方面地考虑从业者的劳动权益保障,反而致力于"去劳动关系化",从而使得企业转嫁了劳动风险,没有承担本应有的社会责任,这无形之中会侵蚀企业自身乃至整个行业发展的基础,也与以人民为中心的发展理念不相吻合。

马克思主义哲学把劳动作为世界的第一前提。马克思认为劳动是人存在和产生的基础,是人类所有存在方式的体现,只有通过劳动,人类才能获得自由和全面发展。在本体论层面把握马克思的劳动概念,就是要认识到劳动是人之所以为人的本质,人类生存与发展的一切权利的根源在于"劳动",劳动也是社会公序良俗的基础性和先导性规则。人权就是由此产生的"劳动"赋予人们保障生命延续、生命价值和自我实现的权利。在社会主义初级阶段,必须通过保障劳动者的主体地位、确保劳动成果共享、开展劳动教育、营造劳动者创新的劳动氛围、倡导劳动创造美好生活,促使谋生劳动转变为体面劳动,最大限度地保证劳动人权的实现。

互联网平台企业要尊重一切形式的数字劳动。正如习近平所言,"在我们社会主义国家,一切劳动,无论是体力劳动还是脑力劳动,都值得尊重和鼓励;一切创造,无论是个人创造还是集体创造,也都值得尊重和鼓励。"①首先,平等地尊重每个个体的劳动,从形式上是对其劳动成果的尊重,但更深层次的是对个体劳动权利的尊重。任何蔑视和践踏他人劳动权利和劳动成果的行为都是有违最基本的社会伦理和核心价值,特别是有违人道主义原则。从经济哲学意义而言,要保障数字劳动者所付出的劳动能够获得相应的报酬,这也是数字经济发展的源泉和基础。尊重劳动,还意味着对每个人的劳动能力与劳动成果差异的尊重。虽然生命的权利平等,但是每个个体的劳动力技能存在差异,有高低大小之别,对民生和社会福祉的贡献也不尽相同。在目前阶段,劳动能力强且贡献大的人可能在社会中获得较多的社会保障权益,劳动能力弱且贡献小的人可能获得的社会保障权益较少,尤其是运用数字化手段方面更容易出现"分配鸿沟",这时就需要做好托底和保障,并尽最大可能实现两者的均衡。平台企业要积极推动数字劳动保护的政策供给和环境支撑;积极改善数字劳动者的工作条件和生态环境,尊重各种类型的数字劳动:平台企业零工经济中的数字劳动,平台企业中技术研发者的数字劳动,非雇佣形式的产销型的数字劳动。

此外,互联网平台企业要特别关注以人工智能为代表的数字技术对于劳动领域的冲击和挑战,采取积极、审慎的态度,应对类似于工业革命时期曾出现的工业机器取代普通劳动者的情况,避免出现剧烈转型与连锁影响。

第二,要辩证地看待数字劳动力与数字资本的关系。近年来,随着我国网络平台的飞速发展,新增就业成为劳动者就业增收的重要渠道,网络快递员、网约车司机等新业态从业人员数量大幅增加。这些工作人员和网络平台公司不完全符合确认条件劳动关系,难以简单纳入劳动法规定,因此这一类人劳动权益的保障问题越来越凸显。

互联网平台企业在追求自身发展、从固定场域解放劳动的同时应当

---

① 习近平.在庆祝"五一"国际劳动节暨表彰全国劳动模范和先进工作者大会上的讲话[N].人民日报,2015-04-29.

坚持正确的社会价值观，合理承担维护劳动者权益的相应责任，统筹平衡好与劳动者在内各方的动态利益，实现多方共赢的发展格局。平台业务的开展，包括对从业者的管理主要依赖算法，算法是平台得以运行的基础。从业者的算法管理是平台业务模式的核心。对从业者的算法管理也是互联网平台用工管理和传统劳动关系中雇主对雇员指挥管理的最大区别。平台企业商业模式以及相应用工方式的选择，应遵循政策法规的底线和伦理规范的逻辑，比如，以外卖送餐员为代表的数字劳动源于平台企业，同时维系于平台企业，所以互联网平台企业要积极承担起数字劳动者权益保障方面的应有责任，强化"以人为本"的平台企业文化理念，确保数字劳动者具有维护自身权益的自在空间。

　　数字资本的逐利性要求以平台企业的利润最大化来统筹数字劳动，资本增值的逻辑依然没有变化。在快速变化的数字时代，数字技术促使劳动部门由产业化向数字化转型，经济形态由实体化转变为虚拟化和数实化，劳动形式由肌体化、生产劳动主导逐渐转变为智能化、非物质劳动主导，数字劳动者的人力资本化也体现出自我增值等数字化特点。不同于其他资本主要着力于宏观领域，数字资本可以更深入地渗透到微观领域并控制数字劳动，劳动异化问题依然存在。数字劳动与数字资本的双重赋能之下，平台企业愈加摆脱实体经济的衍生性，对于数字劳动的束缚与数字资本的结合愈加突出。数字资本从强制到非强制、从实体到虚拟、从宏观到微观的张力构成了对数字劳动的极端控制力。[①]

　　数字劳动与数字资本在数字经济时代有着实存的内生关系，必须关注数字劳动的主体性缺失与异化加深问题。在社会主义社会，数字资本应与社会主义核心价值观相协调，决不能自成"目的"。为了弥补市场经济不断扩大的数字鸿沟，随着数字劳动空间的不断扩张，数字劳动已经成为数字时代的主要活劳动，但数字劳动反而越来越失去其主体性。数字劳动将会重构经济学的形而上学内涵，引导人们重新审视价值意义及市

---

① 温旭.数字资本主义下数字劳动的意识形态批判[J].马克思主义研究，2021(9)：149—158.

场规则。因为数字经济进一步加速了数字技术和数字劳动的深度融合，逐步生成一种外在的强大力量去支配和奴役劳动者自身，劳动者只不过成为数据链条上的一个环节，人与人的关系被更多的量化、虚拟化、数字化或者货币化所取代，人的精神性逐渐消失在数字网络中，只是被动的客体而非主体自身，成为赫伯特·马尔库塞（Herbert Marcuse）所定义的"单向度的人"。人在这种异化的现实中是不由自主的，甚至是欢欣鼓舞的。比如，元宇宙可以让更多的年轻人沉迷于数字的虚拟空间，逐渐忘记了人的本性，忘记了人与人之间应该是彼此创造、彼此肯定的，也远离了马克思所说的人与自然的和谐目标。

3. 数字消费：重塑本位价值

作为人的需求的重要组成部分，消费需求尤其是当代数字消费一定程度上决定了人追求幸福的内涵和方向。互联网平台企业应重塑消费本位，让价值消费引领数字消费，让数字消费对公众价值取向、公众心智成长环境产生积极影响。

第一，引导用户培养理性的消费行为和习惯。作为市场的先行者和规则制定者，互联网平台企业担负着培养消费习惯和维护市场秩序的社会责任。在数字经济时代，无论是美国的 Google 还是中国的阿里巴巴，互联网平台企业对公众的消费行为和习惯的改变显而易见。在马克思所处的时代，劳动力价值的内容主要对应于劳动者自身生存，以物质内容为主，而在数字经济时代，劳动力价值中对应劳动者全面发展的内涵愈加丰富，精神层面的内容越来越多。

与此同时，必须警醒的是，数字消费者为了满足彰显个性、重塑社会角色或寻求社会地位改变的"虚假需要"，极端地追求某些精神符号的情况；互联网平台企业利用大数据和算法隐蔽地削弱消费者的自主性的情况，互联网平台企业利用市场和广告创造出人的各种虚假的需求的情况等。现代社会中数字技术带来的进步不仅没有消解"单向度的人"，反而在一定程度上加剧了人的思想乃至社会的单向度，人类所应具有的反思、辩证、理性等特质被压制，信息爆炸带来的信息过载、个性定制下的欲望扩张、虚拟技术伴随的自由幻象以不同形式并在不同程度上削弱着人的鲜明个性、批判性和否定性，功利主义诉诸感受性标准的道德直觉使得消费主义更加泛滥，人被异化并且成为永远停不下来的经济体系中的轮子，束紧铁笼子里的囚徒。

互联网平台企业必须承担起相应的社会责任，不断将公共价值融入数字技术，引导用户保持理性的消费认知、批判的思维意识，不被数字技术带来的虚幻现象遮蔽，避免成为技术的奴隶和单向度的人，重构具有自主理性和丰富需要的健全消费者，引导人们形成"让消费回归理性"的消费理念，摒弃冲动、盲目消费为代表的消费主义和消费异化，养成适度消费、节俭消费、绿色消费等良好消费习惯；不断提高消费认知，推动人们深入理解消费理性对于个体、社会和自然的价值所在，也不断推动人们在数字时代消费中形成科学消费观念，不断实现人与自然、经济与社会的和谐发展。

第二，超越消费主义，祛除消费主义的迷雾。消费主义在数字空间的蔓延，源于且受制于资本，在本质上有悖于以人民为中心、推动人的全面发展、实现经济社会高质量可持续发展的中国式现代化价值取向。互联网平台企业伦理规范构建中不能听任消费主义思潮的蔓延、消费主义盲目的扩张，必须聚焦于不断满足人民群众对美好生活的需要。

资本逻辑是消费主义生成和盛行的核心根源。数字资本借助数字技术大肆传播消费主义文化及其意识形态，鼓励人们超前消费、过度消费，引诱甚至迫使消费者对资本增殖的"预期"产生认同，消费欲望被过度激发，消费目的与消费手段本末倒置。受消费主义思潮的影响，广大用户的内在需求、消费体验、价值理念不断地被资本隐匿式地"改造"，物质化与功利性的消费被奉为圭臬，致使"需要"不再仅仅出自消费者自身的"内在必然性"，"我消费，我存在"物欲性理念日益"深入人心"，人们逐渐接受了"消费至上"的文化意识形态，人的幸福感无形之中与高消费、奢侈消费、炫耀性消费、透支性消费等非理性消费挂钩，过度消费与资源不足并存，对用户本身和社会都可能带来严峻危机。

在数字时代,商品拜物教依然不断侵蚀着传统的价值理念、消费观念、消费方式和生活方式,甚至实现"精准"消费指引,从而"无节制"的物欲对人的异化、对精神追求的偏离等现象愈演愈烈,日益成为数字时代人们理性生活、获得解放、自由发展的桎梏。为了让更多人"拥抱"数字化消费,资本不仅用沉浸交互、"可体验"、极具仪式感的数字广告呈现产品或服务,而且对"个性""成功""体面""尊严""内涵"等价值范畴进行符号化赋义,降低消费阈值,创造"虚假需要",并将数字化产品和服务与身份的自我确证之间画等号,将心里表层的物欲和生存的意义、人生的价值栀混淆。经过不断强化和层层传播,符号消费逐渐主导了人们的消费观念,数字化产品和服务的消费异化成为人们炫耀、攀比、展示身份和地位的新载体和新途径,诱导人们忙于获取商品蕴含的符号价值,疯狂追求符号隐喻的"等级感"或"幻化感",而无暇顾及自身的真实需要和意义感知,最终得到的只能是"符号的狂欢""虚假的自由"以及"精神的贫瘠"。"无节制"消费也必然带来自然环境的过度消耗以及人与自然的失衡。

数字资本为了在竞争中保持领先,往往会基于功利思想将数字化消费融入资本的加速运动之中,服务于资本增值的内在需要,而用户的价值和尊严则被剔除在"绩效社会"加速过程之外。以算法为代表的数字技术能够大量占有数据并进行系统分析和精准画像,一定程度上甚至比用户更了解自己,导致人们在选择或决策时逐渐习惯了算法的"安排",自主性被"遗忘"。在数字技术的控制下,虚假的"消费""自由"等不断被制造出来,而用户的"时空"被压缩,主体性被压制,人们极易迷失在被精心设计的"购物狂欢"中。随着以人工智能为代表的数字技术应用深入发展,人类对于技术的路径依赖会不断增加,而人类自身原有的能力可能会一定程度上退化,导致人们变得越来越健忘、迟钝,甚至淡漠、机械。一旦离开数字技术的相关支撑,有些人甚至茫然不知所措,变得不知道如何适应,这无疑对"人是什么""人需要什么""人如何与自然界相处"等事关人类本原的问题造成了巨大挑战。基于数字技术的强渗透性,算法可以在消费中处处支配和操控用户,长此以往,人们对数字化产品和服务产生的过度依赖难免演化出网络成瘾等异化情况。

第三，自觉维护人的精神世界和自由意志。无论是数字技术，还是数字经济注定都逃不脱资本逻辑的支配，并把人的精神世界放置于一个个虚拟的空间中。互联网平台企业在助力发展数字经济积极面的同时，要保持对资本逻辑的清醒认识和反思态度，深度思考如何发现数字资本的发展规律，寻找人生的意义和价值，寻求人类精神世界的真实与虚拟的平衡。

基于利益导向和发展导向，互联网平台企业深知数据要素的基础作用和驱动作用，对数据始终抱有采集与占有的"觊觎"心态，其伦理挑战在于以其技术、资本和平台优势侵犯用户的隐私，营造"虚假自由"的消费环境，剥夺用户"真正自由"地享受数字产品与服务乃至数字文明的权利。数字空间的开放性、共享性、交互性等特征为各种消费主义文化意识形态滋长与传播营造了充分的环境，两者的交互不可避免使得消费观念和价值观念嬗变，其中某些异质消费文化和消费思维能深度影响人的内心，侵蚀人们的现实生活，塑造人们成为文化虚无主义者，导致人们对消费异化有一定程度的了解认知，却深陷其中、不以为然的消极状况，严重侵蚀了人的精神世界和自由意志。

互联网平台企业要遵循"以人为本"和"技术向善"的价值原则发展数字技术，实现对"技术的逻辑"的内在超越。生活的本质是社会关系，而社会关系是由人与人之间的交互关系组成。"强势"的数字技术之下，在人类社会未做好准备的时候，互联网平台企业对技术的"情感"赋能，无形之中可能会打开"潘多拉的盒子"，导致人工智能脱离被动工具范畴，对人的主体性以及赋予自然和社会意义价值等方面带来冲击和挑战。防止数字技术滥觞引发主流文化认同削弱的风险，对数字技术全链条进行人文精神赋权和价值理性赋能。如推动"算法黑箱"到算法备案信息公开透明的转变，保障知情权、选择权、监督权等用户权益；通过数字技术伦理审查机制和算法治理机制，摒弃算法的"掠夺性算计"，令算法成为良善虚拟人格。

基于人类虚假的需求和过度的欲望，数字资本和数字技术集聚于网络游戏、短视频等高利润领域,而人民真正需要的精神文化产品则可能由于不具备高营利属性而被束之高阁。因此,互联网平台企业必须超越对用户注意力攫取的短视和"陷阱",而转化为对生存条件和生命健康等人类福祉的关注,通过大数据、区块链、云计算等技术手段收集用户各种消费数据,进而系统分析和洞察人们的消费需求和消费偏好,在尊重多样化、多层次需要的基础之上进行供给侧生产和真正的"消费革命",从而以不断创新的数字化产品和服务,在遵循自然规律的前提下满足人们美好生活的需要,而不是单纯扭曲的、浅层次的物欲消费需求。

自由不仅是人类生存的不可或缺的基本条件或维度,而且是人之所以为人的"天性"。人的这一"天性"既源自人的生命本能,又超越人的生命本能。从自由的角度讲,自由是一种需附着在某种主体上的状态,需以人之个体作为载体,因而自由是个人的自由。[①] 从个体的角度讲,个体最大的利益诉求就是自由自主,对自由的向往不仅属于人的天性,而且也构成了每个人辛勤努力的奋斗目的。人的本质在于自由。自由以个体为载体,是个体存在应有的基本属性。伦理规范存在的目的在于为所有个体的自由提供保障,为所有个体的抽象反思能力提供空间,故自由是伦理规范的归宿。互联网平台企业要切实履行主体责任,自觉抵御消费主义文化及其意识形态的渗透,给予人们更多行使自由意志的选择,引导人们增强科学自主的消费意识,培养绿色、适度、理性的消费理念和消费习惯,令数字化消费摆脱数字资本控制,成为一种既能推动个体全面发展,又能与可持续消费和社会责任相辅相成的主体性活动。

4.数字权利:尊重人权价值

任何伦理规范如果缺乏相应的对人的尊重和保护,那么就会变成"众失之的"或"空洞教条"。因此,无论以人工智能为代表的数字技术如何发展,人类的核心价值理性不容有失。做大做强数字经济,需要不断发掘和释放各类信息资源的价值潜力、激活海量数据要素的生产潜能,这些离不

---

① 甘绍平.伦理规范的价值依归[J].哲学动态,2018(9):78.

开对个人信息的有效合理利用,更离不开互联网平台企业对个体数字权利的尊重和保护。

第一,恪守尊重公民数字人权的原则和底线。互联网平台企业要积极落实尊重和保障数字人权的责任。数字生活在人们的生活中已经占据了越来越重要的组成部分。人们在工作生活中高度依赖数字技术,通过互联网进行情感交流、货物买卖、学习娱乐等。人民对美好生活的需要最广泛地体现为对数字技术的需要。这种需要不仅指便利,还包括获得价值或意义。数字技术赋予了人权数字属性,人权内在的价值追求呼唤数字技术全链条的伦理约束和法律规制。这也要求互联网平台企业必须把人的权利和尊严作为最高价值,努力推进人权回归"生活世界",并将实现程度视为自身履行社会责任的基本规范。

人们所追求的美好生活理应包括数字空间的美好生活,人在数字空间中描绘和构建各自的社会角色和个性特征,呈现人的人格尊严和主体价值,而数字空间中人格尊严的维护和主体价值的保护都需要以数字人权为基础。当前人们对数字技术的疑虑很大程度上来自对技术未来走向的不确定,这更需要互联网平台企业承认人的主体性,需要在任何制度设计中都把人的权利作为基本考量。数据人权问题主要是针对科技企业,从 20 世纪 80 年代数据挖掘技术的发明和应用到人工智能和大数据技术的新一轮突破,科技企业始终站在数字技术研发和应用的前沿。

以人民为中心,已成为新时代中国人权理念的内核、灵魂。这就要求必须从历史唯物主义和辩证唯物主义出发,突破西方思想文化的局限,紧扣"生存"和"发展"来构建人权理念,尤其是数字经济时代,更是需要从经济社会基础出发认识人的普遍权利诉求,以人的全面发展和社会全面进步为价值追求,以人权的普遍性与中国实际、数字时代相结合为原则,通过将数字权利转化为互联网平台企业的相关伦理义务,不断实现人民的利益、满足人民的美好生活需要。"人的全面而自由发展"是马克思恩格斯对未来共产主义社会人的发展状况的最为凝练而根本的概述。

第二,正确处理数字权力与数字权利的对立统一关系。伦理问题的考量来源于社会关系层面，互联网平台企业伦理问题必然要回归到平台企业数字权力与用户数字权利关系层面解读。目前，互联网平台企业沿循"大量用户和数据的积累沉淀之下形成平台→用户权利让渡与平台权力生成→平台权力对其他权力（利）的挤压→利益相关群体的反制与平台权力的调适"的逻辑推进内部治理和自我规制。其效果如何取决于对数字权力的自我规制以及公民数字权利诉求的程度，更重要的取决于互联网平台企业拥有的数字权力与用户拥有的数字权利的内在统一程度。

　　作为数字经济的产物，也作为资本实体，互联网平台企业依靠技术资源、平台资源和信息资源优势，获取了影响个体、社会乃至人类的强大力量，成为数字经济时代组织生产力的新型主体，集制定、执行、解释、裁决等多项"权力"于一身，一定程度上履行着市场既有的公共职能。互联网平台企业依托数字权力赋能，正在深刻影响、侵蚀甚至颠覆着传统的政治运作、经济发展、社会治理以及人们工作与生活的模式，通过制定和执行网络规则，成为重要的市场规制主体。这不仅给各国国家治理以及全球治理带来巨大挑战，也严重影响甚至威胁着公民权利的实现。平台权力存在滥用和异化的现实风险，侵犯公民权利、模糊政府责任及危害公法价值等，离不开责任制约。

　　互联网平台企业要加强数字权力运用中的自我规制，即平台主体基于自身的商业发展模式、对应政策法规监管、回应利益相关群体诉求与防范可能出现的风险而开展的一系列自我完善、自我监管行为。鉴于数字技术的飞速发展，平台规制体系也需要发展出一系列敏捷化的规制方式，确保"尊重个人尊严、自治、不伤害他人、公平"等共识性的伦理规范嵌入平台企业决策全过程，维系并增进利益相关群体对平台的信任。数字平台在设计之初不应仅仅考虑商业问题，还应考虑社会责任和用户的利益，要保障和维护用户在平台上与网络空间的合法权益，落实平台的责任。相较于传统企业，互联网平台企业平台规则这一"协议"生成于"虚拟空间"，用户无从参与或提出异议。因此，个人数字权利保护还应体现在平台社区规则上。平台规则是平台权力的外衣，脱胎于互联网实践的平台规则使得网络平台拥有准公共权力,平台应该跳出企业"小我"逻辑,加强自我规制,设计更合理的隐私政策和用户规则。这一套社会规则、平台规则将在平台治理中发挥十分重要的作用。

互联网平台企业要注重保障个体数字空间的数字权利。在数字经济时代的当下,个体权利的取得、享有和行使与数字、网络、信息密切相关,如言论自由、监督权的行使等。人如果想要有体面有尊严的生活,就必须拥有相应的信息数据资源以及相应的掌控权力。这就迫切需要加大对数据权利的保护力度,给予个体更多的"温暖""治愈"。互联网平台企业要积极参与创设良好的数字社会环境,维护数字人格、数字尊严、数字正义、数字财产不受他人或组织非法侵犯,为人与人之间的"普遍交往"提供更加理想的空间;要加大数字公共基础设施的投入力度,让数字产品、数字服务能够惠及更广范围内的人群,并弥合人与人之间先天的差距,尤其是残障人士等数字边缘群体,以回应更广范围人民群众的利益诉求;要积极培育良好的数字文化风尚,引导公民合法合规地使用数字信息技术,提高公民的数字素养和道德自觉,进而维护和保障公民的基本数字权利。

第三,积极探索数字人权的内涵并融入伦理约束。从长期和整体视角而言,伦理规范与互联网平台企业的根本利益相一致。对于首要利益相关者的用户,互联网平台企业负有尊重和保障用户人权的责任。在数字经济飞速发展的同时,网络谣言、人肉搜索、信息泄露、网络暴力等乱象时有发生,损害当事人基本权益,也严重扰乱网络社会秩序,所引发的伦理挑战需要警惕。数字时代非人类参与的决策逻辑不断强化,缺乏信息资源与数字技术制衡能力的个人无法凭借"信息自决"来实现对侵权风险的防御与保护,而以事后救济为主的私权保护模式对于控制大规模、持续性的信息处理风险而言显得捉襟见肘,只有包括互联网平台企业在内的全社会齐心协力,才能有效防范数据处理风险,让个人免于时刻被数据权力支配的恐惧。① 面对复杂的数字治理环境,数字人权的提出与探索正

---

① 王锡锌.个人信息国家保护义务及展开[J].中国法学,2021(1):145—166.

当其时。

作为"第四代人权","数字人权"引领着新一代人权,已逐渐从概念证成、价值宣示和话语传播,转向对于数字人权实在化的讨论。[①] 在数字化时代的网络空间中,"数字人权"既包括"通过数字科技实现人权""数字生活或数字空间中的人权",也包括"数字科技的人权标准""数字人权的法理依据"等,具体包括对公民(用户)数字化生活中数据信息自主权、数据信息知情权、数据信息表达权、数据信息公平利用权、数据信息隐私权、数据信息财产权等权利和自由的尊重与保护。

互联网平台企业在运用数字技术重塑人权的同时要充分认识数字权利和数字人权之间的辩证关系,摒弃企业本位主义和功利主义思想,理顺权责关系,推动数字权利和数字人权从价值观念到规范、制度、行为的转换,切实保障包括用户在内的利益相关群体权益。

(二)第二层面:社会——履行社会责任

作为数字经济时代的典型商业模式和组织结构,互联网平台企业深刻改变了经济社会运转方式,在优化资源配置、提升管理效率、推动产业转型、畅通社会循环等方面助益良多,也为人民生活的获得感、幸福感、安全感等持续改善带来助推效应。

互联网平台企业履行社会责任的基本逻辑在于以企业所处生态系统为逻辑起点,尽可能最大限度地撬动企业所处生态系统内利益相关者的社会资源与经济资源,形成面向特定公共社会议题的履责实践议题范围,通过数字化手段,实现多方生态资源的链接,最终共同开展社会责任实践活动。其本质是面向利益相关方的各类经济与社会环境议题,承担对利益相关者的公共社会责任,在价值实现上契合经济、技术与环境价值的综合价值创造需求,寻求企业经济属性与社会属性的互嵌融合。

1. 牢固树立义利兼顾的企业伦理观

随着数字技术的迭代升级与广泛应用,企业内外部之间的关联程度

---

① 高一飞.数字人权规范构造的体系化展开[J].法学研究,2023,45(2):37-51.

更加紧密,没有任何企业可以无视外部关联,而且互联网平台企业的外部关联性更强。这种外部关联比较集中在利益相关者,而他们对于企业的评判非常重要的标准在于企业道德因素。履行社会责任是当前互联网平台企业较为常见的展现道德的方式,这一过程实际上也是推动平台企业可持续发展的过程,不仅能为平台企业塑造良好的社会声誉,吸引更多优质的外部利益相关者加入,而且能孕育更加优良的营商环境,重塑社会信任基石。因此,互联网平台企业一定要处理好"义"与"利"的辩证关系,构建义利兼顾的现代企业伦理观。

义利统一是互联网平台企业最好的社会责任。经济效益和社会效益本来就是合二为一的:义在利中,利在义中。义利问题长期以来是中华民族伦理价值的焦点问题和标准问题,它深刻影响着中国社会的发展和变革。它要求商业活动遵从市场经济的基本规律,摒弃急于求利的运营思维,在满足合理的市场需求中自然而然获取收益,并对社会"义"与公共"善"产生积极促进作用,从而实现义利两者的良性互动、有机融合。

基于历史文化传统,互联网平台企业要坚持经济行为与价值导向相统一、经济效益与社会效益相统一、短期效益与长期发展相统一,必须坚持义利统一的辩证原则。互联网平台企业要从优秀传统文化中汲取精神力量和道德哲学,自觉承担社会责任,积极协助解决社会问题,谋人类社会"大义"和"公利"。

2. 助推国家治理体系和治理能力现代化

基于所具有的社会属性,互联网平台企业应该提供与其业务准公共产品属性相匹配的准公共治理和服务,这也是互联网平台企业社会责任的应有内涵。互联网平台企业是国家治理的有机组成部分,是社会治理的重要主体,理应在社会治理能力、创新社会治理方式上做出贡献。互联网平台企业能"打造新基建、挖掘新消费、打破信息壁垒、触达制度盲点",满足新型社会治理核心诉求,政府将依赖平台企业创建新的社会治理体系。自新冠疫情发生后,互联网平台企业的数字抗疫作用非常明显,比如,在疫情监测分析、病毒溯源、防控救治、物资调配、民生保障、复工复产等方面发挥着重要支撑作用。

互联网平台企业应积极赋能国家"善治"。当前,中国处在现代化与后现代化并存阶段,其中,后现代社会展现出的网络化、信息化、数字化、智能化等特点,优化了市场生产、分配、交换和消费各环节的同时也导致公共治理边界发生变化,这对政府治理体系而言意味着机遇与挑战并存。在此背景下,数字技术如何赋能国家治理体系和治理能力现代化建设便成为理论研究和改革实践的重大议题。就平台企业与数字技术助力国家治理而言,可以提炼出具体的标准要求:第一,发挥平台企业"链接互通"特点,打破信息壁垒,减少制度梗阻,转变政府职能,为政府与全体人民沟通搭建高效对接的桥梁与纽带,对于中国这种超大型国家和社会而言尤为重要;第二,发挥平台企业"社会属性"特点,在实现商业价值的同时推动政务服务创新,更加有效推进社会主义核心价值观融入社会生活的方方面面;第三,发挥数字技术"智能精准"特点,让政府决策从传统的依靠直觉判断和主观经验模式,向数据驱动、智能辅助、数智融合的理性决策模式转变,有效提高资源配置效率和改进基层治理手段;第四,发挥数字技术"公开透明"特点,通过这一趋势助推政府决策的全过程置于"阳光之下",同时通过数字化工具让政府信息公开传播更广,并扎牢权力运行的"技术笼子"。中国式现代化的历史进程必然离不开数字技术的创新助力,以互联网为代表的数字技术这个"关键变量"可以成为推进国家治理体系和治理能力现代化的"最大增量"。

3. 积极回应社会期望和人民关切

无论是中国互联网平台企业的崛起之路,还是中国式现代化下的进阶之路,其所追求的可持续发展与企业社会责任已经跟国家和社会的共同目标深深融合在一起。互联网平台企业是数字经济发展的关键主体,在促进共同富裕等共同目标的过程中发挥着优化资源配置、促进供需对接的积极作用,借助创新能力和先进工具孵化了大量的创新企业和个体创业者,提供了数以千万计的就业新机会,为国家纾困解难、稳定就业孵化创业、助力实体经济高质量发展、扩大中等收入群体、弥合数字鸿沟等做出积极贡献,成为推动共同富裕的重要助力。

面对当今世界新一轮的科技革命和产业变革,面对世界百年未有之大变局,中国互联网平台企业凭借自身的体量、技术、规模优势,在共同富裕建设中仍有相当大的潜力,在带来巨大的价值创造的同时,在社会风气营造上应该有更多的举措,在价值分配上应该有更大的担当,在推进共同富裕中为社会做出更大的贡献,从而把价值创造和价值分配在更高层次上统一起来。

互联网平台企业的进步应该体现在提升社会总福利上。互联网平台企业应以人、自然与社会的协调发展为价值导向,不断促进人的发展,不断改善自然环境,不断增进社会福祉。具体到平台企业,要跳出功利主义与短期主义的思维桎梏,凸显人的主体地位这一核心逻辑,打造正能量企业与利他型经济,提升整个社会的幸福感和价值结构,建设人与自然和谐共生的福祉社会。互联网平台企业要建立价值共创和利益共享、负责任和包容性、经济价值和社会价值融合等新的商业理念;要警惕"以资本为中心"的数据殖民风险,积极消弭"数字鸿沟"和"单向度的思想文化",以大数据为保障和改善民生服务;要重视数字鸿沟弥合,关注数字的多样性和包容性,例如,跨越地域、行业、社会阶层和年龄人口结构,缩小富人与穷人之间、城市与乡村之间日益扩大的数字鸿沟,通过税收、公开版权等多样化方式,与社会共享数字化带来的经济收益。

(三)第三层面:人类——构建人类命运共同体

人类已经进入全球化时代,人类之间的联系与交流空前密切,人类已经成为一个不可分割的命运共同体。与此同时,单边主义、利己主义、霸权主义等逆全球化裂解力量依然不断出现,阻碍着国家间或地区间正常的贸易往来与人员、物资、数据等流动,致使全球经济增长与商业环境的不确定性和脆弱性上升,对全球市场公平竞争秩序产生破坏性影响。尽管全球化代表人类社会的发展方向,但全球治理的未来,取决于这两种力量之间的此消彼长,数字经济领域是两种力量竞争的重点领域之一。

目前,全球数字经济领域呈现出中美竞争的大态势。作为数字经济重要的微观主体，中国互联网平台企业有责任、有义务承担更多人类福祉和对美好世界的追求，以更加积极、主动的态度参与和引领全球互联网治理规则的制定，捍卫经济全球化。中国互联网平台企业伦理构建，不能局限于国内单一环境，必须兼顾国际视野，以超越国家和民族的视角，不能局限于某一方面，必须立足于时代大变局和社会大变迁，以全人类的、全球化的高度来构建和审视。

第一，秉承全人类共同价值观。道德价值是人类社会的共同追求，是寻求解决全球化中诸多现实问题的共通之道的关键，是需要形成建立在全人类共同价值基础之上的全球伦理共识，并将其作为普遍性的行动指南。信息技术和数字技术的本质特征在于具有一种能够承载不同文明、文化、道德、伦理。随着数字经济的深入，与信息、数据的可共享和普遍性相应的伦理规范必然包括某些普遍伦理或共同价值。互联网平台企业相较于传统企业在公共属性、社会责任等方面的进阶，价值、意义等也必然应成为互联网平台企业发展的内在维度，进而推进互联网平台企业伦理规范与全人类共同价值观的底层逻辑相契合。

人类社会发展到今天，对人的本质、生存方式和社会关系的理解和认识已经达到一定高度。尽管在文化、宗教、信仰等方面不尽一致，但人类的基本伦理价值存在一定的共通性。"和平、发展、公平、正义、民主、自由"既是全人类的共同价值，又是当代国际社会普遍承认的价值观。全人类共同价值蕴含了世界各个民族和国家在共同利益、共同需求和共同发展领域的公共善，是全球化时代重构国际社会互动规则和交往秩序的伦理遵循。全人类共同价值是对全球化实践中价值理念的历史性反思，这一共同性的价值诉求有利于增进并凝聚全球治理体系中各参与主体利益的价值共识。

人类命运共同体就是全人类共同价值的塑造形态，是人类进入数字文明、生态文明的世界观。推动构建人类命运共同体，就必须有上述这些共同价值作为伦理基础和文化支撑。面对全球数据安全、数字鸿沟、数字霸权、信息垄断、个人隐私、道德伦理等方面的现实问题，中国互联网平台企业伦理规范构建也需要秉承全人类的共同价值观,消除数据信息孤岛割裂,凝聚数字空间多边治理共识,体现对人和人类社会的价值关怀。在实践中,要加强社会主义主流价值观和意识形态在数字空间的传播,塑造数字空间的理性和价值,构建数字精神共同体,抵御让一切权威变得随意化和碎片化的数字变异行为;要加强国家间或地区间的网络基础设施建设,提升全人类的数字素养和数字能力,消除数字鸿沟带来的经济和社会鸿沟,努力让数字化发展成果更好造福世界各国人民,提升世界间的关联性。

第二,建构人类命运共同体。共同体因其伦理属性才显得真实存在,如果缺了伦理价值、情感、责任、信仰和精神,共同体则难以健全甚至是"虚幻"的。要实现包括数字技术在内的全球领先,就必须立足于全人类的共同体基础。人类命运共同体理念借鉴并超越了西方共同体思想。数字经济对全球经济治理的治理方向、治理内容、治理路径、治理效果等都产生了诸多影响。①

中国互联网平台企业应以《全球数据安全倡议》为基础,深度参与网络空间国际规则和技术标准制定,推动建立公正、合理、透明的治理体系和规则体系,携手创建网络空间命运共同体。互联网平台企业伦理构建,必须让数字文明造福各国人民,造福人类历史进程,推动构建人类命运共同体。人类命运共同体思想旨在反对数字霸权和数字垄断下单向的文化输出,而是让世界各国及人民在平等互利的基础上共享数字技术和数字经济发展带来的红利,真正实现人的自由而全面的发展。

中国互联网平台企业应积极推进中国智慧、中国方案融入全球数字发展和数字治理进程之中,积极秉承并引导人类社会发展方向的理念,让全人类都认可、分享并为实现这些共同价值而努力。网络空间命运共同体是人类命运共同体理念在网络空间的延伸。网络空间命运共同体的生成与发展扩大了人类生产和生活的空间范围,实现了人类命运共同体从

---

① 马述忠,郭继文.数字经济时代的全球经济治理:影响解构、特征刻画与取向选择[J].改革,2020,321(11):69—83.

现实世界向虚拟网络世界的延伸,符合人类对美好生活的价值追求,这也是人类社会发展的"必由之路"。

中国互联网平台企业应与各国政府、国际组织、技术社群、社会组织、公民个人一道,坚持共商共建共享的全球治理观,秉持"发展共同推进、安全共同维护、治理共同参与、成果共同分享"的理念,把网络空间建设成为造福全人类的共同体。

第三节 小 结

本章主要涵盖中国互联网平台企业伦理规范的原则构建和内容构建两方面内容。一方面,在原则构建方面,认为应贯穿主体性原则、科学性原则、普遍性原则、价值性原则和相对稳定性原则;另一方面,在内容构建方面,从经济、技术、环境、社会"四位一体"总体架构进行一一论述,这也是本书的重中之重。

相较于西方 ESG(环境、社会、治理)评价体系,"四位一体"总体架构也聚焦于经济价值与社会价值的内在统一性,但已有根本区别。"四位一体"总体架构,是基于中国特色社会主义市场经济的中国经验的提炼,对应的是坚持发展的人民性。四大维度最终是为实现由"资本逻辑""效率逻辑"为主转向以"人的逻辑""公平与效率兼顾"为主。

经济维度上,与利益相关者构建发展共同体。在遵循基本逻辑和互联网平台企业实践的基础上,凝练形成守正创新、公平竞争、诚信经营、互联互通、赋能融合的伦理规范,对于贯彻新发展理念、引领经济高质量发展意义重大。

技术维度上,与利益相关者构建责任共同体。构建责任共同体,在遵循基本逻辑和互联网平台企业实践的基础上凝练形成向上向善、公开透明、安全合规的伦理规范,从伦理视角深刻理解企业社会责任,确保技术创新尽可能多地让人类受益。

环境维度上,与利益相关者构建生命共同体。在遵循基本逻辑和互联网平台企业实践的基础上，凝练形成本体论、认识论、方法论基础上的伦理规范。

社会维度上，与利益相关者构建价值共同体。在遵循基本逻辑和互联网平台企业实践的基础上，聚焦于个体、社会、人类三个不同层面，分别对应且遵循"以人民为中心""履行社会责任""构建人类命运共同体"的伦理指引。

经济、技术、环境、社会四大维度既具有鲜明的中国特色，又反映了客观历史规律和世界发展大势，是推动人类社会发展进步的中国智慧和中国方案。四个维度相互联系、相互贯通、相互促进，是具有内在联系的集合体，要从辩证法高度理解和把握，从新发展理念高度统一贯彻，进行系统设计，不能顾此失彼，也不能相互替代。

人类命运共同体以"真正共同体"为价值诉求，是历史生成和思想建构统一的产物。人类命运共同体的构建，必须坚持个体、社会、人类三个层面相统一，始终以人民主体性为原则，从"现实的人"的需要出发，为全球治理体系注入真正的平等、公平与正义等价值理念，从根本上代表最广大人民群众的利益，为从"虚幻共同体"向"真实共同体"的逐步过渡创造和提供条件。

构建人类命运共同体具有共同创造人类美好未来的伟大历史意义。互联网平台企业共同体是人类命运共同体的微观实践。发展共同体、责任共同体、生命共同体、价值共同体四者建构起中国互联网平台企业伦理规范的根基，是人类命运共同体理念之下的细化与落地，也充分反映了主客观世界对中国互联网平台企业发展理念和发展模式的价值要求。

第七章　中国互联网平台企业伦理规范的实现机制

在互联网平台企业的经营行为日渐深入参与到人们的生产、生活、交换、交往的今天,其行为的伦理规范性已然成为规范企业发展、服务社会需求、完善国家治理等多重目标的统一价值追求。信息技术和数字技术的发展并不必然带来互联网平台企业伦理规范的进步。互联网平台企业的伦理规范也不可能自我推动、自我执行,需要借助整体治理体系中的一系列相互衔接、互为配合的体制机制,将不同的理论、原则与实践综合成为一个能够为伦理失范提供价值导向的体系设计,最终使伦理规范落地见效。

如何将伦理规范原则落实到具体的制度设计与经营行为上,如何做好衔接与平衡,是当下中国互联网平台企业伦理规范构建必须回答的一个关键性问题。在包容审慎的原则下,互联网平台企业需要更好地推动追求利润与社会各利益相关者合法合理权益不受侵犯二者之间的融合统一,构建基于理性而非单纯基于情感的伦理直觉和道德判断,构建"政府监管、企业自治、行业自律、社会监督"的伦理规范共治格局。具体而言,其伦理规范的实现包括主体机制、整合机制、生成机制、涵育机制和监督机制的建立健全(见图7—1)。

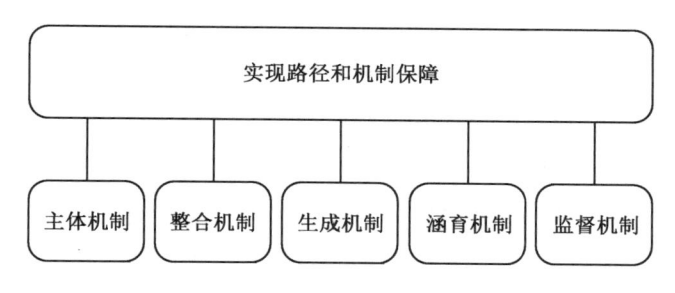

```
                    ┌─────────────────────────┐
                    │    实现路径和机制保障    │
                    └─────────────────────────┘
           ┌──────┬──────┬──────┬──────┬──────┐
         ┌────┐ ┌────┐ ┌────┐ ┌────┐ ┌────┐
         │主体│ │整合│ │生成│ │涵育│ │监督│
         │机制│ │机制│ │机制│ │机制│ │机制│
         └────┘ └────┘ └────┘ └────┘ └────┘
```

图 7—1　中国互联网平台企业伦理规范的实现机制

第一节　伦理规范实现的主体机制

主体,是实践和认识活动的承担者,在哲学上相对"客体"而言,在本书中,则指互联网平台企业本身。主体机制的构建有赖于主体责任的落实。习近平总书记多次指出,要压实互联网企业的主体责任,"网上信息管理,网站应负主体责任,政府行政管理部门要加强监管""要加强网络伦理、网络文明建设,发挥道德教化引导作用,用人类文明优秀成果滋养网络空间、修复网络生态"。"主体责任观"是我国就互联网平台企业管理现状提出的新型规制思路。随着主体责任的落实,监管部门的职责从"管微观"转变为"管主体",开启了互联网平台企业从承担"管理责任"到履行"主体责任"的转变。

互联网平台企业主体责任是指企业在网络运营中应自觉承担经济秩序自我规范、产业伦理自我约束和创新发展自我激励的主要责任。其本质是企业自我治理责任,是自觉地负责维护网络平台上的交易、互动及相关秩序的行为。对此,法雷尔、卡茨(Farrell、Katz,2000)指出,平台企业像是一个维护公共利益的监管者;罗切特、梯若尔(Rochet、Tirole,2006)也指出平台企业作为多边市场的核心,具有对市场准入的权力,类似于一个政府的牌照机构(licensing authority)。责任主体对于社会关系中道德意识的把握和认知,是责任主体自愿承担的伦理规约。伦理责任建立在理性自觉基础之上，是行为主体践行伦理原则、伦理规范所产生的后果对应之责任。伦理责任以责任为核心范畴，包括履行伦理规范和不履行伦理规范的价值立场。伦理责任是内生的，是主体的超越自身角色的自我控制。对于伦理责任的承担，就意味着对道德价值的判断和道德责任的升华；主体对于伦理责任的承担，同时也是嵌入"道德律令"、养成内心德性的通道。

《互联网平台分类分级指南（征求意见稿）》《互联网平台落实主体责任指南（征求意见稿）》对互联网平台的主体责任划分为34项，其中，前9项为超大型互联网平台经营者须特别遵守的主体责任，后25条则是所有互联网平台经营者须遵守的主体责任。征求意见稿中，明确超大型互联网平台经营者的九大主体责任包括：公平竞争的示范责任、平等治理的责任、开放生态的责任、数据管理的责任、内部治理的责任、风险评估的责任、风险防控的责任、安全审计的责任、促进创新的责任。这一系列主体责任相关内容的确立为伦理规范实现主体机制构建给予明确的方向指引。

伦理规范要真正落到实处，并形成伦理文化和氛围，最终还得依靠责任主体。互联网平台企业机制是其伦理规范实现的内因和关键。因此，互联网平台企业伦理规范实现机制的构建要高度重视平台企业自身机制作用的发挥，也就是互联网平台企业的道德自律机制。作为经济与社会活动的连接者，互联网平台企业具有两个突出特点：一是平台特点，能够建立广泛的连接，不仅可以连接现实世界与虚拟世界，还可以连接各类参与主体，实现资源的集聚和整合；二是数据汇聚，不仅可以连接供需双方，还可以在交互中实现海量的用户数据汇聚，通过算法进行数据的分类、聚合、解析，既可以发现潜在的商业机遇，又可以掌握用户的行为概况。正是互联网平台企业在数字经济中的组织地位以及所具备的连接特点和数据汇聚，使得平台企业既有必要又有能力承担平台企业的主体责任。

一、遵循法治化的实践逻辑与实现路径

众所周知，法律制度、经济伦理与社会秩序之间是正相关关系，"法律制度越健全,社会秩序越优良,经济伦理越有效;法律制度越残缺,社会秩序越混乱,经济伦理越失效"①。在资本逻辑主导的互联网平台企业中,单纯依靠伦理说教无法阻止伦理失范行为的发生,必须要在社会和企业内部自觉构筑与资本逻辑相抗衡的约束力量。将互联网平台经济伦理抽象为具体的法律法规是平台企业经营行为伦理规范实现的最基础且有效的方式之一。"任何经由公正的、严谨的程序订立并公开颁布的优良制度,都有自身特定的优良功能,即惩恶扬善培育良知、增进信任和合作、维护自由、防范或化解冲突。"②通过把互联网平台企业发展过程中应遵循的一些基本伦理道德规范、原则通过法律法规的形式予以制度化,使伦理价值的遵循从松散的柔性约束上升为国家的刚性意志,从而为互联网平台的健康发展提供伦理行为的法律遵从,给国家治理提供法律依据。相关法律法条的颁布,对企业在经营活动中所应遵循的伦理规则进行了刚性明确,从此互联网经营活动不再是伦理规范的法外之地。各级互联网安全管理部门应进一步加强相关法律法规的普法教育,提高平台企业的法律遵从度。就平台主体自身而言,首先是要制度先行,健全和完善现代企业制度。具体而言,互联网平台企业要根据各类上位法律法条和文件,制定互联网平台与网络伦理相关的规章制度,对平台经营者、使用者等开展宣传和教育,并严格按照相关规定进行平台治理,确保平台各利益相关者的行为符合相关伦理道德规范。

二、主动承担服务国家治理的社会责任

互联网平台企业依托其强有力的技术创新和广泛的产品或服务辐射,有效提升了社会整体治理能力,这种情况在疫情防控期间体现得尤其明显。随着数字技术的进一步发展,互联网平台企业在促进国家治理体

---

① 龚天平,王泽芝.制度安排与经济伦理[J].北京大学学报:哲学社会科学版,2016,53(5):10.
② 龚天平,王泽芝.制度安排与经济伦理[J].北京大学学报:哲学社会科学版,2016,53(5):10.

系和治理能力现代化方面应该履行更多责任。具体而言,其主体责任机制的实现主要体现为以下三个方面:其一,助力政务服务智能化。助力各级政府加强数字化改革,助力其智能化、数据化运行,通过网格化管理,社会治理可以更加精准和高效。例如,基于信息化、数字化的政府信息公开可以让更多人了解到政府的履职情况,基于移动新媒体的政务公众号可以让更多人了解到政府的日常运转,加强政府与老百姓之间的信息互动,基于技术创新可以让政府的治理手段得到明显提升。其二,助力虚拟空间生态治理。要把网络内容治理作为主体责任,从供给侧方面推动积极、健康、向上的内容产出,对于负面、消极、有害的网络内容,对于不规范的、庸俗的网络字词和网络语言的使用与传播,要有前瞻性的预警设计、及时的应急处置和事后的反思总结,构建文明与理性的公共价值。其三,防范网络空间风险。互联网平台企业可以运用量子技术、人工智能等,加快网络空间技术的发展,进而规避风险、增强防范、加强补救,推进国家网络空间安全建设,共建清朗的网络空间。

三、加强行业引导和互联网平台企业自律

网络空间是公共空间,更是亿万用户共同的精神家园。我国自 2004 年就由中国互联网协会发布了《中国互联网行业自律公约》(以下简称《公约》)。《公约》明确"互联网行业自律的基本原则是爱国、守法、公平、诚信"。互联网平台企业应超越最基本的"通知—删除"这种被动式的责任,积极融入参与社会责任之中,遵守《公约》的各项自律条款,并强化宣传引导;鼓励企业积极设立"首席数据官"等职位,提升企业数据资产意识,鼓励企业加强各环节数据的收集、整理、加工,强化互联网平台企业内部数据的运营管理,有效提升企业数据储备与数据质量,并合理引进外部数据资源,促进数据要素流通交易,推动数据价值充分实现。通过行业协会、互联互通、伦理倡议、签署协议等方式,不断提高互联网平台企业对于信息安全、数据保护等方面的认识,提高互联网平台企业的安全防控能力,牢固树立大安全发展观,配合国家信用社会发展建设,自觉融入国家经济

社会发展大局;推动建立互联网平台企业、法人或个人黑名单制度,对违法使用数据行为予以约束和管控;针对数据流通和数据处理过程中的多方主体,要进一步明确相关责任主体,避免层层流转带来公民个人信息和隐私的"失守";要充分发挥互联网平台企业、行业组织等作用,厚植自律机制的沃土,进一步明确平台企业主体责任和义务,推进行业服务标准建设和行业自律,保护平台从业人员和消费者的合法权益。

四、完善互联网平台企业治理的伦理闭环

互联网平台企业的伦理问题不是由单一因素形成的,而是多主体、多层次、多手段相互交织带来的。从网络结构层次上来说,相关伦理问题遍布物理层、应用层和内容层。构建互联网平台企业伦理规范的主体机制,必须明晰主体的具体面相、责任边界、失职要点等。从互联网平台用户保护上来说,互联网平台企业应不断加强对未成年人、老年人、贫困人群等数字社会边缘群体的保护,注重保障各类用户的合法权益,切实维护社会公共利益。从互联网平台企业内部治理上来说,互联网平台企业应健全管理制度机制,准确界定行为边界,切实规范工作流程,强化内部管理约束,做到有规可依、有规必依和伦理防线的内化,保障日常运营规范健康;不断建立健全互联网平台企业伦理管理的内在机制,不断完善制度、明确流程,不断建立健全互联网平台企业伦理管理的体制架构,压实各方主体责任,探索设立科技伦理委员会,进而形成常态化工作体制机制,提前预防、有效化解互联网平台企业运营过程中尤其是科技创新活动中存在的伦理风险,严防技术被滥用和误用,确保技术用于增进人类福祉。

第二节 伦理规范实现的整合机制

作为一个微观的经济伦理主体,互联网平台企业伦理规范的实践行动必须有一个得到整个社会坚定支持的舆论环境和良好氛围;否则,将会面对一种孤立无援的状态而无以为继。因此,整合机制对于互联网平台企业伦理规范的实现至关重要，主要涵盖以下三个方面：

一、深刻把握以人民为中心的价值意蕴

马克思指出，法律应当"努力做到使私人关系间应该遵循的那种简单的道德和正义准则，成为各民族之间的关系中至高无上的准则""不是人为法律而存在，而是法律为人而存在；在这里，人的存在就是法律"。党的二十大报告指出，"坚持以人民为中心的发展思想"。以人民为中心的民本伦理彰显了"人民为大"的至善伦理，既是新时代社会治理伦理的根本要求，又是互联网企业伦理规范构建整合机制的逻辑起点和根本基础。满足人民的美好生活需要、增强人民的获得感，这本身就是最崇高的目的、最大的善。经济发展的终极价值追求在于能够切实有效地满足美好生活需要和增进人民的幸福感，互联网平台企业的"至善"也莫过于此。

习近平科技创新思想是涵盖科技创新本职、价值、功能、战略等多方面的缜密体系，继承于马克思主义哲学理论，同时又包含了深刻的中国人文传统和伦理意蕴，深谙以人民为中心的核心价值导向，呼应了马克思主义科技伦理思想的中国化以及现代性的反思。这一思想对新时代下加快推进包括互联网平台企业在内的我国科技事业健康快速发展具有深远的现实意义。坚持发展为了人民，发展依靠人民，发展成果由人民共享，增进人民的获得感、幸福感、安全感，与互联网平台企业的健康可持续发展并行不悖，这正是新时代中国特色社会主义制度的优越性的生动体现，与马克思主义伦理学的基本原则也是高度契合的。习近平强调"要前瞻研判科技发展带来的规则冲突、社会风险、伦理挑战，完善相关法律法规、伦理审查规则及监管框架"。在以人民为中心的价值指引下，2022年3月，中共中央办公厅、国务院办公厅印发了《关于加强科技伦理治理的意见》，这为互联网平台企业提供了开展各类活动的根本遵循。

二、伦理本位与价值共识的培育

伦理本位与价值共识的培育即在整个社会领域，要有一种对互联网

平台企业伦理规范的共同认可和普遍接受,或者说要让该伦理规范成为一种为社会公众普遍认同的社会观念、判断标准,而这种价值共识恰恰需要社会培育。一般而言,在互联网平台企业已广泛影响生活的当下,人们普遍具有对于互联网平台企业伦理规范的呼唤和要求。在互联网平台企业价值共识的培育过程中,不同利益相关者之间将形成对于互联网企业某些价值原则、道德规范的肯定、认同和接受,凝练形成伦理价值共识。那些有意愿去践履伦理规范的互联网平台企业受到激励,才会更有动力去思考、设计与落实,也才能真正使伦理规范融入平台企业。

一方面,要强化互联网平台企业的所有利益相关者的共同参与和及时参与,包容所有相关的利益相关者,通过群策群力,共同参与到平台企业相关伦理规范的制定过程中,在伦理规范拟定时最大限度地平衡社会利益和平台企业利益,从而保证平台企业的积极性,也使得公众利益能够最大限度得到保障。一旦伦理规范形成,也就意味着平台企业本身作为伦理规范的践行者,在伦理实践中做出各种决定时必须考虑其他利益相关者的权益。因此,从理论上出现滥用权力、排斥竞争、打压其他同行的情况就会大为减少。

另一方面,在互联网平台企业伦理规范的制定上,既要保证伦理上的正当性,又要统筹兼顾相关领域的兼容性;既要适应新旧伦理规范的并存与交替,又要确保新的伦理规范的推进和成形;既要有明确的伦理约束底线,又要有伦理促进和伦理保护机制。当今时代是一个多元化的时代,各类文化观念不断碰撞、交互、融合,伦理规范的形成也要在不同的文化、宗教、伦理、哲学、科学等范畴之间寻求平衡,有一定的共通性。另外,在伦理规范形成过程中,尤其要注意与相关领域专业人士的思想交流与对话,在碰撞探讨中凝聚共识,为互联网平台企业伦理难题提供可行性方案、建构话语体系,以期达成处理伦理难题时稳定的伦理价值共识。

三、伦理规范与政策、文化有效衔接

理论向度是指引,实践向度是本质,政策向度是前提,文化向度是灵魂，环境向度是基础。法律作为伦理的守牢底线，互联网平台企业在经营过程中所产生的伦理问题，很多属于多元价值下的规范和规则冲突，也会常常面临法律条文并未涉及的新情况新问题新困境，因此，并非所有的矛盾都可以合法协调进行解决。其中一些问题主要与公众接受度和技术规范要求在时间和空间上不匹配，或不同价值群体之间的价值冲突有关。有关塑造互联网平台的企业道德治理，还有一个非常重要的因素，就是不断提高社会参与数字化治理的能力。

中国互联网平台企业"善"的伦理规范，既应该满足平台企业自身的伦理需要，也要充分体现社会伦理的道德要求。提高数字时代社会的数字技能和能力，必须将教育、培训、岗位变动和个人"数字技能"的提升纳入数字化转型的基础工作中，与此同时，要加强教育环境和教育方式，引导人们树立工作忧患意识和风险责任，提高伦理风险敏感度。

最后，要注重伦理规范实现机制的可操作性。要把宏观的、抽象的善，转换为微观的、具体的、可操作的伦理规范与企业文化等，并以此基于拟定一套指导互联网平台企业伦理实践的准则体系。在可操作性实现的这一过程中，要努力做到：一方面，解决好互联网平台企业的伦理规范与相关政策法规之间的契合衔接问题。政策法规是互联网平台企业开展生产经营实践的标尺，但不可能面面俱到，伦理准则可以起到弥补政策法规不足的效用。如果政策法规滞后实践发展，则伦理规范可以给予适当的弹性和调节，甚至道德层面的维护。另一方面，可操作性要求还意味着，面对并解决好伦理冲突与伦理两难问题。伦理两难主要基于不同的道德善之间的抉择，如常见的公平与效率、个体与群体等之间的选择难题等。这就要求在拟定平台企业伦理规范的时候，事先权衡利弊，反复推敲，做好道德论证和伦理冲突的价值排序工作，而不应简单地、笼统地将两难问题置于伦理规范之中。

第三节　伦理规范实现的生成机制

伦理规范的形成是相关群体经过较长时间的基于共同利益和生存需求的情况下逐步形成固化的，互联网平台企业伦理规范的生成也是如此。具体而言，互联网平台企业的伦理规范的生成包括价值群化、准则细化和动态调整等多个环节。

一、伦理价值的群化与实现

互联网平台企业应以强化企业价值观为目的，制定书面的、正式的且能从具体行为规范上给员工充分指导的伦理准则。它既能够直接影响员工的伦理意识和价值导向，也能影响成员对伦理价值的理解和体验，还能影响平台企业文化和社会责任的实现。在企业伦理的制约之下，组织成员自觉地接受规范和约束，同时在思想认识、心理情感、工作氛围、动作行为等方面向伦理规范靠拢，从而进一步提高了自身的责任感和使命感，在思想上和行动上与互联网平台企业和社会利益保持一致。这是一个企业与个体双向互动的过程。

互联网平台企业在伦理准则制定过程中，要对准则完成的目标有清晰、明确的认识；从组织的所有层级获得对准则的支持和灵感；了解影响你所在行业的法律法规的最新进展；尽量简洁明了，避免法律行话和空话；对现实生活中的情况和疑问进行回应；为进一步的信息和指导提供资源；确保它容易使用，因为如果它不能被使用，最终就是失败的。[①]

互联网平台企业在伦理准则制定过程中需要注重沟通、会商的必要性与重要性，可以通过建立经常性的"平台企业—各类利益相关者"沟通程序，进一步明晰规则，提高其指标性和合理性。对于专业化术语体系，要建立"规则适用问答机制"，以用户为主要对象，针对特定规则或条款，

[①] Ethics Resource Center, "Code Construction and Content", http://www.ethicsorg/printable_code_outline.html. Reprinted with permission of Ethics Resource Center.

组织专家通过专门解答的方式进行阐释。

二、伦理准则的细化和内置

马克思主义伦理思想强调实践性和历史性，对于抽象的伦理准则一贯持有批判态度，这就要求将伦理准则进行细化和清晰明确，即把伦理规范分解为各级各类清晰的应用和操作性指标，以陈述的方式条列呈现，实现细化和内置。

总体而言，将以下指标作为考量依据：一是与"善"的生活紧密相连的伦理理念与道德原则，即体现为互联网平台企业在生产、经营、管理等过程中应有的道德境界和道德要求，以及道德境界和道德要求渗透过程的具体的道德指导、道德管理观念；二是伦理规范制度，即体现为互联网平台企业关于人性关怀、道德实践、和谐共治、警示系统、奖惩考核的规章和规则，以及相应的制度化、规范化，为互联网平台企业员工实现道德内化提供制度遵循；三是伦理环境和伦理氛围，即体现为互联网平台企业员工在工作、生活中被尊重、被关注的家庭式的和谐人际关系环境和伦理道德文化浓厚的物化道德环境；四是员工个体的道德忠诚，即体现为互联网平台企业员工对企业的向心度和奉献精神；五是产品或服务伦理和道德含量，即体现为互联网平台企业产品或服务在算法研发设计中对用户的生产、生活、心理、生理等伦理、人性和道德需求的认知程度和融入程度；六是伦理规范实现程度，即互联网平台企业产品或服务最终对用户的责任承诺兑现的主动性、安全性、便捷性和实现程度；七是社会责任，即互联网平台企业对包括世界、国家、社会、同行、员工、用户等在内的利益相关者所应该履行的义务及实际履行程度；八是企业家精神，即互联网平台企业领导者自身的道德素质，对员工的人性化关怀和管理，以及对市场和社会应有的善意和尊重；九是遵循全人类的共同伦理和国际规则标准、商业行为准则等。在这些具体细则中，本书认为伦理理念与道德原则是形成伦理规范中最基础、最核心的指标，也是伦理规范细则的关键所在。

三、伦理规范的校正和调整

互联网平台企业在伦理规范的生成及实践过程中有必要根据实际情况对相关规范进行动态校正和调整。因此,平台企业内部必然需要有一个动态调整机制,即互联网平台企业对践履伦理实施效果的评估检查、对实施错误的修正考量、对不合理伦理规则的调整优化等机制。这也体现了平台企业主体的主观能动性。所有伦理规范在被价值牵引、宣教并得到主体的实施之后,由于客观环境、实践环节等的复杂性,企业主体往往并不能保证践履活动按照既定方案稳步推进,在具体实施过程中往往会出现误差,企业主体也不能保证伦理规范的目标能够顺利达到,故而需要建构一个校正、纠偏的环节,这个过程往往是动态、适时调整的。

伦理规范的动态调整机制,实质上是互联网平台企业在相关伦理原则的指导下,对伦理规范实践的目标、方案、途径等方面的再认识与再思考过程,求适应而非固化;也是平台企业运用一定的机制,对伦理规范实施过程进行动态干预的具体行为,使其按照既定计划,在既定轨道上运行,增强伦理原则执行力。在实际操作中,由于全球经济复杂多变、国家宏观经济环境调整以及互联网平台企业微观环境常常发生变化,相关伦理规范的实践也会碰到一些新情况和新问题,因此,互联网平台企业作为主体就要结合实际情况和伦理规范的既定目标,对相关践履方案进行动态的、常态化的更新。必须承认,动态调整机制是伦理规范生成环节中基于用户的整体反馈由平台企业内外环境变化引发的反应,是互联网平台企业形成机制、建构伦理过程中不可缺少的环节。

第四节 伦理规范实现的涵育机制

伦理规范作为一种规则、范式、标准,同时还意味着被社会成员普遍认可与接受,是促进社会整体性福祉的重要维度。伦理规范的落地必然要依靠企业家、员工以及其他利益相关者的共同努力,尤其是与之相应的道德规范。建立与互联网平台企业伦理失范问题相适应的涵育机制，是规范相关企业经营行为，把外部的规范转化成自觉要求并体现在行动中的必然要求，需要包括社会舆论、内心信念、道德教育和自我修养等多项活动在内的长期努力。

互联网平台企业伦理规范在经营活动中的反应和价值要求要在涵育上取得实效，就必须由各利益相关者综合发力，广泛运用宣讲载体和路径，跳出以往单一的推进路径，实施特定的与互联网行业特征相适应的行动方式。

一、弘扬新时代企业家精神

中外企业发展历史表明，企业家精神对于企业的重要性毋庸置疑，企业家精神应是企业伦理规范的核心要素。综观近几十年中国企业发展历史，尤其是互联网平台企业发展历史，企业家精神在平台企业兴衰变迁中扮演的角色愈加凸显。积极、进取、友善的企业家精神远比功利、短视、冷漠的企业家精神更容易得到社会的包容，相应的平台企业也能获取更好的发展环境。

世界一流企业必然也必须有一流的企业家精神作为支撑。新时代互联网平台企业的发展呼唤与时俱进的企业家精神。新时代企业家精神本质上即企业价值的社会性，与企业伦理规范在精神实质上相一致，因此，互联网平台企业首要的宣教内容就是弘扬"爱国敬业、守法经营、创业创新、回报社会"的新时代中国特色社会主义企业家精神。中国特色社会主义进入新时代，需要中国的企业家把企业发展同国家繁荣、民族兴盛、人民幸福紧密结合在一起，要有爱国、创新的精神，主动为国担当、为国分忧，以创新和实干为企业家精神注入新内涵。时代性是企业家精神的鲜明特质。

在互联网时代，互联网信息产业的快速发展，使得中国的商业布局和市场竞争出现了改变，一大批民营企业家不断地涌现出来，尤其是互联网领域的企业家。企业家精神一定程度上就是实践，"开拓精神"可以说是新时代企业家精神的核心内容,借助互联网发展的大潮,同时将西方市场比较成熟的商业模式快速运用和推广到中国市场,让互联网产业从沿海到内陆、从城市到农村,与中国经济深度融合,让企业家精神也深深地烙上互联网时代的印记。除了自省、自律、自觉及不断谋求道德素质的提高外,通过市场规则和伦理规范进而实现内在约束,中国互联网平台企业经营者及企业家精神中的"道德特质"得到改善与升华。

二、强化从业人员职业道德养成

数字环境下,交易主体的虚拟化淡化了包括互联网平台企业在内的各类市场主体的道德意识。针对当下相关数字产品和服务以工程师为主体研发力量,伦理学等相关专业人才参与较少的情况,引导互联网平台企业从业人员加强道德修养,已成为平台企业伦理规范建设的不可或缺之处。道德素质包括正确的道德认知、优良的道德信念、高尚的道德情感和正当的道德行为。数字经济从业人员只有努力遵循内心"善"的指引,不断增强道德自律意识,才能在科技活动中最大限度上"不逾矩"。如果数字经济从业人员缺乏自律意识,又缺乏相应监督、监管,那么随时可能行走在"逾矩"的边缘,甚至违规、违法;如果数字经济从业人员具备自律意识,辅之以相应的监督、监管,相应的科技伦理和科研规范才能内化进职业道德素养之中。结合《互联网行业从业人员职业道德准则》以及互联网平台企业实际,互联网行业从业人员的职业道德养成中应融入以下内容:

其一,坚持正确的政治导向。这是互联网行业从业人员职业道德的基本要素。要坚持以马克思主义中国化时代化最新成果为指导,旗帜鲜明地运用马克思主义的立场、观点、方法武装头脑,站稳人民立场,不断增强责任担当的道德意识,建构相应的价值观念和伦理标准。其二,坚持遵纪守法。要牢守法律底线,强化法治观念,树立法治意识,带头遵守法律法规,严格落实治网管网政策要求,遵守公序良俗,抵制不良倾向,保守国家秘密,维护网络安全、数据安全和个人信息安全,推动互联网在法治轨道上健康运行。其三,坚持价值引领。互联网平台企业在建设中要树立正确的政治方向、价值取向、舆论导向,打造一批大力弘扬和践行社会主义核心价值观的网络作品,崇德向善、见贤思齐,文明互动、理性表达,推动构建清朗的网络空间。其四,坚持诚实守信。始终把诚信作为行业、企业的立身之本、从业之要,传播诚信理念,倡导诚信经营,重信守诺、求真务实、公平竞争,做到不恶意营销、不虚假宣传、不造谣传谣、不欺骗消费者。其五,坚持敬业奉献。立足本职、爱岗敬业,注重道德动机及其意向的形成,培养良好的职业素养和职业技能,发扬奉献精神,履行互联网平台企业的社会责任,始终把社会效益摆在突出位置,实现社会效益与经济效益的统一。其六,坚持科技向善。科技是一把双刃剑,要积极用科技为国家、社会经济发展,为满足人民群众美好生活需要做贡献,坚决防范滥用算法、数据等损害社会公共利益和公民合法权益,充分发挥科技创新的驱动和赋能作用,运用互联网新技术新应用新业态,构筑美好的数字生活新图景,助力经济社会高质量发展。

三、提升全民数字素养与技能

在互联网高度发达的今天,全民数字素养与技能日益成为国际竞争力和软实力的关键指标。数字社会崛起既然是无法阻挡的趋势,那么生存在这个社会的人就必须让自己更好地适应这个趋势,并努力追求数字美好生活。在这个过程中,充满伦理精神和智慧的数字伦理素养不可缺少,正如人类社会每一次更替发展就会衍生出相应的伦理道德秩序和规范一样。

一是培养合格的数字人。数字伦理素养是数字素养的一部分,旨在要求数字时代的个体在数字交往和实践中能实现自我调适、自我约束、自我节制,在海量的信息中不被淹没,在众多的诱惑中能够自拔,能够掌握信息获取和遨游数字世界的主动权,让数字娱乐和虚拟生活通过伦理智慧成为现实生活的补充,让数字技术服务经伦理内置转化为自身成长所需。换言之,参与数字虚拟世界的个体要时刻保持伦理自觉,清晰数字世界的实质,不被技术绑架,不让技术淹没人的情感和价值世界。所以在实践中,要清醒认识数字的"能"与"不能",破除"数字万能"和"数字崇拜"心态;要在国民教育中将数字伦理和数字美德融入其中,作为铸魂育人的必要教育内容和环节;在价值导向方面,数字领域要强调公共利益至上及和谐共生,增强互联网行业及数字从业者的社会公德和责任意识;要在全社会范围内倡导勤俭节约与节俭意识,抵制报复性消费、奴役性消费的诱惑;要逐步探索制定数字领域的道德评价制度和体系,强化公共参与,形成众评价值,培育形成数字美德,总之,倡导全社会顺应数字之势,做合格的数字时代人。

二是提高数字时代人们参与数字化转型和数字化治理的能力。其中要正确理解和运用数字技术的能力、参与共建和共享数字转型成果的能力、识别各种风险等,并伴随着人们的自由意志作用于具体环境之中。因此,有必要将个人"数字技能"的教育、培训和提升纳入数字化转型时期基础设施建设的实施框架,引导人们树立风险意识,提高伦理风险敏感性,借助虚拟世界的环境塑造,不断改进现实生活质量。对于个人用户而言,需要培养与快速发展的数字时代相对应的信息安全知识和隐私意识,培养良好的使用习惯,让数字技术服务于更美好的生活。

三是提高保护个人信息安全意识和信息素养。目前,互联网平台企业在隐私和个人信息保护、投诉举报、防沉迷管理方面进展较为快速,但在公民信息素养的知识普及、人文关怀等方面亟须提高。比如,在消费领域,互联网平台企业要创造条件通过信息安全警示不断提高公民保护自身合法权益的意识,提升辨别有害信息的能力;在细节操作方面,积极推进公民个人织密个人信息安全网,不随意下载不明软件或点击不明链接,注意妥善保管好个人的证件、账号密码、验证码、人脸识别等隐私信息以及增强"非必要不提供"的意识,避免给不法分子可乘之机。一旦发现侵害自身合法权益的行为,要及时选择合法途径维权,共同营造数字世界良好的秩序。

四、多途径发挥涵育机制的功效

要达成伦理规范实现的涵育机制的良好效果,在明确宣教主题和内容之后,宣讲载体和方法同样也很重要。互联网平台企业行业协会及企业个体本身,需要广运载体,线上线下相结合,充分发挥好宣教效果及功能。具体而言,线下可以开展普及讲座、案例警示教育、主题沙龙、知识竞赛、视频展示等各类活动,不同企业间可以优势互补,联办联学。而互联网企业在运用线上方式开展宣教工作本身就有先天优势,可以结合网络平台开展各类伦理规范的普及和教育工作,通过短视频、音频、H5等各类形式,广泛借助两微一端、短视频平台等,做好相关伦理规范的理论宣传和形象化普及工作,以润物无声、柔性调节的效果,将伦理规范融入从业人员和广大用户的工作和生活中。

第五节 伦理规范实现的监督机制

监督机制和监督体系的建立健全是国家、社会、企业治理现代化的重要标志。监督是有效构筑互联网平台企业伦理规范治理的重要组成部分。通过有效的监督,可以及时发现平台企业的失范行为,是开展宣教的重要基础性工作。监督机制的有效运行,可激励互联网平台企业加强自我伦理规范建设,自我修复并加强社会伦理形象,净化互联网伦理环境。构筑互联网平台企业监督机制可从如下三个方面发力:

一、实施第三方伦理规范监管

第三方监督制度是指独立于管理者与被管理者之外的一种监督制度,由于其独立性,它可以不受管理者和被管理者的影响,进而起到约束双方的效果。这是一种更为客观的社会监督。评价评估监管机构,可以针对互联网平台企业的伦理规范现状,根据客观条款做出评判,它的本质是一种更客观、更可靠的社会监督。第三方监督机制作为监督考核的一种最直接、最有效的方法,有着极强的可靠度和透明度。近年来,我国不同领域、不同行业都业已引入或者将要引入第三方监督、评价机制。对于互联网平台企业,我国现存的政策和法律都还存在一定的滞后性及缺位的情况,政府、政策、法律都还有覆盖盲区。在这种情况下,针对互联网平台企业伦理规范的实现,要"注重多元主体联动"[①],其中引进第三方监督机制极为必要。

利用制度透明度报告、第三方审计和其他机制来监督互联网平台自身的内部行为,关系到公众的切身利益,需要加强监管和利益相关者的参与,尤其是要强化针对算法的行为监管,构建算法合规的内部治理和外部审计体系;要提高算法透明度,使得互联网相关企业的所有数据可追溯与可验证,隐私计算和隐私保护的执行方案应经第三方审计;同时,将行业监管要求、平台企业伦理规范和反垄断审查等嵌入算法合规监控之中。

二、构建同行评议制度

如同互联网本身的纷繁复杂,互联网平台企业伦理问题频发且复杂,需要协同治理。协同治理的核心在于实现价值观层面的对接与共识。同行评议即互联网平台企业与企业之间的伦理规范评议,可以成为互联网行业内部规制的有效组成部分。通过系统思考和整体设计,实现互联网平台企业之间、互联网平台企业与不同利益相关者之间整体价值观的平衡与相对一致。

互联网平台企业在内部治理过程中负有信息披露义务,同行评议这一机制建立的合理性基础在于同行业之间相互比较熟悉伦理失范的环节和行为,便于形成行业整体的反对流量至上、杜绝恶意炒作等内容生态;便于"一针见血"地发现问题,并形成相互监督、相互鞭策、共同提升的效果;便于协调平台企业之间的利益分歧,提升总的社会福利。互联网平台企业在同行评议过程中要增加前瞻性道德责任的考量,同时同行评议要注意将监管重点转移到平台企业伦理规范上,而不是常规地聚焦业务水平和业务能力,需要秉承共同责任意识,实现从单纯的技术研发到社会效应、公众福利等一并考量的转变,实现从本体论思维向责任伦理思维的进

---

① 瞿晶晶,王迎春,赵延东.人工智能社会实验:伦理规范与运行机制[J].中国软科学,2022,383(11):74—82.

阶，进而提升整体的监管框架水平和行业自律水平。另外，同行评议不能仅局限在促进单纯的认知质量和认知层次上，还需要评议互联网平台企业各类行动和举措可能存在的伦理道德问题和社会效应。值得一提的是，面对人工智能的迅猛发展以及潜在隐患，美国互联网平台企业巨头近期集体承诺致力于负责任的创新，在向社会公众正式发布人工智能系统前，允许独立专家进行安全和可靠性的功能测试，并与政府和学界分享有关系统安全的相关数据。

三、建立技术监督委员会

相较于业已成熟的内容监管以及算法"黑箱""不透明"等数字技术引发的伦理问题凸显，对于互联网平台企业的技术监管尤为迫切。要强化互联网平台企业的监督和监管，需要一个强有力的监督委员会。它强调的是互联网平台企业的诸多利益相关者为了共同目标的协调行为，并不是自上而下的指令或权威。以互联网技术开发监督委员会为例，可以由互联网行业专家、伦理学专家、社会学专家、法律专家、互联网平台使用者等组成，强化其伦理专业化的组成。该监督委员会可以对互联网技术开发实施全过程的监督，对各类互联网行为可能产生的伦理后果进行前瞻性的科学预测，以便及时发现并解决互联网技术开发中存在的伦理问题。持续完善互联网行业治理规则，划清互联网平台企业行为的违法和红线边界，通过订立标准规范、行业公约等，对现行相关法律法规起到有效的补充作用，同时充分运用数字技术，发挥治理效果，提升治理效能。加强互联网学界、产业界与公众之间的对话，可以增进相互理解，消除各共同体之间信息的不对称性。从协作伦理的角度来看，互联网平台领域相关政府、业界、学界与公众之间需要建立"协作平台"，将利益相关方吸纳进来，促进利益相关方参与，通过各相关方之间的对话、协商凝聚共识，形成可以被绝大部分相关方接受的利益联结和技术方案。

当然，在这一过程中，需要开展严肃、清晰和持续的对话，在制度规则框架内不断进行协商，无论是互联网领域的专家还是普通公众，都要充分意识到自身所承担的责任,并且能够有一个协商、沟通、共同商讨的对话机制。以此为基础,以用户为代表的利益相关者不仅可以表达意见、想法、诉求,而且转化为自身的积极行动,并为其可能产生的后果承担起责任。组织和个人可以通过社会监督的方式参与平台治理。自 2023 年 1 月 10 日起施行的《互联网信息服务深度合成管理规定》明确指出,深度合成服务提供者要落实信息安全的主体责任。这一主体责任不仅体现在内容管理上,对于相关内容前置审核、过程监管以及虚假信息的处理;而且体现在技术保障上,对于技术研发、管理控制以及信息认证的健全;还体现在利益相关者的参与上,充分吸纳多元主体参与监督。

第六节 小 结

互联网平台企业伦理规范的实现,需要主体机制、整合机制、生成机制、涵育机制和监督机制五个系统的有序整合。

本章通过较为系统的阐述,提出伦理规范实现五个系统整合模式的大致轮廓:通过严格执行政策法规的相关规定,主动承担服务国家治理的社会责任,加强行业引导和互联网平台企业自律,完善互联网平台企业治理的伦理闭环,明确主体机制;通过坚持以人民为中心与企业利益追求的价值统一,伦理本位与价值共识的培育,伦理规范与政策、文化等向度的有效衔接,建立整合机制;通过伦理价值的群化与实现、伦理准则的细化和内置、伦理规范的校正和调整,形成生成机制;通过弘扬新时代企业家精神,加强从业人员职业道德养成,提升全民数字素养与技能,多渠道多载体开展宣教工作,强化涵育机制;通过实施第三方伦理规范监管,建立同行评议制度,建立互联网技术开发监督委员会,推进监督机制。

第八章 结 语

第一节 研究结论

相较于传统企业,资本、技术和数据等生产要素在互联网平台企业集聚,使得其权力不断延伸和扩张,在某种程度上远超传统垄断企业。传统垄断企业往往是在某个领域有着重大影响,但无法控制其他相关企业和消费者,互联网平台企业对生态系统内部则具有强大的掌控能力。这种掌控能力通过定义、影响、监督利益相关者来实现,通过平台规则等方式无形之中迫使利益相关者来让渡自身的相关权益,甚至通过人工智能的研发与应用致使其发展成为一种不受人类控制、令人瞠目结舌的自主力量,由此进一步加剧了平台隐性权力结构的形成。当数字世界的主体在尽情享受数字产品的魅力光影和数字创造的成功喜悦时,算法权力对人主体性的消解、对劳动权益的侵蚀、对权力支配的歪曲都在发生,以老年人为代表的技术外围人群与数字生活之间形成了隔绝等负外部性不断出现。

相较于中国互联网平台企业,西方互联网平台企业不可避免地基于资本逻辑运行,必然会对经济正义、劳动正义、权力正义和社交正义都构成不可忽视的挑战,对人的生命自由和个性解放也造成了隐形控制、约束。相比传统资本对现代社会的显性支配,数字资本关系以一种隐蔽的方式将整个现代社会纳入其监督控制下,并按照其意志规训和控制他人的思维和行为。中国互联网平台企业植根于中国特色社会主义伟大实践,其伦理规范构建则应基于人的逻辑而非资本逻辑,强化人民性而非功利性的价值取向,将数字资本全面纳入社会主义制度轨道之中,为我所用、有序发展。

伦理已经成为互联网平台企业不可或缺的一部分。本书的初衷并不单纯局限于为互联网平台企业制定伦理规范投资参考和指引,更希望能够帮助每一个体深刻理解目前所处的数字时代。本书中,直面生产力的超前与政策法规、伦理规范滞后之间的突出矛盾,基于"四位一体"总体架构的互联网平台企业伦理规范,深刻践行新发展理念,把经济哲学研究的视域从现实空间拓展到虚拟空间,从传统企业拓展到互联网平台企业,融入互联网平台企业生产经营全流程,旨在重建人在数字时代的主体地位,建构与经济、技术、环境、社会的自由关系,增进人类福祉。四个维度相互联系、相互贯通、相互促进,是具有内在联系的集合体,要从辩证法高度理解和把握,从新发展理念高度统一贯彻,进行系统设计,不能顾此失彼,也不能相互替代。人类命运共同体以"真正共同体"为价值诉求,是历史生成和思想建构统一的产物。人类命运共同体的构建,从"现实的人"的需要出发,祛除资本逻辑,始终以人民主体性为原则,必须坚持个体、社会、人类三个层面相统一。

第二节 研究展望

本书通过对相关文献的大量研读,对国内外互联网平台企业伦理实践的分析,结合国内外学术界研究现状的梳理归纳,认为未来相关研究会呈现如下趋势:

第一,基于人工智能为代表的科技伦理相关研究在相当长一段时间内会呈现高热状态,人工智能技术所带来的革命性变革之下,伦理治理的紧迫性凸显。在数字经济飞速发展的今天,互联网平台企业引领大数据、区块链、物联网、人工智能、合成生物等新兴技术突飞猛进,技术权力膨胀导致的伦理失范呈现到经济、政治、文化、社会甚至人类生存的方方面面,这也呼唤"透明前置、透明进化、透明问责"的伦理规制,让伦理成为以人工智能为代表的新兴技术研究与发展的根本组成部分成为全球共识，对于中国互联网平台企业伦理而言，也是重要机遇。一方面，伦理规范原则某种程度上与数字技术一样重要，它事关互联网平台企业的内生动力，也事关国际市场的竞争比拼；另一方面，人的主体性的觉醒，对于数字"控制"和精神"束缚"，对新科技发展的反思和伦理诉求也在逐步增强，加强伦理监管应成为社会共识。此外，我国数字技术和伦理从追随者转变为引领者，在无先例可循的情况下，伦理规范更应注重传承和创新，这也是对于中国学界业界的使命责任所在。

第二，宏观视角研究和微观视角研究并行。随着数字技术与人类生活的越发紧密，除基于政治经济学、经济伦理、社会福利、数字文明等宏观视角研究之外，聚焦于科技伦理、社会责任、数字经济、数字技术、数字社会、数字劳动、数字鸿沟、数字人权、数字消费、数字法律等微观领域的研究会不断涌现。对于中国互联网平台企业伦理而言，ESG实践对中国互联网平台企业影响的研究、超级人工智能的伦理挑战、数字平台的公共性研究、碳排放碳中和、灵活就业人员的劳动伦理、数字劳资关系、技术性规模失业与环境问题、反垄断分析视角、平台规则、数字生产力和数字消费力的辩证关系等近段时间已不断出现，不同时期、不同类别、不同体量的互联网平台企业伦理的差别性研究未来也会成为热点之一。宏观与微观相结合的研究视角，对于构建互联网平台企业规范，必然带来更深的哲学反思和价值追寻。

第三，人类命运共同体理念与数字化世界伦理研究。人类进步的标志，就是打破了不同群体之间的界限，突出了人的尊严和自由，尊重作为人本身的自主性价值。与此同时，数字化与全球化相辅相成，深刻重塑世界经济和人类社会面貌。数字化世界伦理秩序的建构一定离不开全球协作，尤其是在世界伦理的宽泛多元、各种限定条件和特殊情形存在的情况下。针对数字技术安全、科技伦理、隐私规制、数据产权等核心问题，需要制定和推广符合各方利益的国际技术伦理治理方案。中国互联网平台企业伦理规范构建因应而生，基于马克思主义政治经济学理论指引、中国特色社会主义市场经济、中国鲜活的数字经济实践角度,必然强化"以人民为中心"的核心理念和和平、发展、公平、正义、民主、自由的全人类共同价值观。探索出一条具有中国特色的数字经济治理道路,为全球数字经济治理提供中国方案、中国智慧应成为重要议题。其中,互联网平台企业伦理规范的研究不可或缺。

第四,产业互联网是数字经济发展的趋势,也是全世界共同面对的重要机遇。这意味着未来所有企业都是互联网企业。因此,互联网平台企业伦理规范问题,对于所有企业都具有借鉴和启发意义。传统企业伦理规范与互联网平台企业伦理规范的衔接问题、互联网平台企业分级分类所对应的伦理规范差异性问题值得关注,类似于隐私保护、技术向善、透明、共生等理念应融入每一个企业发展血液和治理过程中。面对不确定性的世界,预判技术创新可能带来伦理风险,系统地预见、权衡和处置企业发展中的伦理冲突,更加呼唤价值观坚定和责任感充沛的商业文明和伦理规范。

参考文献

一、专著

[1][德]马克斯·韦伯著. 新教伦理与资本主义精神[M]. 康乐,简惠美,译. 上海:上海三联书店出版社,2019.

[2][美]吉姆·柯林斯,[美]杰里·波勒斯. 基业长青[M]. 真如,译. 北京:中信出版社,2019.

[3][美]科斯·诺斯,[法]克劳德·梅纳尔. 制度、契约与组织——从新制度经济学角度的透视[M]. 刘刚,等译. 北京:经济科学出版社,2003.

[4][美]本杰明·M.弗里德曼. 经济增长的道德意义[M]. 李天有,译. 北京:中国人民大学出版社,2013.

[5][英]齐格蒙·鲍曼. 生活在碎片之中——论后现代伦理[M]. 郁建兴,等译. 上海:学林出版社,2002.

[6][美]O.C.费雷尔,[美]约翰·弗雷德里克,[美]琳达·费雷尔. 企业伦理学[M]. 李文浩,卢超群,等译. 北京:中国人民大学出版社,2016.

[7][美]O.C.费雷尔,[美]约翰·弗雷德里克,[美]琳达·费雷尔. 企业伦理学[M]. 陈阳群,译. 北京:清华大学出版社,2005.

[8][美]理查德·T.德·乔治. 信息技术与企业伦理[M]. 李布,译. 北京:北京大学出版社,2005.

[9][英]詹姆斯·柯兰,[英]娜塔莉·芬顿,[英]德斯·弗里德曼. 互联网的误读[M]. 何道宽,译. 北京:中国人民大学出版社,2014.

[10][爱]马丁·克里纳. 跨界与融合——互联网时代企业合作模式与商业新机遇[M]. 赵晓囡,徐俊杰,译. 北京:人民邮电出版社,2015.

[11][美]埃里克·施密特,[美]乔纳森·罗森伯格,[美]艾伦·伊格尔. 重新定义公司:Google是如何运营的[M]. 靳婷婷,译. 北京:中信出版社,2015.

[12][美]萨提亚·纳德拉.刷新:重新发现商业与未来[M].陈召强,杨洋,译.北京:中信出版社,2018.

[13][美]卢克·多梅尔.叛逆精神:乔布斯与苹果企业文化[M].李永学,译.杭州:浙江人民出版社,2018.

[14][美]迈克尔·J.奎因.互联网伦理[M].王益民,译.北京:电子工业出版社,2016.

[15][日]城田真琴.数据中间商[M].邓一多,译.北京:北京联合出版公司,2016.

[16][美]乔治·恩德勒.国际经济伦理[M].锐博慧网,译.北京:北京大学出版社,2003.

[17][澳]苏哈布拉塔·博比·班纳吉.企业社会责任:经典观点与理念的冲突[M].柳学永,叶素贞,译.北京:经济管理出版社,2014.

[18][美]阿马蒂亚·森.伦理学与经济学[M].王宇,等译.北京:商务印书馆,2000.

[19][美]安德鲁·吉耶尔.企业的道德[M].张霄,译.北京:中国人民大学出版社,2010.

[20][德]乔治·恩德勒.面向行动的经济伦理学[M].高国希,吴新文,等译.上海:上海社会科学院出版社,2002.

[21][美]林恩·夏普·佩因.公司道德——高绩效企业的基石[M].杨涤,等译.北京:机械工业出版社,2004.

[22][美]托马斯·彼得斯,[美]罗伯特·沃特曼.追求卓越[M].胡玮珊,译.北京:中信出版社,2019.

[23][美]约翰·M.克兰.国际企业伦理——全球政治经济中的决策[M].崔新健,等译.北京:中国人民大学出版社,2013.

[24][荷]彼得·保罗·维贝克.将技术道德化:理解与设计物的道德[M].闫宏秀,杨庆峰,译.上海:上海交通大学出版社,2016:1.

[25][美]温德尔·瓦拉赫,科林·艾伦.道德机器[M].王小红,主译.北京:北京大学出版社,2017.

[26][美]吴修铭.总开关:信息帝国的兴衰变迁[M].顾佳,译.北京:中信出版社,2011.

[27][英]马丁·摩尔,达米安·坦比尼. 失控的互联网企业[M]. 魏瑞莉,倪金丹,译. 杭州:浙江大学出版社,2020.

[28]Jack Goldsmith,Tim Wu. Who Controls the Internet? Illusions of a Borderless World[M]. New York:Oxford University Press,2006.

[29]J. Kline. International Codes and Multinational Business,Westport[M]. CT:Quorum Books,1985.

[30]Lawr Nash:Good Intentions Aside:A Manager's Guide to Resolving Ethical Problems[M]. Harvard Business School Press,1999.

[31]R. Edward Freeman and Daniel R. Gilbert,Jr. Corporate. Strategy and the Search for Ethics[M]. Englewood Cliffs,NJ:Prentice-Hall,1988.

[32]R. Edward Freeman and Daniel R. Gilbert,Jr. Management,6th ed[M]. Englewood Cliffs,NJ:Prentice-Hall,1995.

[33]Kotler,P. and Lee,N. (2005). Corporate Social Responsibility:Doing the Most Good for Your Company and Cause[M]. Hoboken,NJ:John Wiley & Sons.

[34]S. Rao Vallabhaneni. Corporate Management,Governance,and Ethics Best Practices[M]. New Jersey:John Wiley & Sons. Inc. ,Hoboken,2008.

[35]Andrea Werner. An Investigation into Christian SME Owner-Managers' Conceptualizations of Practice[M]. Florida:Dissertation Com. ,2008.

[36]Lee E,Pohl H. 3. E-commerce and competition law:how does competition assessment change with e-commerce? [M]. Singapore:ISEAS Publishing,2019.

[37]Mehra S K. Algorithmic competition,collusion,and price discrimination [M]. Cambridge :Cambridge University Press,2020.

[38]Zuboff S. The Age of Surveillance Capitalism[M]. London:Profile Books,2019.

[39]Bourdieu P. Distinction:A Social Critique of the Judgement of Taste[M]. London:Routledge & Kegan Paul,1984.

[40]Ford C. Innovation and the State[M]. Cambridge :Cambridge University Press,2017.

[41]中国网络空间研究院. 中国互联网发展报告 2019[M]. 北京:电子工业出版社,2019.

[42]中国网络空间研究院.世界互联网发展报告2019[M].北京:电子工业出版社,2019.

[43]李萍.企业伦理:理论与实践[M].北京:首都经济贸易大学出版社,2008.

[44]温宏建.中国企业伦理:理论与现实[M].北京:首都经济贸易大学出版社,2010.

[45]龚天平.伦理驱动管理——当代企业管理伦理的走向及其实现研究[M].北京:人民出版社,2011.

[46]朱金瑞.当代中国企业伦理模式研究[M].合肥:安徽大学出版社,2011.

[47]王小锡.经济伦理与企业管理[M].南京:南京师范大学出版社,1998.

[48]李建华.现代企业的道德难题[M].北京:人民出版社,2009.

[49]杨杜,许艳芳.企业伦理[M].北京:中国人民大学出版社,2019.

[50]王宝森,李世杰.企业伦理与文化[M].北京:经济科学出版社,2013.

[51]刘爱军,钟尉,等.商业伦理学[M].北京:机械工业出版社,2016.

[52]新时代企业家精神编辑部.新时代企业家精神:民营企业家如何谈[M].北京:中华工商联合出版社,2018.

[53]崔世宁.企业家精神:成长型企业铁三角[M].北京:中华工商联合出版社,2017.

[54]黄文锋.企业家精神——商业与社会变革的核能[M].北京:中国人民大学出版社,2018.

[55]丁栋虹.企业家精神——全球价值的道商解析[M].上海:复旦大学出版社,2015.

[56]宋伟.社会转型时期中小企业伦理建设研究[M].北京:清华大学出版社,2014.

[57]陈奕奕.中国企业伦理建设研究——理论与实践[M].北京:中国社会科学出版社,2019.

[58]郑琴琴,李志强.中国企业伦理管理与社会责任研究[M].上海:复旦大学出版社,2018.

[59]欧阳润平.企业伦理学[M].长沙:湖南人民出版社,2003.

[60]周祖城.企业伦理学[M].北京:清华大学出版社,2009.

[61]高小玲.企业道德风险及基于中国企业的实证研究[M].上海:上海世纪出

版集团,2008.

[62]王莹,柴艳萍,蔺丰奇,等.现代商业之魂[M].北京:人民出版社,2006.

[63]阿里研究院.互联网+从 IT 到 DT[M].北京:机械工业出版社,2015.

[64]安杰.一本书读懂 24 种互联网思维[M].北京:台海出版社,2015.

[65]刘静.中国情境下互联网企业创新机制研究[M].北京:人民出版社,2019.

[66]张志伟.互联网企业滥用市场支配地位行为规制研究[M].北京:经济管理出版社,2014.

[67]杨东,许坚.中国互联网企业诉讼报告(2006—2016)[M].北京:法律出版社,2018.

[68]张强.企业价值观体系的构建[M].北京:社会科学文献出版社,2018.

[69]陈安娜.互联网企业文化研究[M].杭州:浙江工商大学出版社,2019.

[70]张继辰,王乾龙.阿里巴巴的企业文化[M].深圳:海天出版社,2015.

[71]张继辰.腾讯的企业文化[M].深圳:海天出版社,2015.

[72]陈广,赵海涛.华为的企业文化[M].深圳:海天出版社,2012.

[73]商业价值杂志社.公司的演变:一部基于互联网的企业发展史[M].北京:电子工业出版社,2016.

[74]丛航青.世界 500 强企业伦理宣言精选[M].北京:清华大学出版社,2019.

[75]王露璐,汪洁,等.经济伦理学[M].北京:人民出版社,2014.

[76]蒋正华.中国企业公民报告[M].北京:社会科学文献出版社,2009.

[77]徐大建.企业伦理学[M].上海:上海人民出版社,2002.

[78]张静.全球化背景下跨国公司伦理冲突与沟通[M].北京:时事出版社,2013.

二、期刊论文

[1]Caleb N. Griffin. Systemically Important Platforms[J]. *Cornell Law Review*, 2022(107).

[2]Belkhir L. Elmeligi A.. Assessing ICT global emissions foot-print:trends to 2040 & recommendations[J]. *Journal of Cleaner Production*,2018(10).

[3]Stilgoe J, Owen R, Macnaghten P. Developing a framework for responsible innovation[J]. *Research Policy*,2013,42(9).

[4] Qumer A. Defining an Integrated Agile Governance for Large Agile Software Development Environments[J]. *International Conference on Agile Processes in Software Engineering and Extreme Programming Springer-Verlag*, 2007(4536).

[5] Capurro R. Ethics in scientific and technical-information and communication [J]. *Nachrichten fur Dokumentation*, 1981, 32(1).

[6] S. E. Caplan, D. Williams and N. Lee. Problematic Internet Use and Psychosocial Well-being among MMO Players[J]. *Computers in Human Behavior*, 2009, 25(6).

[7] Frederic G. Reamer. Social Work in a Digital Age: Ethical and Risk Management Challenges[J]. *Social Work*, 2013, 58 (2).

[8] Theresa Bauer. The Responsibilities of Social Networking Companies: Applying Political CSR Theory to Google, Facebook and Twitter[J]. *Critical Studies on Corporate Responsibility Governance & Sustainability*, 2014(7).

[9] Arogyaswamy B. . Big tech and societal sustainability: an ethical framework [J]. *AI & Society*, 2020(4).

[10] Herden C. J. , Alliu E. , Cakici A. , et al. . "Corporate digital responsibility": New corporate responsibilities in the digital age[J]. *Sustainability Management Forum*, 2021(2).

[11] Panel, D. M. . Does Regulation Promote Efficiency in Network Industries? Network Industries and Antitrust[J]. *Harvard Journal of Law & Public Policy*, 1999, 23(1).

[12] Litan, R. E. Antitrust and the New Economy[J]. *University of Pittsburgh Law Review*, 2001, 62(3).

[13] Jack M. Balkin. Information Fiduciaries and the First Amendment[J]. *UC Davis Law Review*, 2016(49).

[14] Lina M. Khan, David E. Pozen. A Skeptical View of Information Fiduciaries [J]. *Harward Law Review*, 2019(133).

[15] Waldman A E. Privacy as trust: sharing personal information in a networked world[J]. *University of Miami Law Review*, 2015, 69(3): 559—630.

[16] Ezrachi A, Stucke M E. Artificial intelligence & collusion: when computers inhibit competition[J]. *Social Science Electronic Publishing*, 2017(5).

［17］Bryson J, Winfield A FT. Standardizing ethical design for artificial intelligence and autonomous systems［J］. *Computer*, 2017, 50(5).

［18］Cath CJN, Wachter S, Mittelstadt B, et al. . Artificial Intelligence and the "Good Society": The US, EU, and UK Approach ［J］. *Science and Engineering Ethics*, 2018, 24(2).

［19］Spence E. H. Meta ethics for the metaverse: the ethics of virtual worlds［J］. *Frontiers in Artificial Intelligence and Applications*, 2008, 175(1).

［20］Falchuk B. , Loeb S. , Neff R. . The social metaverse: battle for privacy［J］. *IEEE Technology and Society Magazine*, 2018, 37(2).

［21］John Dionisio, William Burns III and Richard Gilbert. 3D Virtual Worlds and the Metaverse: Current Status and Future Possibilities［J］. *ACM Computing Surveys*, 2013, 3(45).

［22］Mathias Kofoed-Ottesen. On the Possible Phenomeno-logical Autonomy of Virtual Realities［J］. *Indo-Pacific Journal of Phenomenology*, 2020, 2(20).

［23］Pollach, I. . Online Privacy as a Corporate Responsibility: An Empirical Study［J］. *Business Ethics*, 2011(1).

［24］Yuval Shavitt, Udi Weinsberg. Topological Trends of Internet Content Providers［J］. *Arxiv Preprint*, 2012(4).

［25］方兴东,卢卫,陈帅. 中国IT业20年反垄断历程和特征研究［J］. 汕头大学学报·网络空间研究, 2017(3): 27－39.

［26］龚天平,王泽芝. 制度安排与经济伦理［J］. 北京大学学报:哲学社会科学版, 2016, 53(5): 10.

［27］王小锡. 社会主义市场经济的伦理分析［J］. 南京社会科学, 1994(6).

［28］周祖城. 管理与伦理结合:管理思想的深刻变革［J］. 南开学报(哲学社会科学版), 1999(3).

［29］赵德志. 现代西方企业伦理研究进展［J］. 哲学动态, 2004(7).

［30］赵德志. 当代美国企业伦理学特点论析［J］. 辽宁大学学报(哲学社会科学版), 2007(7).

［31］赵德志. 企业跨国经营伦理探论［J］. 社会科学辑刊, 2002(5).

［32］吴新文. 国外企业伦理学:三十年透视［J］. 国外社会科学, 1996(3).

[33]孙君恒.企业伦理在欧洲的进展[J].哲学动态,1997(12).

[34]戴木才.西方管理伦理的发展趋势[J].中国党政干部论坛,2002(12).

[35]甘绍平.企业和伦理——介绍德国的企业伦理研究[J].道德与文明,1998(4).

[36]李萍.日本企业伦理特点、缺陷及未来趋势[J].现代哲学,2003(2).

[37]张喜民.跨国公司在华营销的道德缺失与防范[J].工会论坛,2005(3).

[38]洪静.是近视?还是轻视?——跨国公司在发展中国家对商业伦理的背叛[J].技术经济,2007(3).

[39]张严.论跨国公司的企业伦理问题——以娃哈哈与达能公司并购为例[J].河南工业大学学报(社会科学版),2008(1).

[40]夏勇峰.百度森林[J].商业价值,2011(6).

[41]夏勇峰.腾讯:向左还是向右?[J].商业价值,2010(12).

[42]张思.对话杨元庆:联想绝对不搞饥饿营销[J].商业价值,2014(6).

[43]罗超.百度投资Uber,三个维度、双线合作的道路初探[J].商业价值,2015(1).

[44]王云飞."百度门"互联网企业非诚信事件探究[J].图书与情报,2012(3).

[45]张涛甫.互联网巨头的伦理困境[J].新闻与写作,2017(9).

[46]赵红丹,孙文愿,徐晶.互联网企业伪社会责任事件的演进及治理——基于事件系统理论的案例分析[J].企业经济,2018(10).

[47]梁萌.弹性工作制何以失效[J].社会学评论,2019(3).

[48]瞿晶晶,王迎春,赵延东.人工智能社会实验:伦理规范与运行机制[J].中国软科学,2022,383(11).

[49]陈燕.国际商务伦理:基本原则与一般共识[J].伦理学研究,2010,49(5).

[50]丁继华.央企合规管理体系建设迈上新台阶[J].企业管理,2023,499(3).

[51]闫瑞峰.算法设计伦理治理的立场、争论与对策[J].自然辩证法通讯,2023,45(6).

[52]任铃.系统观念视阈下的生态文明体系建设[J].思想理论教育导刊,2021,269(5).

[53]高一飞.数字人权规范构造的体系化展开[J].法学研究,2023,45(2).

三、报纸

[1]习近平.在哲学社会科学工作座谈会上的讲话[N].人民日报,2016-05-19(1).

[2]习近平.在庆祝"五一"国际劳动节暨表彰全国劳动模范和先进工作者大会上的讲话[N].人民日报,2015-04-29.

[3]曾建平.信息时代的伦理审视[N].人民日报,2019-07-12(9).

四、网络文章

[1]《中国互联网络发展状况统计报告》,中共中央网络安全和信息化委员会办公室 中华人民共和国国家互联网信息办公室网站,http://www.cac.gov.cn/sjfw/hysj/A091601index_1.htm.

[2]《数字中国发展报告(2021年)》,中共中央网络安全和信息化委员会办公室 中华人民共和国国家互联网信息办公室网站,http://www.cac.gov.cn/2022-08/02/c_1661066515613920.htm.

[3]《全球发展报告》,中国国际发展知识中心,http://www.cikd.org/detail?docId=1538692405216194562.

[4]《〈全球数字经济白皮书(2022年)〉发布》,2022年7月,北青网,https://t.ynet.cn/baijia/33137389.html.

[5]《国务院反垄断委员会关于平台经济领域的反垄断指南》,中国政府网,http://www.gov.cn/xinwen/2021-02/07/content_5585758.htm?ivk_sa=1023197a.

[6]《互联网平台分类分级指南(征求意见稿)》,国家市场监督管理总局网站,https://www.samr.gov.cn/hd/zjjg/202112/t20211228_338510.html.

[7]《中共中央国务院关于营造企业家健康成长环境 弘扬优秀企业家精神 更好发挥企业家作用的意见》,中国政府网,http://www.gov.cn/zhengce/2017-09/25/content_5227473.htm.

[8]《互联网平台落实主体责任指南(征求意见稿)》,中国质量新闻网,https://baijiahao.baidu.com/s?id=1714949377259907439&wfr=spider&for=pc.

[9]《全球数字经济白皮书——疫情冲击下的复苏新曙光》,腾讯网,https://new.qq.com/rain/a/20210923A0FWQH00.

[10]《中国数字经济发展报告(2022年)》,搜狐网,https://www.sohu.com/a/585164672_416839.

[11]《2021中国数据中心报告》,搜狐网,https://roll.sohu.com/a/525500909_121015326,https://baijiahao.baidu.com/s?id=17192540802634884882&wfr=

spider&for=pc.

[12]《App 广告消费者权益保护评价报告（2020）》,中国质量新闻网,https://www.cqn.com.cn/ms/content/2020-12/18/content_8653573.htm.

[13]关于数字经济发展情况的报告,国家发展和改革委员会网站,https://www.ndrc.gov.cn/fzggw/wld/hlf/lddt/202211/t20221116_1341446_ext.html.

[14]"互联网企业扶贫报告发布",人民网,https://baijiahao.baidu.com/s?id=1689990705489239720&wfr=spider&for=pc.

五、编著

王小锡,朱金瑞,汪洁.中国经济伦理学 20 年[C].南京:南京师范大学出版社,2005.